识干家

企業閱讀　學以致用

# 重塑竞争的市场边界战略

张戟 —— 著

中华工商联合出版社

**图书在版编目（CIP）数据**

重塑竞争的市场边界战略 / 张戟著 . —北京 ：中华工商联合出版社，2022. 6

ISBN 978-7-5158-3400-9

Ⅰ. ①重… Ⅱ. ①张… Ⅲ. ①企业战略－研究 Ⅳ. ①F272. 1

中国版本图书馆 CIP 数据核字（2022）第 063264 号

**重塑竞争的市场边界战略**

---

**作　　者：** 张　戟
**出 品 人：** 李　梁
**责任编辑：** 于建廷　王　欢
**装帧设计：** 仙　境
**责任审读：** 傅德华
**责任印制：** 迈致红
**出版发行：** 中华工商联合出版社有限责任公司
**印　　刷：** 河北宝昌佳彩印刷有限公司
**版　　次：** 2022 年 6 月第 1 版
**印　　次：** 2022 年 6 月第 1 次印刷
**开　　本：** 710mm × 1000mm　1/16
**字　　数：** 238 千字
**印　　张：** 16
**书　　号：** ISBN 978-7-5158-3400-9
**定　　价：** 118. 00 元

---

**服务热线：** 010－58301130－0（前台）
**销售热线：** 010－58301132（发行部）
010－58302977（网络部）
010－58302837（馆配部、新媒体部）
010－58302813（团购部）
**地址邮编：** 北京市西城区西环广场 A 座
19－20 层，100044
http：//www. chgslcbs. cn
投稿热线：010－58302907（总编室）
投稿邮箱：1621239583@ qq. com

# 导读

笔者多年来为本土企业提供战略营销咨询服务的过程中，一直在深思一些问题：为什么企业之间的命运如此不同？那么多的企业都在努力，为什么只有少数企业能够发展壮大？企业获得成功究竟是靠努力还是靠机缘？决定企业未来命运的核心因素到底是什么？对这些问题的思考，最终汇聚成本书！

本书通过研究不同类型企业的发展，构建出定义市场边界的战略体系，明确指出定义市场边界的本质在于：选择与竞争对手不同的消费需求集合，通过独特的价值链活动，创造一个最有利的市场地位，让企业获得领先的核心竞争优势！

本书将定义市场边界视作企业战略的首要任务，详细、系统地阐述了市场边界的概念、内涵、结构、层次、数量、关键要素、实施模型、不同阶段的演变及市场边界的重构，企业不仅可以了解市场边界如何决定战略，还可以掌握一种具体的方法，以此指导企业在经营中精准地制定战略，在市场中构建竞争优势！

本书与通常论述战略的书有很大的区别，并非按照大而全的体系来构建，而是从实践出发，找到构建战略最核心的一点，即定义市场边界，对此进行深度阐发，并以此为核心来建构一套务实的战略理论及方法体系。

正是基于这个特点，令本书诞生出不少鲜明的观点：

❖市场边界决定着企业的竞争战场，只有找对了战场才能够获胜，定义市场边界的目的就是实现“先胜而后战”。

❖通过市场边界战略使企业占据最有利的市场位置，打破由领导企业构建的“延续性”竞争局面，从“做得更好”变为“与众不同”，由此实现超越。

❖定义市场边界可以避免营销近视症。因战略格局不够而错失市场机会的案例比比皆是，因此企业必须站得更高、看得更远，通过动态定义市场边界来实施前瞻的战略布局。

❖重构市场边界的核心在于挖掘“非顾客”。企业的任务是满足顾客需求，而将未来潜在顾客变为“顾客”才是最大的战略，只有通过重构市场边界才能找到“非顾客”构成的巨大蓝海。

本书主要针对消费品企业的中高层人士、经销商老板、专业服务公司高管，以及战略、营销专业的学生。市场边界精准与否，直接关系到企业能否实现持续的业绩增长！通过阅读本书，消费品企业的中高层人士可以迅速提升战略水平，洞察市场变化趋势，动态调整自己的市场边界，抓住更多的机会令企业实现持续发展。

# 推荐序1

市场大势滚滚向前，行业变化风起云涌。消费者的生活方式、购买行为、消费渠道、信息来源、投资理念、价值追求和精神诉求都发生了变化。同时，为消费者提供产品和服务的商业模式、资本流动及产业合作和竞争也在重塑和调整。业界人士该如何适应和应对新的形势，以免迷失在时代的洪流中？有些企业开始迷茫、停滞不前；有些企业开始发现机会、实现逆转。

运营效率和战略选择，是企业经营过程中必须解决的两大重要课题。在行业产能相对饱和、市场竞争充分的形势下，企业如何做到与众不同、挖掘出独特的价值点，从差异化竞争中脱颖而出？这就需要企业拥有长远的战略发展眼光。

未来的调味品行业，竞争会愈加激烈，重构与调整将成为趋势。挑战和机会并存，规模发展和“专精特新”发展并行。无论选择什么样的战略和路径，脚踏实地、深耕细作，坚持长期主义和价值使命的企业才能避开短期功利性行为的陷阱，跨越周期，获得长远发展。

历史潮流中，我们见证了大量企业的兴衰变幻，其中值得深思的一个问题是：企业如何才能掌握自己的命运？在发展的过程中，企业与行业之间有着怎样的关系？决定企业成败的关键因素，究竟来源于企业自身还是外部环境？本书中对定义市场边界作为战略核心所展开的系统分析和阐述，值得企业借鉴。

中国调味品协会常务副会长兼秘书长 白燕

# 推荐序 2

企业怎样经营才能实现持续性发展，始终是大家关注的话题，围绕这个话题也总会延伸出各种各样的答案，但无论结论如何，战略始终是跳不开的核心。

从深层次上看，战略是推动企业发展的根本力量，但现实中能够主动运用战略实现破局的企业少之又少。

谈战略的书数不胜数，但“难以转化”“难以操作”是普遍情况，这也是企业“忽视”战略的一大原因。本书试图为广大企业正确认知战略提供一条路径，只有认知发生了改变，才能真正理解战略的价值所在。

本书与其他谈战略的书有所不同：

（1）同样是谈战略，本书没有庞大繁杂的体系，容易被企业理解；本书将战略聚焦在定义市场边界，然后围绕这个概念进行详尽而系统的阐释，除了理论阐述，还提出了具体的方法体系和工具，可以让企业更容易在经营实践中操作。

（2）本书列举了国内市场的大量案例，一方面佐证市场边界战略理论的内在逻辑；另一方面通过案例使企业更容易了解。更有意义的是，这些案例主角都来源于我们身边，而不是高不可攀，体现出“来源于生活而高于生活”的鲜活特性。

（3）近几年论述战略的书，更多选择了新兴的移动互联网行业，对所谓传统的消费品行业少有涉及，但支撑实体经济极其重要的恰恰是消费品行业。本书论述的对象正是被忽视的消费品企业，由此更多了一些适用性和针对性。

（4）本书作者既不是来自高等院校“象牙塔”，也不是来自一线拼杀的企业，而是深耕国内消费品战略营销咨询二十年的专业人士，既有逻辑严密、体系完整的理论架构，也能有效融入企业的实操过程，避免了“理论有余而实战不足”“个性有余而共性不足”的缺憾，令本书更容易被实战型企业接受，也不会缺少理论的完整性。

本书将来自西方的“战略”与东方古老的《孙子兵法》相结合，指出定义市场边界的目的就是为实现“先胜而后战”，使战略上升到哲学层面，也使哲学具备了“形而下”的实操方法。

总体来看，这是一本观点独特且内容务实的书，构建的市场边界战略具有较完整的理论框架，同时有丰富的案例提供有力支撑，可以推动中国企业战略水平的提升。

希望更多的企业能够有效运用市场边界战略，从追求运营效率转为追求战略领先，更好地实现持续增长。

销售与市场杂志社社长、执行总编 张树军

# 推荐序3

## 找准战略定位是企业发展的关键

张戟让我帮他的新书写篇序，那时2021宁波秋季全食展刚刚结束不久，正好有时间就答应下来。

张戟的新书叫《重塑竞争的市场边界战略》，从名字上看，这是一本很接地气的书，读完后，我更加坚定了自己的想法。

我接触过很多企业，每次见面都会和我聊远大的战略、企业文化和愿景，但谈到具体方法，谈到如何把产品做得更好，如何抓住消费者需求的时候，很多老板或者营销负责人就哑火了。

其实，这本质上是战术和战略之间的区别，战术就是解决具体问题的方法，是解决问题的步骤；而战略则是把握未来的方向，是为什么要做这件事的原因。

2021年全食展期间，我与很多企业进行了沟通，发现这些企业都想获得持续增长，无论是品牌力的增长还是销量的增长。

但是有一些老板或者创始人却不知道为什么要这样做，以至于他们对产品未来的发展和创新没有清晰的认识。

有一个名叫冰师傅的冰淇淋品牌，在成立之初就明确了自己的市场边界，就是打造新中式国风高端冰淇淋。基于这个战略定位，冰师傅推出了多款产品，在展会期间火了起来。

还有一个品牌令我印象深刻，相信大家也都熟悉，那就是鲨鱼菲特。这家成立于 2017 年的企业，在短短的三年时间里销售额便突破 2 亿元，其中的大单品就是我们熟悉的鸡胸肉。

鲨鱼菲特能够在几年时间里迈出从 0 到 1 的关键一步就是有着清晰的战略定位。鲨鱼菲特品牌诞生之初就定位于年轻、有活力，专注 Z 世代的健康饮食。这种定位就清晰且准确地抓住了具有一定规模且具有付费能力的年轻人，鲨鱼菲特只要推出针对该消费群体的产品就能够快速出圈。

除了鲨鱼菲特，重新定义蛋黄酥的轩妈也凭借准确的战略定位获得了快速增长，专注短保烘焙食品、重新定义蛋黄酥，并且主力渠道在线上，这三点就是轩妈结合烘焙市场给自己的战略定位。

这就是市场边界战略的优势，能够让品牌聚焦一个点，找到影响群体广泛的内容，并且通过产品将其快速释放。

也有一些企业，产品品质确实不错，但发展缓慢，究其原因，就是没有清晰而准确的市场边界战略。

什么品类都想尝试，什么产品都愿意做，唯独不愿意自我创新，以至于这些企业在市场上处于以价格竞争为主的劣势，并且没有形成品牌力，始终困在区域市场无法成长。

在我看来，市场边界并非限制企业发展的框架，相反，正是因为企业确立了清晰的市场边界才能制定出准确的战略，从而为品牌的发展创造更好的环境。

当然，市场边界并非一成不变，反而要与时俱进，根据企业市场规划和渠道发展，以及产品需求的转变而不断调整，但总体上要遵循“帮助企业长久发展的战略”，这个战略是永远不会改变的。

那些获得长久增长的企业大都做到了这一点，用灵活多变的战术满足不同阶段的战略，从而获得清晰而准确的市场边界，也就是持续获得消费需求不断改变的消费者。

对于新消费品牌来说，战略定位远比成熟品牌重要，因为新消费品牌切入的是细分领域的赛道，先活下来才是王道。因此，战略定位至关重要，好的战略定位能够事半功倍，能够成为该领域的头部企业，最终成为被大家熟知的品牌。

在自媒体信息爆炸的时代，关于企业战略发展的内容并不少见，但大多数人并没有深刻理解。

但在张戟的新书里，他把晦涩难懂的词语通过案例清晰地表达出来，而通俗易懂的文字也让读者没有压力地阅读完。对于食品行业从业者来说，这本书更像是方法论的总结，通过对案例的拆解分析，为我们总结不同的方法，而这些方法大都具有“通识性”。

在我看来，这是一本食品行业战略发展的实操手册，能够让我们快速掌握分析自己企业的方法，并且能够根据书中的方法推演出企业发展战略。

这两年食品行业创业不断，但能够走出来并且坚持下去的却很少，希望这本书能够为那些处在创业艰难阶段的你带来一丝光明。

龙品锡展览总经理

# 前言

## 我的战略观

战略听起来是一个极其有规格的词，不管是不是真的有战略，只要把这个词披在身上，动辄××战略，在大家眼中的形象就变得高大起来……

战略又是一个如浮云一般的词，看起来总是遥不可及，又朦朦胧胧，很美，但是抓不着，就那样飘飘荡荡，令人目眩神迷……

战略一词最早是军事方面的概念，其特征是发现智谋的纲领。在西方，“strategy”一词源于希腊语“strategos”，意为军事将领、地方行政长官，后来演变成军事术语，指军事将领指挥军队作战的谋略，在今天的商业世界中，战略则是一种从全局考虑谋划实现全局目标的规划。

过去，战略是战争的产物；现在，战略则是竞争的产物，没有竞争就没有战略。如果一项业务只有一家企业做，还需要什么竞争呢？没有竞争，又需要什么战略呢？过去中国计划经济体制下的企业都是没有战略的，所有产品的生产都由国家计划调拨。从国家的角度来看，所有的生产都是一个部门，所有的销售也是同一个部门，这种局面是不存在竞争的，经济发展只不过是从左口袋到右口袋，什么都是商量着办，非常和谐，根本就不存在竞争，自然也没有战略可言。

但是市场经济不同，每件事情都有诸多企业在做，也就产生了竞争，企业若是想从竞争中脱颖而出，就必须有战略。即便是改革开放后的短缺经济时代，也仍然需要战略，有没有看准、有没有胆子、有没有速度，这些都是构成战略的要素，否则别人比你看得准、做得快，胜利就属于别人。

**战略的意义就在于先胜而后求战。**

这句至理名言被忽视很多年，很多企业在准备参与竞争之时根本就没有想过这个问题。当然，最高的境界还是不战而胜，不过这在现实商业环境中几乎不存在，除非是国家垄断的产业（但从国际的角度同样要参与竞争，因此也需要战略），所以如何实现先胜而后求战是最现实、最可取的。

我们常常听到这样的话："以弱胜强。"很多人都被这句话带偏了，因为世上根本就没有"以弱胜强"这回事儿，只有"以强胜弱"。"以弱胜强"又怎么说呢？这只不过是表面上的，本质上仍然是"以强胜弱"。所谓水滴石穿，看起来水比石头弱，但水总是向石头的一个部位持续滴下去，实际上已经是"以强胜弱"了！

战略是教会企业从未来看现在，而不是从现在看未来。马云曾经说："我用望远镜都找不见对手。"其实说的就是这个意思，他看未来的趋势是什么，然后再从现在入手，对手都在眼前，未来是谁当然不知道。

而雷军能够成为"雷布斯"，也是运用战略思维，他的秘技是"看五年、想三年、认认真真做好一两年，五年后什么会发生，谁会是五年后的百度，五年后的腾讯，五年后的阿里巴巴"。

做手机的企业很多，但具备战略思维的并不多，小米现在又进一步发展成了"小米之家"，有人说小米的做法违背了"定位"理论，其实大谬也！小米的战略是站在未来看现在，高瞻远瞩实施产业布局，"定位"理论只是立足现在实施传播，两者完全不是一个层面上的事。

大部分企业都不太明白怎样才能站在未来看现在，听起来非常抽象，做起来往往都是从现在看未来。要掌握这个原则，就要认真听管理大师德鲁克的话："**战略所涉及的不是未来的决策，而是当前决策的未来性……为了迎接不确定的未来，我们今天必须做什么事情？当前的思考和行动中，必须包含什么样的未来性？**"这其实就是雷军所说的"看五年、想三年、认认真真做好一两年"，只有想清楚未来是什么样的，现在所做的事情才具备未来性，如果只是为现在而非未来而做，就是没有战略。

有的企业说："战略根本就没有用！"如果你认为战略没有用，那么你有可能根本就不懂战略，或者说你不幸遇到了一个假战略！通常这样说的企业认为战略很虚，都是一些概念，根本落不了地。如果企业的战略真是这样，那只不过是一个假战略，这种战略根本就算不得战略！战略绝不只是一些概念，也不是虚无缥缈的东西，而是能够切实有效地指导企业的经营活动，做什么、不做什么、什么时候做、用多少资源来做，如果没有战略，我们很难想象企业到底该如何开展经营？

有的企业说："我们的战略很清晰，就是执行力弱！"这种说法把战略割裂开，成了两张皮，其实企业仍然缺乏一个完整的战略。一个不能很好地执行的战略还能说是有战略吗？你在做战略的时候难道没有考虑企业现在的执行力到底是什么水平吗？按照企业当前的核心能力，能不能干好战略要求的事情也没有搞清楚吗？所以，执行力弱而导致战略无法落地的说法是完全说不通的，等于说战略没有做对，说的是一套，做的又是另一套！

还有人说："战略是从战术发展出来的！"大家有没有从中体会出"刻舟求剑"的味道？因为某一天使用了一招打败了对手，感觉很管用，而且碰巧很多次用同样的招数都取得了胜利，于是就认为这个招数可以运用在和更多对手的交战中，不管这个对手是谁，有什么背景，交手时处于什么环境。

从战术发展为战略，也就是说，用过去的经验应对未来的发展，这真的可以吗？现在几乎每个快消品企业都懂得招商、铺货、陈列、导购、生动化、促销、宣传等，但为什么企业之间的业绩差异仍然很大呢？背后发挥作用的就是战略，同样的动作，如果选择的方向不同、投入的资源不同、实施的时机不同，其结果会有极大的差异。战略是基于对未来的洞察做出今天的行动，绝不是基于今天的行动来应对未来的变化，所以战术绝不可能发展为战略！

**说了那么多，最终我们还是要回到这里：战略到底是什么？**

使命是战略吗？有的企业说："我们的战略是为消费者提供美味健康的食品。"这是战略吗？像，可惜不是。这是企业的使命，是企业为什么要做一件事的理由，这和竞争无关，你可以将这个理由作为自己的使命，别人也可以，这没有毛病，不过却不是战略。

愿景是战略吗？有的企业说："我们的战略是成为行业的领导品牌。"这是战略吗？也像，但不是。这是企业的愿景，是企业想要成为什么角色的愿望，但无法指导企业如何开展竞争。愿景是企业的愿望，但不是战略。

目标是战略吗？还有的企业说："我们的战略是 3 年内做到 10 亿元并成功上市。"这是战略吗？还像，但仍然不是。这是企业的经营目标，也可以理解为是某一个阶段的愿景，同样也无法有效指导企业开展竞争。有的企业还热衷将这个目标进行分解，甚至认为这就是战略规划，其实大错特错，这样做只不过是数字游戏而已，并不会分解了就能够完成目标。目标只是一个任务，但并不是战略！

综上所述，凡是与竞争无关或无法指导企业开展竞争的，都不是战略！

**战略就是企业为构建独特竞争优势而做出的一系列选择，要清晰地回答：我是谁、是做什么的、要到哪里去、在哪里竞争、如何制胜。**我是谁，说的是企业的业务定义是什么；是做什么的，说的是企业经营的业务范围是什么；要到哪里去，说的是要构建什么样的竞争地位，是整体领先还是局部领先；在哪里竞争，说的是企业的市场边界在哪里；如何制胜，说的是企业为顾客提供什么样的独特核心价值，并且通过什么途径有效传递给顾客。

战略必须做到知行合一，所有的战略规划都要转化为具体活动。一个基本的销售动作：铺货，到底是战略还是战术？答案是：有时候是战术，有时候是战略。如果铺货直接关系到企业整体规划能否落地，那么它就是战略，否则就是战术。反过来说，战略只有转化为像铺货、陈列、促销这样的战术动作，才能够真正被执行。从这个意义上讲，与战略相关的战术动作也构成了战略的有效部分。知行不能分离，这个道理不太容易理解，所以有的人才会说"战略是由战术发展而成"，实际上战术是战略的组成部分。

今天的中国市场，已经不再是靠战术制胜的时代，如果企业没有战略，真的不敢想象能走多远！只有从投机驱动转向战略驱动，才是企业成功可靠的保证。战略对于今天的中国企业而言，意味着对命运的设计，其意义在于：令企业的经营目标具有清晰的实现途径；令企业的定义更符合未来的发展趋势；令企业的发展更具持久性；令企业避免因试错而带来的巨大机会成本；令企业挖掘出真正具有前景的商业机会；令企业在竞争中更具优势；令企业的发展更加迅速；令企业更能灵活应对复杂而变化迅速的市场环境。

先胜而后战，无战略，不竞争！

# 目录
Contents

# 第一章

# 企业增长为什么出问题

## 第一节　香飘飘：为什么连续四年增长停滞

香飘飘，这是一个受益于“定位”的企业，凭借“杯装奶茶领导者”的定位，香飘飘实现了从一个区域性小企业到全国知名品牌的蜕变，营业额也从数千万元快速增长到2020年的37.6亿元（2019年为39.77亿元）。实际上，在香飘飘成长的过程中，也面临过停滞徘徊的情况。2012－2015年，它的业绩始终徘徊在20亿元左右，2016年才有22.4%的增长。究其根源，是杯装冲调奶茶的市场遭遇了天花板！

香飘飘的成功在于开创了杯装奶茶这一消费形态，使消费者能够方便享用美味的奶茶，但是后来市场环境发生了巨大变化，喜之郎集团推出优乐美奶茶重兵追击和蚕食市场，除了杯装奶茶，还推出条包奶茶进一步渗透市场，借助喜之郎在全国强大的渠道网络和强势的广告传播，优乐美的销售规模一度接近香飘飘。而杯装奶茶在这个时候也迅速发展到成熟期，市场增速减缓，香飘飘已无法通过区域和渠道的外延式扩张来实现快速增长。

虽然杯装奶茶的市场容量增长受到阻碍，但是整个奶茶饮品的市场仍然在快速发展，尤其是瓶装液体奶茶的市场表现突出。统一于2009年推出PET瓶装的无菌冷灌装奶茶品牌——阿萨姆，在市场取得了极大成功。据香飘飘招股说明书披露，统一阿萨姆在无菌灌装液体奶茶市场的份额超过50%，余下的市场份额则由康师傅、麒麟、娃哈哈、三得利等知名品牌占据。

统一阿萨姆即饮奶茶借助奶茶消费旺势异军突起，从 2009 年到 2012 年短短三年间就做到了近 30 亿元的销售额。在这种态势下，香飘飘仍然坚持杯装冲调奶茶的定位，也就是固守冲调饮品的市场边界，只能看着统一、康师傅、麒麟、娃哈哈等企业在瓶装即饮奶茶市场边界中获得快速发展。

2015 年，香飘飘发布了公开上市的招股说明书，其募集资金的目的之一就是建设年产 10.36 万吨的液体奶茶生产线。这意味着杯装冲调奶茶的市场边界受到极大的限制，所以它需要上市募集资金，初步完成建设液体奶茶规模化生产能力，通过推出液体奶茶产品来扩展市场容量，形成液体奶茶与现有杯装奶茶产品体系均衡发展的局面。

这也表明香飘飘已经意识到之前犯的战略错误，为了坚守“杯装冲调奶茶”的定位而产生了市场边界的战略偏差，失去了在整个奶茶饮品市场边界成为领导者的大好机会，这是非常可惜的。

实际上，香飘飘在 2013 年推出过瓶装液体奶茶，叫作“功夫奶茶”，在市场上昙花一现，产品的品质并不高，最终以失败告终。这可能是香飘飘高层在战略上存在分歧造成的，香飘飘仍然固守杯装冲调奶茶的定位，没有下决心将战略转向整个奶茶市场，导致瓶装液体奶茶领导者的机会最后被统一抓住。

香飘飘对杯装冲调奶茶的定位有一种偏执，我们可以理解为这是一种坚持，但是当杯装冲调奶茶整个市场的增长放缓之时，当初的定位也无法继续推动企业的持续增长。当市场发展到了成熟阶段，定位的效应不再明显，这并不是企业努力不努力的问题，而是市场发生了变化，市场变而定位不变，自然会面临业绩停滞。

关于偏执和坚持，很多人的理解都存在误区。从做事的角度看，偏执和坚持是可取的，表明一个人具有将事情做成功的决心；从战略的角度看，偏执和坚持容易出现问题，往往是不可取的，香飘飘当时对于杯装冲调奶茶的偏执就是这样。

香飘飘遇到的市场天花板问题，就涉及一个重要的概念——市场边界，这对企业而言是一个重大的战略问题。香飘飘当初的快速成长，并不代表它很优秀，如今香飘飘遭遇增长瓶颈，也不意味着其不优秀，引发业绩停滞的关键在于市场边界的变化。

据华经网数据显示，冲泡类奶茶已步入成熟期，其规模从2014年的37亿元增至2018年的42亿元，4年CAGR仅为3.22%，行业进入寡头垄断格局，香飘飘一家独大，市占率超过60%。如果仍然在这个存量挤压的市场边界中强力拓展，绝不可能实现快速增长！选择比努力重要，如果企业选对了市场边界，就可以使自己置身于一个潜力巨大的市场；如果选错了市场边界，企业将受困于一个狭小或没有发展前途的市场，被主流趋势边缘化，甚至可能被市场淘汰。

幸运的是，香飘飘已经扭转了之前的战略偏差，今天的香飘飘已经发生了很大的变化，其市场边界从之前的杯装冲泡奶茶扩展为杯装茶饮料，既包括固体冲泡产品，也包括液体即饮产品，既包括奶茶产品，也包括果汁茶产品。近几年，为香飘飘带来最大增长的产品正是杯装液体果汁茶，该产品于2018年7月推出，当年营收即超2亿元，2019年营收达8.68亿元，累计营收超10亿元，已成为10亿元级的大单品，占公司总营收近20%。

## 第二节　露露：为什么错失植物蛋白饮料发展商机

承德露露，一个中国消费者都熟悉的品牌，自开创杏仁露饮料以来，始终占据着该品类的领导地位，市场份额超过90%，在业内有着“南椰树、北露露”的美誉。这样一个老牌企业，成名至今，我们总是想象着其营业规模高达数十亿，然而事实并非如此。时至2020年，承德露露的销售额仅有18.6亿元，其营业额高峰期在2015年也只有27亿元，近五年业绩持续下滑，而且2009–2020年的12年间，营收复合增长率仅为2.79%。

杏仁露饮料成名以来，承德露露就引领杏仁露行业的发展，最终成为领导者并垄断行业至今。尽管业绩可圈可点，但如果与植物蛋白饮料行业的其他同行对比，其发展速度则落后许多。据红塔证券资料，饮料行业强势单品的增长空间巨大，银鹭集团从 10 亿元到 50 亿元只用了 5 年时间，复合增长率为 38%，六个核桃的复合增长率在高峰期达到了 75%，而露露过去十来年的年复合增长率还不到 3%，高峰期也不到 10%，差距显而易见。

究其根源，市场边界出现问题是承德露露面临的核心制约。笔者从露露的年报中发现，2011 年以前的销售基本为杏仁露，其他产品占比很少，使得其品牌内涵始终被“杏仁露”这个小众品类局限，而且产品老化的态势也愈加明显。

露露也尝试过推新品进行产品延伸，比如美颜坊，但是并没有明确将植物蛋白饮料品类作为战略发展方向，这个尝试以失败告终。近几年，露露一直在做打破单一产品格局的努力。2009 年，经历了美颜坊的失败之后，露露将重心转向植物蛋白饮料的延伸上，但是其在 2009—2013 年对于主推的品类始终在反复，2009 年下半年推出露露牌核桃露，2010 年推出花生露，2012 年发展纯核桃露，2013 年则发力果仁核桃露。从核桃露—花生露—纯核桃露—果仁核桃露的发展轨迹来看，露露对于延伸的品类并没有一个清晰的方向，只是通过试错来进行调整。

据红塔证券资料，露露 2013 年原计划全面推广纯核桃露，但纯核桃露产品成本高、毛利率低、不盈利，于下半年对核桃露产品重新定位，确定了纯核桃露作为公司的高端产品进行推广，而果仁核桃作为大众产品进行重点推广。果仁核桃露是一种复合化产品，将三种果仁（核桃仁、山杏仁、花生仁）融合在一起，带给消费者独特的口感和均衡的营养，并与杏仁露的保健保养功能形成差异，突出补脑益智的功效。

据东莞证券资料，露露 2012 年底推出果仁核桃露，2013 年实现近 1.3 亿元销售额，市场认可速度和推广效果明显快于纯核桃露（2009 年推出纯核桃露，2013 年实现近 1.5 亿元销售额），于是自 2014 年战略聚焦果仁核桃露的推广。

露露在 2009—2013 年反复调整，丧失了跟随核桃乳大势快速发展的机会，经历了多年的快速增长之后，植物蛋白饮料在 2013 年、2014 年的增速开始下降，2017 年遭遇负增长，2019 年市场规模达到 1266 亿元，2015—2019 年 CAGR 仅为 3.7%。

该阶段行业进入者增加，从 2018 年的 283 家激增至 2019 年的 4074 家，众多乳品企业开拓植物蛋白饮料业务。同时，竞品品类增加，常温酸奶、高端白奶的下沉扩容满足了部分传统植物蛋白饮料的送礼需求，竞争日益白热化，露露面临着较大的挑战。

据招商证券资料，我国杏仁露的市场规模约为 40 亿元，在千亿规模的植物蛋白饮料市场中仅占比 3.2%，而同类植物蛋白饮料核桃露，仅养元智汇一家公司 2020 年销售收入规模就接近 50 亿元（高峰时期接近 90 亿元）。

从承德露露的发展历程来看，可以说是其过于固守杏仁露的市场边界，忽视了更大的植物蛋白饮料市场边界，没有及时顺应核桃乳和花生乳市场的快速发展。面对后来者的反超，作为一个国内植物蛋白饮料的老牌参与者，承德露露过于固守杏仁露品类确实在战略上存在失误。

## 第三节　维维：为什么错失做大做强的机会

维维也是一个和露露相似的企业，是国内豆奶粉的先行者和领导品牌，但是其豆奶粉业务的营业额仍然停留在十几亿元，长期停滞不前。

据维维股份年报，其固体饮料（包括豆奶粉、豆浆粉及嚼益嚼等）2020 年的营业额为 17.5 亿元，在这个数字上下，维维已经徘徊了十多年了。要知道，维维豆奶在 2001 年就已经达到了 10 亿元的销售额，到如今过去了 20 多年，其销售额也没有超过 20 亿元。

这个问题的根源也在于维维对市场边界的界定发生战略偏差，错失了进一步做大的机会。豆奶粉在消费方式上属于冲调饮品，消费者对冲调饮品的消费场景就是在冬天饮用，其消费属性更偏向热饮，就像 TANG 果珍一样。另外，在日常生活中，豆奶粉还会被消费者当作营养饮品，冲调后给体弱者或者不适合引用牛奶的人补充蛋白质。

无论是冲调热饮，还是营养饮品，其结果都是豆奶粉的市场边界被局限在了冬季和营养补充消费上，而主流的年轻时尚人群对此并不感兴趣。

可惜的是，维维长期以来对此并没有采取有效行动进行调整，导致销售业绩停滞不前。然而，这并不意味着消费者对豆奶饮品没有大需求。

四川蓝剑集团推出的即饮豆奶饮料——唯怡，在整个四川市场卖得风生水起，尤其在餐饮这个市场边界实现了快速发展，无论是冬季还是夏季，唯怡都是消费者的首选。加多宝在全国各地市场销售火热之时，唯独四川市场的餐饮渠道表现薄弱，正在被唯怡打压。

而达利集团在2017年更是高调推出液体豆奶品牌“豆本豆”，掀开了打造“国民好豆奶”的大幕，从2017年4月—6月不到三个月的时间，“豆本豆”的销售额就达到2.13亿元。近两三年来中国植物蛋白饮料市场持续发展，线上销售尤其迅速，2020年植物蛋白饮料在阿里电商平台销售增长接近10倍，远超其他饮料品类，其中豆奶是最亮眼的增长板块。2019年包装豆奶市场规模为124亿元，过去五年的复合增长率达到12%。

“豆本豆”经过四年多的品牌打造，持续丰富产品组合，打造明星产品，完善渠道网络，引导消费者接受常温无添加、高质量、高营养的液态包装豆奶，2019年市场份额达到15%，已成为豆奶行业的主导品牌。

面对达利的这份成绩单，不知道维维有何想法？如果维维当初能够及时将市场边界从冲调饮品调整到即饮植物蛋白饮料市场，极有可能早就取得数十亿元的销售业绩了！但是到了今天，这样的机会不复存在，尽管维维也在2017年推出了瓶装豆奶，立足华东、华中区域，聚焦拓展餐饮渠道，但是在当前群雄纷争的局面下，维维瓶装豆奶能取得什么样的业绩还很难讲。江湖还在，但已经是别人的江湖！

## 第四节 “90后李宁”：为什么以惨败告终

2010年，中国运动鞋服行业发生了一件大事，当时排名领先的运动品牌李宁换标了，原有的经典LOGO被“李宁交叉动作”的新LOGO替换。同时，李宁原有的口号“一切皆有可能”也被更为国际化的“Make The Change”（让改变发生）代替。

借助此次换标，李宁确定了全新的“90 后战略”，一时间映入人们眼帘的都是“90 后李宁”这句口号。据李宁公司相关人员介绍，这是李宁公司顺应当代“90 后”消费者的重要之举。为什么李宁要倾力赢取“90 后”的支持呢？这与当时的竞争态势有关。

早些年，李宁公司超越耐克和阿迪达斯，成了国内运动鞋服行业的领导者，但是没过几年，耐克和阿迪达斯又加速反超，这给李宁公司带来了很大压力，而且其身后还有晋江运动品牌军团紧紧追赶，如安踏、特步、361 度、匹克等。面对这样的竞争态势，李宁公司就想尽快扭转前堵后追的不利局面，于是将目光瞄准了未来的主流人群——“90 后”，抓住这部分新新人类，就等于抓住了下一波运动品牌消费的主力群体，“90 后李宁”战略就这样应运而生。

李宁品牌核心消费者为 30 ~ 40 岁人群，主要核心区域市场为二三线城市；一线和特大城市基本是耐克、阿迪达斯的天下，而耐克、阿迪达斯对 20 ~ 30 岁的消费者则有无可复加的影响力；在二三线市场，安踏、匹克、361 度等晋江品牌更具竞争力。要切入一线城市市场争夺年轻消费者，才能赢取未来，这是李宁换标的根本意义。

理想是美好的，现实是残酷的，最终“90 后李宁”换标行动以失败告终。从消费者反馈的信息来看，“90 后李宁”伤害了现有主力消费群体“70 后”和“80 后”的感情，认为李宁公司此举是想抛弃他们，李宁公司能够成为中国运动品牌的领导者，完全都是他们的大力支持而取得的，而李宁公司如今喊出“90 后李宁”，无疑是对他们这群死忠粉的否定；而“90 后”，也没有因为李宁公司喊出了口号就买账，在他们看来，李宁公司的品牌力和产品力还无法和耐克和阿迪达斯这样的国际品牌相抗衡。

这种局面完全出乎李宁公司的意料，按照李宁公司的说法，这次换标行动只是一种宣传，是为了表现李宁品牌与时俱进的态度，但是没想到结果却是两头不讨好，既没有抓住“90 后”，也伤害了“70 后”“80 后”。

其实，李宁公司的此举是一次错误的战略行动，为什么这么说呢？因为这样做等于完全改变了李宁的市场边界，这并非只是一个单纯的宣传行动，而是涉及企业战略的重大改变。

李宁公司原有的市场边界是“70后”“80后”人群，经过多年的沉淀，李宁公司的品牌内涵和产品风格都已经适应了这部分人群，也成了这批消费者的代言人，如果将李宁品牌当作一个人，那么“李宁”就是“70后”“80后”。

诚然，李宁公司想要抓住未来的消费者并没有错，但是其做法却不能将李宁品牌的现有消费人群突然进行转移。试想，如果李宁的品牌形象和产品风格全部偏向“90后”，那岂不意味着支撑李宁庞大消费基础的“70后”“80后”一夜之间就无衣可买、无鞋可穿？很明显，这样做的风险太大了。作为一个品牌来讲，李宁已经具有了一种稳定的内涵和风格，而这是和其现有主力消费密切相关的。

如果李宁公司想要抓住当前的“90后”，最好的做法就是推出另一个副线品牌，在李宁主品牌的背书之下，为更年轻的“90后”人群提供相应的产品和品牌选择；而“90后”也会长大，当他们成长到今天的“70后”“80后”时，李宁品牌又正好成为他们的选择。换句话说，李宁品牌始终都不会变，会变的是消费群体，随着消费群体的成长，一部分消费群体会流失到更适合他们的品牌，同时又有一部分消费群体会流入李宁品牌。

如果李宁公司想要抓住老中青少这四代消费群，就需要延长产品线，在李宁主品牌下推出更多年龄层的副线品牌，就能够最大化地满足消费需求。当然，这样做能否成功，还需要看李宁品牌在不同消费群体心智中到底是何种认知，以及竞争品牌的表现是否更优秀，然后才能判断是否进行产品线延伸。

李宁公司换标的失败，对其后业绩大幅下滑有着不小的影响。据李宁公司年报，其在2010年开始换标，当年其营业额达到了94.5亿元的历史高峰，而在换标行动失败后，从2011年开始，李宁连续数年的销售额都持续下滑，甚至2012年产生了19亿元的高额亏损，并且丢失了本土品牌第一的宝座，被安踏超越，直至2014年才开始回升，并且在2015年开始实现盈利。显而易见，李宁公司的市场边界战略出现了严重的偏差，要知道，一个市场边界的变化，会牵扯整个公司运营的方方面面，尤其是涉及以人群为核心的市场边界时更加明显，企业必须考虑清楚，并且在行动上要把握好节奏，才能避免可能出现的动荡。

痛定思痛，李宁亲自回归收拾残局。历经数年艰难转型，如今李宁公司已重现巅峰状态！2020 年，李宁公司年营收达到 145 亿元的新高，之所以能够王者归来，源于李宁重回专业运动的市场边界，不再纠结“70 后”“80 后”或是“90 后”，坚守初心，利用李宁品牌与生俱来的体育基因，强调产品的“专业性”和“功能性”，通过加大研发投入实现产品性能的不断升级。同时，通过对潮流文化的透彻解读，不断赋予运动产品新风尚和新面貌，强化品牌影响力，再度回归头部阵营。

## 第五节　加加食品：为什么酱油主业发展受限

加加食品是调味品行业的知名企业，2020 年，其销售额为 20.72 亿元，同比增长仅为 1.61%，其中调味品业务销售额为 14.3 亿元，同比增长仅为 0.85%！而同为调味品行业上市公司，海天 2020 年销售额为 227.9 亿元，同比增长达到 15.13%，其中酱油品类销售额为 130 亿元，同比增长 12.17%；广东美味鲜的同比增长也达到了 12.27%，其中酱油品类销售额为 31 亿元，同比增长为 8.43%；千禾的销售额达到了 16.9 亿元，同比增长达 24.95%，其中酱油品类销售额达到 10.54 亿元，同比增长高达 26.2%！其中的差距显而易见，这些企业的发展速度都远远超过加加食品。

加加食品之所以错失在酱油行业的领先地位，与其进入小包装植物食用油行业不无关系。在 2012 年上市后，虽然加加食品是酱油行业第一股，也具有较高的知名度，但是还远远没有达到可以高枕无忧的地步。也就是说，加加食品应该在酱油及调味品领域不断地进行渗透。调味品行业本身具备足够的发展空间，前几年整个行业的复合增长率始终在 10% 以上，存在不少机会。那么，加加食品为什么还要进入植物油这个挑战巨大的市场呢?

加加食品给出的理由是：

①新兴的小品种健康油是未来的消费趋势；

②中国的茶籽油产量占据世界的 90%，而加加食品所在的湖南正是茶籽油的核心市场；

③区域企业在二三四线市场的健康油领域存在一定的优势，如长寿花、西王、多力、金浩等。

但最终的结果是，双线业务战略分散了加加食品的精力与资源：

**（1）植物油领域竞争激烈，加加食品并无太大优势。**在小包装食用油领域，金龙鱼、福临门、鲁花三强形成垄断地位，各个细分领域各有领头羊，包括茶籽油领域的金浩；在健康油领域，茶籽油属于一个小品类，要想在短期内迅速崛起并不现实，需要花费较长的时间进行培育。加加食品在二三四线市场的优势，与茶籽油作为高端油种的定位并不匹配，无法有效移植现有的核心能力；由于分散了资源，造成茶籽油业务在产能上的不足，毛利率过低，缺乏足够的竞争力。2020 年，加加食用油业务的销售额为 6.42 亿元，其 9 年的销售收入复合增长率仅为 0.71%，等于是在原地踏步！

**（2）加加食品没有在酱油领域持续扩大竞争优势。**彼时的加加食品尽管在酱油领域的销售规模居于前列，但从整个品牌影响力、区域覆盖范围、渠道多元化拓展等方面来看，还存在较大的发展空间，需要尽快与竞争者拉开差距。可惜，加加食品并没有迅速顺势提升酱油品类的销售规模和市场影响力，最关键的问题是酱油产能受限，制约了酱油市场的进一步扩大。加加食品其实完全可以聚焦资源迅速解决酱油产能的扩张问题，但其上市后融资资金分散投入，耽误了酱油产能的及时扩张。

加加食品上市融资 11.15 亿元的目标是将酱油产能从 20 万吨提升到 40 万吨，但实际将延期 10 个月。反观海天，其 2013 年产能近 120 万吨，上市融资募集资金投产 150 万吨的项目，截至 2014 年 2 月，该项目海天已经投入自筹资金 16 亿多元，占募集资金的 86.87%。相比之下，加加食品两年后才达到 81.48% 的投资进度，运作效率远远低于海天。

另外，其收购的阆中加加规模过小，销售额仅有 3900 万元，短期内根本无法承担产能的迅速扩张，就这样眼睁睁地看着对手绝尘而去。同时，这也造成加加食品的淡酱油战略无法有效落地，原酿造酱油的大规模拓展也落后于原定计划，没有充分享受高鲜酱油快速发展的红利。

尽管加加食品采用多业务发展有其客观理由，但笔者认为对此一定要慎重对待，不要轻易采用多线业务并行发展的模式，尤其在不同行业竞争环境差异较大的情况下，要对多个因素进行充分的考虑。

## 一、行业态势

从一个行业进入另一个行业，企业应深入分析这个行业的业务结构、成长性和消费趋势，而不是仅仅看到表面的商业机会，也要避免对机会的过分乐观放大。

加加食品看到了健康油的未来趋势，但是对于茶籽油的成长性、区域性、目标人群等还缺乏深入的分析，高估了茶籽油的发展空间和成长速度。健康油确实是未来趋势，但是目前健康油的主要品类是花生油、玉米油、葵花籽油和橄榄油。茶籽油主要局限在湖南、江西一带，在成长性上要弱于其他健康油种。对于目标人群，其实一线城市的中高收入群体才是健康油的主力消费群，这与加加食品主要覆盖的二三四线市场消费者存在一定的差异。看来，加加食品对茶籽油的判断过于乐观了，实际上茶籽油要比加加食品当初设想得要耗费更多的资源和时间来进行培育。

## 二、核心能力

扩张行业还需要考虑商业模式与行业特性的匹配性，这往往与企业自身的核心能力有关，企业在这方面往往容易放大自身的核心能力。

加加食品选择进入植物油领域，在核心能力上考虑的是利用在酱油领域构建起来的渠道网络。加加食品认为自己对渠道有较强的掌控力，这一点足够令植物油成功拓展。实际上，加加食品具有的核心能力与茶籽油需要的核心能力不同，也就是二者的商业模式不同。加加食品擅长的商业模式是针对大众化市场的规模化发展，通过经销商将产品广泛分销到批发市场、农贸市场、商超渠道及零售店；但茶籽油针对的却是中高收入群体的价值化发展，需要通过具备足够实力的经销商将产品选择性分销到商超渠道、专卖渠道、特殊渠道等，也就是加加食品所称的高端社区店、母婴店等。可见，加加食品擅长的核心能力对于茶籽油并没有太大的关联，仍然需要重新构建相应的商业模式及核心能力，这说明加加食品错判了自己的核心能力，并没有清晰规划茶籽油的商业模式。

## 三、资源配置

企业进入新行业还需要考虑现有业务战略对资源需求的迫切程度，以及资源的持续投入时间及数量，避免资源不足。通常企业对于新业务的资源投入预期都会偏少，可能企业总是对自己的能力自信吧。

加加食品进入植物油领域之后，就面临产能扩张和市场资源投入的问题，加加食品在招股说明书中分析，植物油行业固定资产投入高，油料成本占资金成本的70%，要求企业具备较强的资金实力。可见，加加食品意识到这个问题，但是意识还不够，只考虑增加植物油产能可以带来多少收入，却没有考虑酱油比植物油更需要产能的尽快扩张，这不仅仅是收入的问题，还关系到核心竞争力。

按照加加食品的估算，酱油融资 4. 8 亿元产能扩张后可以新增 8. 4 亿元的收入，茶籽油融资 1. 5 亿元产能扩张后则可以新增 6. 17 亿元的收入，且不说对茶籽油的判断过于乐观，如果将资源聚焦在酱油产能上，其提前扩张能产生的收益将超过 10 亿元。更关键的是，在酱油领域的领先将根据“马太效应”而加速发展，这对加加食品的核心竞争力有着极大的帮助，植物油增加几个亿，对整个行业格局几乎没有影响。如果是在酱油行业增加几个亿，那将大大拉近与海天的距离。然而，酱油产能要延期 10 个月才能顺利投产，这明显是受到资源分散的影响，想想看，这给企业带来的机会损失多大，整整耽误了两年多的宝贵时间！

## 四、竞争环境

企业拓展行业要充分考虑市场集中度与竞争对手的实力，以及企业竞争优势在不同行业的关联性，否则也会放大自身的竞争优势，陷入不利的局面。

加加食品虽然避开了金龙鱼、鲁花、福临门等巨头，但是仍然对竞争环境的严峻性估计不足，因为在各类健康油小油种领域，已经有领导品牌占据了消费者心智，如多力 = 葵花籽油、长寿花 = 玉米油、金浩 = 茶油、欧丽薇兰 = 橄榄油。在此情况下，加加食品旗下的“金尊”“智力星”

“喜乐福”“盘中餐”等品牌在消费者心智中的地位在哪里？缺乏独特心智占位的品牌，是无法构建持续竞争优势的。同时，益海嘉里、福临门、鲁花、西王、良友、长寿花六大品牌共占据整个小包装食用油68.7%的市场份额，集中度很高，市场格局已定！在笔者看来，与其勉强去做，哪怕能够产生一定的营业收入，都不如将资源和精力全力投放到最能够获得持续竞争优势的业务领域。

# 第二章

# 市场边界：<br>商战制胜的最高境界

从前述几家知名企业的例子可以感受到，市场边界选择精准与否，直接关系到企业能否实现持续的业绩增长！企业和企业之间的业绩差距如此之大，可能在战术上体现得并不大，真正的差距隐藏在看不见的战略中，尤其体现在对市场边界的选择上。对市场边界认知的深浅，直接关系到战略的成效。

## 第一节　战略第一要素：定义市场边界

战略，就是为了构建独特竞争优势而进行的一系列选择，如何令这些选择得以实现，就是商业模式和运营的职能。基于此，对市场边界的定义成了战略的核心任务，其本质就是战略定位。如果市场边界定义出现偏差，就意味着战略出现偏差，一个坏战略就诞生了。

优秀的企业制定战略通常会利用一系列的分析方法，比如波士顿四象限、SWOT 分析、通用电气矩阵等，应用这些分析方法的目的，都是帮助企业定义和选择最有利的市场边界和业务组合。

在波士顿四象限的分析方法中，通过对相对市场份额和市场增长率这两个因素的交叉分析，将企业经营的业务分为四种类型：明星、金牛、问题及瘦狗。

（1）明星业务，指的是市场份额和增长率都较高的业务，具有最强的竞争力，为企业提供了最大的销售规模和利润。

（2）金牛业务，指的是市场份额高、增长率低的业务，市场阶段处于成熟期，主要为企业提供利润的来源。

（3）问题业务，指的是市场份额低、增长率高的业务，这种业务所处的市场阶段通常为开发期，市场潜力大，但是在市场运作上还存在一些问题，缺乏领先的竞争优势。

（4）瘦狗业务，指的是市场份额和增长率都低的业务，市场阶段往往处于衰退期，无法给企业贡献足够的利润，在市场上也不具有竞争优势。

通过这样的分析，企业就能比较直观地了解不同业务目前的市场边界处于什么发展状态，然后可以根据自身的资源和能力来对各项业务的运作进行调整，强化明星业务，巩固金牛业务，调整问题业务，重组或者缩减瘦狗业务，使企业的整体业务结构处于最佳的组合状态。

企业对不同业务市场边界发展态势的分析评估是一个动态的过程，由于市场环境和竞争态势的变化，企业必须对每项业务的市场边界进行定期检视，及时把握市场发展的脉搏，及时调整偏离市场主流趋势的业务，从而使企业始终保持领先的竞争优势。

所以，市场边界绝对算得上是企业的核心战略，市场边界出了问题，企业的战略发展必定会出问题，无论在战术上做再大的努力，也无法扭转企业衰退的局势。

## 第二节　市场边界决定竞争战场

没有精准定义的市场边界，再好的定位也没有用。市场边界的选择就是关系到企业能否在竞争中取胜的先决条件，选错了市场边界，企业受苦受累不说，还会丧失重大的战略机会。

香飘飘就是因为对市场边界缺乏认知而导致战略上的重大偏差，尽管其确立了“杯装冲调奶茶”第一品牌的定位，但由于杯装冲调奶茶的市场边界产生了局限，导致其偏离了瓶装液体奶茶的主流行业趋势，失去了在奶茶行业领先的市场地位。

当然，香飘飘当初的成功，也是在于其选准了“杯装冲调奶茶”这个市场边界，在那个奶茶铺子风行一时的时期，香飘飘的选择使其进入一个全新的蓝海市场，从而抢占了先机，获得了巨大成功。但是，企业如果想要持续获得快速发展，就需要不断地分析和检视自身的市场边界是否存在问题，是否需要顺应趋势，调整自己的市场边界。竞争环境变了，企业的竞争战场也就有必要进行相应的变化，如此方能保持企业的竞争优势。

通俗一点说，**市场边界就是企业经营和竞争的战场，企业要在竞争中获胜，就必须清晰地了解自己的战场到底在哪里，竞争对手在哪里。**只有找到正确的战场和正确的竞争对手，企业才能够明确战略的方向和目标，才能围绕目标有效配置资源进行高效运营。如果没有选对战场，绝不可能在竞争中赢得优势地位。

无论是军事战争还是商战，选准战场都是取胜的关键。在战争中，每支军队的首要任务就是确定自己的战场在哪里。更重要的是，确定最核心的战场在哪里。

当然，商战与战争不同，与之相似的是围棋，在双方交手的过程中，并不是为了要消灭谁，而是为了围住更大的地盘，就像商战中企业要力争获得更多的市场份额。

在围棋中有句话叫作“金角银边草肚皮”，实际上就是棋盘上的市场边界。

角上的空间最小，相当于利基市场（即缝隙市场），市场容量不大，但是容易做活，对企业经营的要求不高，而且竞争对手也不太注重，因此企业容易抓住机会建立市场基础。

边上的空间其次，相当于细分市场或者局部市场，具有一定的市场容量，竞争不太激烈，但要付出较大的努力。

中间的腹地看起来很大，实际上市场分散，竞争非常激烈，对企业的要求很高，需要付出大量的资源，最终也未必有太大的收获。在下围棋的时候，除了顶尖的高手，没有人敢直接将棋子下在天元上，因为选择这样的市场边界基本上意味着失败。

商战就如下围棋，大家都在抢夺市场份额这个地盘，如何才能抢得够大够多，就要看如何选择市场边界了。

从中国企业的实践来看，大部分企业在选择市场边界时都是盲目的，因为许多企业根本就不选择，或者说他们的选择就是模仿跟随，哪一个产品火、哪一个市场热，他们就往哪里去。其实，跟随模仿没有问题，问题在于没有章法，也就是没有战略，完全是盲目的。企业在选择市场边界的战场时，首先要搞清楚市场发展的阶段是什么，是否适合跟随；其次要衡量自己的资源和能力，能否在跟随过程中从先发者手中夺取市场，能否抵挡先发者的反击。如果企业能够将这两个问题搞清楚，即便是模仿跟随也能收获成功。

比如调味品行业中近几年比较火的蚝油，其开创者是李锦记，之前并没有多少企业跟进这个品类，而且彼时的市场容量也不大。海天进入这个市场后完全不同了，海天通过极致性价比、丰富的产品组合和强势的市场运作，迅速在蚝油市场取得了领先地位，占据半壁江山，成为蚝油市场的第一品牌，并且直接推动了整个品类市场空间的扩张。原来的领导者李锦记，反而退居其次。由此可见，海天对市场边界的选择非常精准。

另外，在烘焙食品领域也类似，广东三辉麦风率先推出法式小面包，针对休闲代餐的市场边界，而福建盼盼食品迅速跟进，最终成了这个市场的领导者。这是因为盼盼有两点把握得好：其一，法式小面包正处于快速成长期，市场容量急剧扩张，三辉麦风还无法一下子满足大量的市场需求，快速跟进可以迅速抢夺市场份额；其二，三辉麦风在全国的生产基地不多，而盼盼彼时在全国已经建立了 11 个生产基地，能够更快速地实现区域布局和渠道拓展。

由此可见，只要根据自身的资源和能力选择了市场边界，即便是跟随也能够获得成功。而其他同期也选择了这两个市场边界的企业为什么没有获得成功呢？原因可能是这两个市场边界并不是适合他们的市场边界，海天和盼盼的选择是正确的，但是对于其他企业可能是个错误，有更好的市场边界值得他们去选择，要看这些企业是否具有战略眼光和深刻的市场洞察。

## 第三节　准确定义市场边界：先胜而后战

《孙子兵法·军形篇》云："古之所谓善战者，胜于易胜者也。故善战者之胜也，无智名，无勇功，故其战胜不忒。不忒者，其所措必胜，胜已败者也；故善战者，立于不败之地，而不失敌之败也。是故胜兵先胜而后求战，败兵先战而后求胜。"

这段话的意思是：古时所说善于用兵打仗的人，都是在敌人已经处于可能为我战胜的情况下取得胜利的。所以，善于用兵打仗的人，他们打了胜仗，没有令人惊奇之处，也没有料敌制胜的名声和勇武威猛的战功，他们获取战争胜利而不出任何差错。之所以不出差错，是由于他们采取的制胜措施都建立在不败的基础上，是战胜那早已处于失败地位的敌人。所以，善于用兵打仗的人，总是使自己立于不败之地，而不放过敌人可能被击败的机会。胜利的军队，总是首先创造必胜的条件而后才去寻求与敌交战，失败的军队则往往是先贸然与敌交战，然后在交战过程中争取侥幸的胜利。

在今天的商场上，定义市场边界就是为了要达到这种"先胜而后战"的境界。如果市场边界定义错了，总是处于一种无法必胜的市场环境中，就算企业怎样努力、怎样投入，也不会取得大的成功。能获得成功的企业，一定是准确定义了最有利的市场边界，进入这个市场边界就通过商业逻辑知道自己一定会赢，并为之匹配充分的资源，构建必要的核心能力，故此当它进入这个市场边界之后，自然就能够获得成功。外部的人并不了解这一切，还以为这个企业的成功靠的是推广，或者是渠道，殊不知这些只是完成战略的战术手段而已，真正的成功在这些动作产生之前就已经奠定了。

史玉柱之所以能够成为营销大师，就在于其深谙"先胜而后战"的道理。

当年史玉柱在推出脑白金时，耗费了大量的时间和精力进行市场调研，本人更是亲自与300多位目标消费者访谈，从中发现了一个极大的市场机会，也就是保健品的送礼市场。通常保健品的主要市场都是基于产品本身的功能，通过不同的功能去满足消费者的不同需求，从而形成以产品消费属性为核心的市场边界，但是史玉柱深入洞察了送礼这个巨大的蓝海市场，这就超越了产品的消费属性，而是从消费心理的层面为脑白金定义了全新的市场边界。

为了确保成功，史玉柱在正式销售脑白金之前，先选择了无锡江阴县进行试销，结果非常理想，印证了史玉柱的洞察完全切中消费者的需求。于是，史玉柱调动人力物力财力对苏南市场进行全力拓展，在短时间内便引爆了市场，形成了脑白金的购买风潮，最终成就了中国保健礼品第一品牌。

史玉柱运作脑白金的成功案例，正是对孙子兵法"胜兵先胜而后战"的现代商战注解，可谓极其经典，但可惜的是，能够像史玉柱这样做到"先胜而后战"的企业实在是太少了，我们眼中比比皆是"先战而后争胜"的例子，常常令人唏嘘不已！

## 第四节　保持竞争优势，与时俱进

企业经营是一个动态过程，在这个过程中会受到各种因素的影响。在企业经营的初期，对于要做什么事情、达到什么目标可能还有一个较为清晰的方向，但是经过一段时间以后，就有点混乱了。尤其当企业碰到各种各样的机会，非常容易迷失，眼中看到的多是短期的一些利益，对于未来应该如何发展，应该在什么地方构建自己的核心能力与竞争优势，并没有清晰的认知。时间一长，企业对自己所处的市场边界丧失了敏锐性，无法感知到原有市场边界正在产发生的变化，对于哪些富有潜力的市场边界正在形成也浑然不觉。

因此，要想时刻保持清醒的认识，企业就必须定期分析自己所处市场边界的发展态势，判断其未来的走向。一方面反省自己有没有犯方向上的错误；另一方面尽量使自己处于一个符合主流趋势的市场边界，一旦发现原有的市场边界发生变化或者转移，就要及时调整自己的战略定位或者业务结构，顺应主流市场的发展潮流。

对于这一点，华为和万达就是两个极其成功的例子。

最初，华为对自身业务市场边界的定义是系统集成市场，为了在这个市场做到世界第一，华为倾注了全部的资源和精力。大家都知道，除了在系统集成市场领先，华为的手机业务也在全球做到了领先，凭借手机业务的杰出表现，华为从以前的“巨大中华”四大中国集成设备商中脱颖而出，一骑绝尘，这都是因为进入了以手机为代表的移动消费电子市场。

万达更是将不断顺应趋势、调整市场边界作为核心战略，最初万达是选择商业地产作为市场边界，从而在众多房地产公司一窝蜂进军住宅地产时抓住了商业地产的蓝海市场，以万达商业广场的业态在全国攻城略地，引领中国商业地产的发展大潮。

其后，王健林迅速将市场边界转移到文化旅游领域，彼时国内商业地产市场已经变为红海，万达选择进入文化旅游领域，尤其是大力发展万达院线，并收购了国际上知名的好莱坞 AMC 影院和传奇娱乐公司，从而一举成为中国最大和全球领先的影业巨头。2017 年，万达将旗下的商业地产和旅馆实体业务的股份卖出，再次对市场边界进行了调整，脱离实体商业经营市场，只是保留了物业经营业务，从而转型成为轻资产的服务运营商。

这一系列令人眼花缭乱的转型，正是万达实施市场边界调整的核心战略，这也是其多年来持续快速发展和获得竞争优势的关键。

## 第五节　挖掘蓝海，换个方向就是第一

人常常被自己固有的思维习惯束缚，定义市场边界就是要打破企业对市场固有的认知，换一个角度看问题，从而找到全新的解决思路和出路。早期淘宝网的员工在内部都要学会“打倒立”，原因是马云希望团队要学会从另一个角度来看世界，当一个人倒立时，眼中的世界和直立时看到的世界截然不同，就能够从中看到常人看不到或者容易忽视的问题。另外，有一幅人像画也常常用来说明这个问题，正向看是一个丑陋的老太太，可

是倒过来看就是一个漂亮的贵妇人，差别就在于角度不同。

对市场边界进行定义，其实也是一个角度的问题，如果只是从原来的角度看，就永远无法跳脱原有的市场格局，只能亦步亦趋，跟在竞争对手的后面。对于一个成型的市场边界而言，其运行的游戏规则就是被领导者定义的，如果后来者不能打破这一点，又怎么能够实现超越呢？如若只是想等待竞争对手犯错误，这种成功的概率实在是太小了，成功必须靠自身来争取，与其跟在竞争对手身后，不如调整思路，从不同的角度对市场边界进行思考，反而会眼界大开。

换个方向就是第一，通过对市场边界的全新定义来开创一个蓝海，重建游戏规则，由此方有机会成为新领域的领先者。

达能旗下的脉动维生素饮料正是通过重新定义市场边界，实现了在中国饮料市场的崛起。

脉动 2000 年诞生于新西兰，次年在澳大利亚上市销售，2003 年达能将其引入中国市场，从而开创维生素饮料的蓝海市场。但是，最初达能将脉动的市场边界定义为运动人群，随后发现这个战略在中国行不通，国外喜欢运动的人群庞大，定义在运动人群边界具有足够大的市场容量，但是中国人偏好的是休闲而非运动。百事旗下的佳得乐就是一款专门针对运动人群推出的品牌，但在中国市场并没有取得很好的市场业绩。

于是，达能迅速将脉动的市场边界重新定义为大众年轻人群，笔者将其称之为“非运动人群的运动饮料”。其实，真正喜欢脉动的并非是那些偏好运动的人群，而是偏好饮用口味清爽而又具有健康理念的大众年轻人群，脉动清淡好喝的口感正好满足了他们的需求。

脉动提出的定位是“回复状态”，而佳得乐的定位则是“解体渴”，由此可见脉动与佳得乐之间的根本差异。如果要在运动市场进行竞争，脉动很难赢得了佳得乐，但是通过调整市场边界，脉动成功进入了远远大于运动人群的大众消费市场，从而获得了远超以佳得乐为首的专业运动饮料的销售业绩，其高峰期 2015 年在中国市场的销售额高达 98 亿元，稳居维生素饮料的龙头地位并保持至今。

# 第三章

# 市场边界：实现超常规发展

## 第一节　不同消费需求的集合

目前学术界和企业界对市场边界并没有一个清晰而准确的定义，甚至可以说，市场边界这个概念都还是全新的——尽管它已经客观存在于每家企业的经营中，这恰好印证了这样一个事实：理论总是落后于实践。

在阐述什么是市场边界之前，首先必须要搞清楚什么是市场。“市场”这个概念听起来抽象，但实际上其至关重要，正是因为其较为抽象，所以谁能够准确地理解它，谁就能够提升市场拓展的成效。笔者这里定义的“市场”，并不是通常所说的区域市场或者交易市场，而是消费需求的集合，没有需求就没有市场，有什么样的需求，也就有什么样的市场。因此，市场边界也就是消费需求的边界，而开发市场同时也是开发消费者。

**每个企业的经营活动都会在一个市场范围内开展，包括整体的，也包括局部的，包括有形的，也包括无形的，这个市场范围就可以称之为市场边界。**

无论企业是否意识到，或者承认与否，市场边界都是客观存在的。比如从地理区域来看，一个外贸企业可以说它的市场边界在海外市场，一个内销企业则可以说它的市场边界在国内市场；一个全国性销售的企业可以说它的市场边界在全国市场，一个在本省销售的企业可以说它的市场边界在区域。

从消费群体来看，一个企业针对高收入群体进行销售，那么它的市场边界就是高端人群，而针对工薪收入群体销售的企业，它的市场边界就是中低收入人群；一个企业针对女性消费者进行销售，那么它的市场边界就是女性人群；而一个企业针对儿童进行销售，那它的市场边界就是儿童人群。

从产品消费属性来看，一个企业经营的是白酒，那么它的市场边界就是含酒精类的消费市场；一个企业经营的是糖果、饼干等产品，那么它的市场边界可以界定为休闲消费市场；而一个企业经营的是酱油、醋、味精等产品，那么它的市场边界就是调味品消费市场。

如果再抽象一些，还可以从消费者的生活方式或价值观来看，一个企业针对的是时尚的生活方式，那么它的市场边界可以界定为时尚消费市场；而一个企业针对的是健康生活方式，那么它的市场边界则可以界定为健康消费市场；或者一个企业针对的是休闲的生活方式，那么它的市场边界可以界定为娱乐消费市场。

总之，每个企业的经营活动都在一定的市场边界中进行，而每一个市场边界中都存在相应的消费群体、消费需求、市场容量及竞争对手等。对于企业来说，这就形成了不同的市场机会和发展空间，企业需要从中选择最有利的市场。

之所以说市场边界对企业很重要，就是因为其是企业开展经营的第一步选择，选择在企业经营中无处不在，不管是大的方向还是小的决定，经营企业都要不断地选择，而选择市场边界就是企业经营最初始、最重要的内容，市场边界选错了，后面做得再对也是错。

一家企业成立之初，创始人肯定要面临选择：要做什么业务？这个业务的市场在哪里？这个市场的发展潜力大不大？如果这些问题搞不清楚，这个企业一定无法运转。

管理大师德鲁克经常对企业说得最经典的问题就是：谁是我们的顾客？应该是谁？顾客在哪儿？顾客购买什么？顾客认定的价值是什么？德

鲁克认为，企业首先要将这几个问题搞清楚，否则就难以有效经营。要搞清楚这几个问题，就等于搞清楚企业的市场边界应该在哪里。

市场就是需求，而市场边界就是某一类需求的集合。市场中的需求太多，企业的资源和能力有限，不可能满足市场中存在的所有需求，因此需要框定出某些具有相似特性的需求，使这些需求处于一个边界之中，以便企业能够整合资源和能力满足这些需求。所以，市场边界关系到一个企业能否有效挖掘出潜在的消费需求，市场边界选择错误，就意味着企业对潜在消费需求的判断错误，又怎么能获得经营上的成功呢？

市场边界处于一个不断变化的动态过程，会随着经济发展和市场环境的变化而变化，这就意味着企业的市场机会和发展空间也是动态变化的。如果企业能够洞察市场变化的趋势，就能够动态地调整自己的市场边界，顺应行业和消费需求的潮流，从而抓住更多的机会实现持续发展；而企业如果没有关注市场边界的变化，很有可能随着市场的发展而边缘化，表面看起来似乎自己的经营并没有大的失误，但实际上已经与市场主流的发展方向相背离。

在中国经济高速发展的过程中，始终伴随着中国企业的就是突出的“投机主义倾向”。从计划到市场，从落后到发达，从闭塞到开放，从区域化到国际化，其中的种种转型，给中国企业带来了前所未有的机会。企业一旦见到这些蜂拥而至的机会，便以一种“手足无措”的态度来匆忙应对，见到机会就抓，见到钱就挣，这时候他们没有时间也没有精力思考未来，思考这些机会与企业战略发展之间的关系，他们只知道快速行动，先下手为强，于是就形成了这种典型的“投机主义”式发展模式。

有的企业，看到什么市场比较旺就想上什么产品，一会儿看中饮料，一会儿看中烘焙，一会儿又看中休闲肉制品，一会儿又要上保健品，更有甚者还要开发房地产……当这些企业不断变换经营业务的时候，其市场边界随之发生变化，而变化了往往麻烦就来了，导致从定位到商业模式、从产品到渠道、从组织到团队等内外各方面都要发生相应的变化。

当这些企业在变动市场边界的时候，他们是无意识的，他们的脑子里有的只是跟风投机，却没有市场边界这个概念，所以他们并不知道市场边界究竟应该如何调整、是否应该调整，所以在抓机会的过程中往往会出现诸多错误，导致企业难以实现持续良性地发展。

现在企业知道了不少营销和管理的概念，但是对于市场边界这个概念很少有人能够认知和理解，这就造成不少企业在经营中产生了战略偏差，错失了迅速发展壮大的机会。由此可见，市场边界对于企业而言是一个无法回避的重大战略问题。

## 第二节　超越市场细分和目标市场

在营销理论中，有两个概念与市场边界有直接关系，即市场细分与目标市场（segmentation 和 targeting）。前者是通过各种因素的分析，从一个整体市场中细分出若干个更小的市场，每一个细分市场都代表着一定的消费需求和市场空间；后者是企业根据自身的愿景和战略方向，从这些细分市场中选择最适合自己的目标市场。

如果不是有更深层次思考，可以说目标市场和市场边界的含义基本上是相似的，但从企业经营的现实状况来看，停留于这样的理解还远远不够。原因就在于大多数企业都没有将目标市场当回事儿，他们总是一如既往地先把产品搞出来，然后再选出一个或几个目标市场，这往往成了一种形式。对部分企业来说，有没有目标市场并不重要，他们真正的意图是把产品卖给所有人，因此列出的目标市场总是有许多个。

例如，我们常常看到某些企业会列出这样的目标市场：学生、年轻白领、工薪阶层、家庭消费、日用、送礼等。也就是说，该企业会用同一种产品去拓展这些目标市场，我们可以把这种思维当作企业的雄心壮志或是理想，但对于企业经营是无用的，并且是有害的。对于部分还懂得一些营销理论的企业来说，目标市场也没有发挥出应有的作用，因为它的角色完全被贬低了，仅仅被当作战术操作的方法，其内涵深处的战略意义完全被忽视了。

在这些企业的思维中，目标市场只是罗列出产品可以拓展的若干目标消费群体，是多选题，是产品扩大销售机会的途径。在这种状况下，细分市场往往是个性化的，存在局限，无法成为代表行业发展趋势的主流市场。

然而，市场边界的内涵却不是这样，市场边界不是多选题，而是单选题。对于一个产品或品牌而言，其市场边界只有一个，因为从战略的角度来看只能有一个，其实质是企业围绕某一个市场边界进行系统经营，构建核心竞争优势，其中贯穿了企业的所有经营活动，而并非只是为一个产品找出若干个销售机会而已！

基于这种理解，市场边界是具有较广泛共性的主流市场，而非个性化的局部细分市场。目标市场不应是方法，而是方法论，是决定企业经营战略的核心，因此它是形而上的，它是“道”而不是“术”。

令人失望的是，企业普遍将目标市场都当成了“术”！就像目前“营销”这样重要的思想也被企业当作“术”，有的企业将营销等同销售，有的则将营销等同推广，由此才会出现事件营销、微信营销、主题营销、场景营销等，完全是“术”的概念。在他们这里，营销完全被贬低了，营销的真正内涵被曲解了，营销对企业的战略价值也就完全消失了。

目标市场也是这样，一个具有重大战略意义的概念，就被企业随意地当作工具使用，其实不用也罢，基本上已经成为摆设。目标市场不应该只是战术，而应恢复其本身的战略地位。为此，笔者就用市场边界来对目标市场进行重新定义，不再将其当作营销过程中的一个不起眼的环节，而是将其当作整个经营过程的开始，没有市场边界的定义，根本不会有其后一系列的经营活动——那种零散随意的活动或许根本就不应该被称作经营！

## 第三节　不同市场边界形成不同市场容量与机会

无论一个市场边界的构成因素是什么，其都具有一个被限定的消费群体和消费需求，由此形成了一个个市场。由于消费群体和需求的构成不同，也就决定了这些市场的消费规模（即市场容量）各不相同。对于企业来说，需要对自己所处市场边界的消费规模大小和发展趋势进行判断，如果当前的市场容量和未来的发展空间都不大，就意味着企业的成长会受到局限，必须想办法调整自己的市场边界。

企业要抓住市场中的机会，首先必须判断哪一个市场边界具有较大的消费规模和发展潜力（增长速度），两者之间的乘积越大，代表着这个市场边界中存在的机会越大。这种选择对企业的发展至关重要，如果企业选择了消费规模大和发展潜力大的市场边界，极有可能抓住整个行业快速发展的契机，顺势而为实现企业的突破性发展；如果选择了消费规模和发展潜力小的市场边界，那么企业就算做得再好，也不可能实现快速发展。

以调味品企业为例，目前销售规模最大的企业是海天，为什么是海天成了调味品行业的领导者呢？是因为其经营实力和能力最强吗？也许海天的经营实力和能力都很强，但是这并不足以使其成为整个行业的领导者；太太乐的经营实力和能力也很强，还有雀巢这样的国际巨头撑腰，但是最终只能成为鸡精细分行业的领导者，而非整个调味品行业的领导者，其中的关键就在于每家企业对市场边界的不同选择。

海天能够成为整个调味品行业的领导者，根源在于选择了酱油这个市场边界，在目前整个调味品 4000 亿元的市场消费规模中，酱油占到 700 亿元左右，而鸡精的整个市场规模只有 120 亿元左右，且酱油的成长速度要远远超过鸡精。两者相比，即便太太乐的经营实力和能力强过海天，但是其整体销售规模仍然难以超过海天。

其他如恒顺、乌江等在食醋和榨菜行业中也很优秀，但是这两个细分行业的市场消费规模并不大，因此做到十几二十亿元的销售规模就已经耗费极大的精力了。但是对于一个身处酱油行业的二流企业，比如东古，仅凭一个东北三省的大客户就可以做到超过 10 亿元的销售额，这种差异完全是由市场边界的选择带来的。

当然，一个消费规模和发展潜力较大的市场边界只是给企业提供了一种抓住机会的可能，最终能否将市场机会变为现实，还必须衡量这个市场边界中的竞争态势与企业的核心能力。

从竞争态势来看，如果某个市场边界的市场集中度很高，行业 CR5 市场集中度高于 70%，即累计销售额排名前五位的品牌所占的市场份额在 70% 以上，就意味着这个市场边界处于充分竞争状态，市场竞争的格局已成形，后来者将面临较高的竞争门槛。如果企业要进入这个市场边界，就需要慎重考虑。

相反，如果这个市场边界的集中度不高，对于企业来说就一定是个极佳的市场机会，千万不要错过。比如小包装食用油行业，前六家企业的市场份额之和就占整个行业的68.7%，那么要进入这个市场边界的企业就一定要三思而后行，如果没有极强的实力和能力，还是不要涉足的好。对此，笔者对部分调味品企业进入食用油市场提出异议。

而酱油行业尽管已经有海天、厨邦、李锦记、欣和、加加等知名品牌，但由于其市场容量大，市场集中度还不高，对于其他企业而言仍然具有一定的发展机会。四川千禾就是这样的代表，其近两年抓住消费升级的机会大力发展零添加和味极鲜酱油，从而实现了销售业绩的大幅提升，其2020年酱油的销售额已经从上市前2013年的1.5亿元提升到10.54亿元，增速令人刮目相看！

从核心能力来看，一个市场边界的竞争态势对于能否进入是重要的衡量标准，但是也并非绝对。如果企业的核心能力很强，那么即便市场边界中的集中度较高，这个企业也有可能迅速切分市场蛋糕，重新构建竞争格局；如果企业的核心能力较弱，不具备与市场边界中的领先企业进行直接竞争的能力，就需要重新选择适合自己进入的市场边界，不能只看到市场机会的存在，还要考虑这个机会到底能不能抓住。

在功能饮料中，2016年红牛以230亿元的销售额占据了高达75%的市场份额，处于垄断的市场地位。福建达利于2013年推出功能饮料乐虎，2016年就达到了20亿元的销售额，在整个功能饮料行业中排到了第三名。原因在于达利拥有很强的渠道运营和品牌推广能力，在其推出乐虎之前的2012年，整体营业额就已经达到108亿元，其中饮料业务的销售额达到45亿元，并且还成功打造出和其正凉茶。

由此，达利园在休闲食品和饮料市场构建起来的核心竞争力，可以帮助其在较短时间内将乐虎运作成功，这是达利园自和其正凉茶饮料推出之后的又一个成功案例。

## 第四节　创造最有利的市场竞争地位

市场边界就是不同消费需求的集合，那么如何来理解定义市场边界呢？基于市场边界的内涵和意义，笔者将定义市场边界理解为：**选择与竞争对手不同的消费需求集合，通过独特的价值链活动，创造一个最有利的市场地位，让企业获得领先的核心竞争优势！**

定义市场边界这个概念，绝大多数企业都缺乏了解，这就是导致很多企业缺乏战略的一个重要原因。其主要体现在以下几点：

### 一、缺乏统一的市场边界，业务结构零散

很多企业的业务结构很难搞清楚是怎么回事儿，品类繁多，渠道多样，但是众多品类及产品之间的逻辑关系却非常混乱，不知道为什么要这样做。有的产品针对家庭消费，有的产品则针对个人消费；有的产品针对大众消费，有的产品则针对中高端消费；有的产品针对实惠消费，有的产品则针对高品质消费；有的产品针对佐餐消费，有的产品则针对即食消费。诸如此类，众多市场边界毫无逻辑地交织在一起，看起来业务组合非常丰富，但只是“虚胖”，根本没有竞争力。

### 二、不知道不同业务组合的战略意义

一些企业的业务组合看起来很丰富，但不同业务为什么要存在，它们之间是什么关系，每一种业务的竞争优势如何体现，这些问题都没有一个清晰的答案。实际上，这些企业的业务结构大都是随机产生的，有的是跟风模仿，有的是客户要求，有的是基于生产设备，有的是基于资源条件，还有的是基于领导偏好，“散兵游勇”拼凑在一起，又如何能在竞争中取胜呢？

### 三、企业在多个市场边界与多个竞争对手同时竞争

业务组合众多，意味着市场边界众多，也意味着竞争对手众多！因

此，这些企业在市场上呈现出“混战”的局面，一边是“连吴抗曹”，另一边则是“三国争霸”；一边是“楚汉相争”，另一边是“春秋战国”。总之，混乱不堪，仿佛企业在与所有人为敌，能打赢才怪！

### 四、不同业务组合缺乏针对性的商业模式

不同的业务组合涉及多个市场边界，每个市场边界又具有不同的发展规律和运作特性，要求企业为每个业务构建针对性的商业模式。事实上，很多企业根本就没有考虑这些，无论多少业务组合、多少市场边界，统统都按照企业以前习惯的商业模式来运作，不管这些业务是否与原来的商业模式相适应。将正确的产品放到错误的渠道，将全新模式的业务仍然用原来的模式经营，这种现象在实践中比比皆是。

看一家企业是否具有清晰的业务结构，是判断其战略是否精准的一个好方法。由上述可知，如果企业缺乏对市场边界的定义，业务组合就必然陷入混乱，而要解决企业战略上的偏差，就必须通过精准定义市场边界来实现。

战略的目的就是“构建独特的竞争优势”，而定义市场边界的目的是“创造一个最有利的市场地位，让企业获得领先的核心竞争优势”，两者是完全一致的，只有通过定义市场边界令企业获得最有利的市场地位，最终才能够构建竞争优势。

## 第五节　实现“非延续性”超常规发展

很多企业看起来做了不少事情，耗费了大量的资源和精力，但业绩始终处于疲软状态。从现实状况看，绝大多数企业的增长路径都属于常态化，就是力争把事情做好，比如把产品品质做好、把成本控制好、把经销商找好、把铺货率提高、把终端促销做好，但是做好这些事情会给企业带来多大的增长呢？从结果来看，往往并不理想。

问题在于“把事情做得更好”上。难道“把事情做得更好”有错吗？没有错，也是必要的，但对于要实现快速增长来说，远远不够。“把事情做

得更好”是一种延续性的状态，大家都在原来的基础上通过努力做好事情取得进步，至于能够进步多少，取决于企业原来的基础和资源状况。通常来说，除非有重大突发性事件发生，企业基本上都是按部就班地成长。

如果只是“把事情做得更好”，就意味着“奇迹”根本不会发生，诸如以弱胜强、爆发性增长、颠覆性发展等。在这种延续性发展的状态下，各种经营要素的组合始终处于量变的状态，积累再多也不会发生质变。要实现业绩的突破性增长，企业就需要从延续性的状态转变为“非延续性”状态。也就是说，不能仅仅追求把事情做好，还要追求把事情做得与众不同，如此方能打破整个竞争格局中的均衡状态，从量变实现质变。

“把事情做得更好”，体现的是运营思维，就是通过系统化、规范化的运作，提高事情完成的质量。因此，企业通常都比较重视内部的管理建设，尤其是团队的执行力，不少企业都寄希望于提升团队执行力来实现业绩的快速增长。实际上，仅仅靠这一点是无法做到的，执行力带来的只是必要性，不是充分性，如果不改变经营的延续性状态，执行力再强也不会取得本质的变化！

如何改变延续性状态呢？

## 一、调整原来的思维模式

不要局限于“把事情做得更好”，要多想想如何才能“与众不同”。如果没有这种思维，很多事情就会陷入同质化的状态，要实现突破性的改变是不可能的。

## 二、找到可以打破常态的要素

这一点是实现突破性发展的关键，这就是战略要解决的问题。很多企业在这方面极其薄弱，更多是“以战术的勤奋来掩盖战略的懒惰”。之所以“懒惰”，实质在于战略是个专业活，大多数企业并不具备这种专业能力。

能够掌控战略的人就是企业的老板，通常来说，老板们都是通过商业直觉来谋划战略，这在过去十几二十年是可行的，因为市场处于成长初期，产业结构不太复杂，再加上企业老板创业初期多走访市场，可以从市场一线掌握一手信息，因此可以敏锐地把握战略方向。但是现在的市场环境不同以往，产业结构日趋复杂，环境变化迅速，依赖商业直觉无异于“刻舟求剑”。

要打破延续性状态，就要找到哪些要素可以打破其常态，做到“与众不同”。**有且只有两个因素，是产生“与众不同”的根源，由此形成“非延续性”状态，其他因素都是延续性状态下的常规要素。一是市场边界；二是核心价值。**

对于前者，企业需要基于产业格局来选择最佳的市场边界，这个逻辑与企业常规的思路截然不同，其并非从企业自身的微观角度来思考，而是基于产业结构的中观角度来对企业战略进行逆向思考，以终为始，从而使企业跳出自己看自己，在产业格局中找到最有利于实现突破的战略位置。仅仅考虑企业自身，基本上很难打破延续性的状态，只有站在产业的格局进行思考，才有机会实现非延续性的超常规发展。

对于后者，企业要从产品视角转向用户视角，通过为用户创造独特的核心价值来构建竞争优势，这个核心价值要同时满足三个条件：真实、独特且符合认知，缺一不可。需要注意的是，核心价值是基于市场边界提炼，两者必须一致。

## 三、重构价值链

通过对不同环节的“加减乘除”来改变整个价值链的内在结构，有的环节要重视，有的环节要削弱，有的环节要增加，有的环节要减少，这就是“蓝海战略”寻求差异化的本质，以此使企业达到“非延续性”状态。在价值链重构的过程中，贯穿始终的就是产品的核心价值，价值链环节的“加减乘除”都要围绕产品核心价值最大化来构建，从而实现节节贯穿，将核心价值传递到位。

## 四、通过聚焦，引爆市场

要使企业的战略在较短时间内产生极大的影响力，就必须通过阶段性“非均衡”的状态打破局面。所谓“非均衡”，就是不平均用力，要将有限的资源和精力聚焦核心环节，在短时间内形成“饱和攻击”，力出一孔，从而引爆市场，获得市场领先地位，最终构建新的“均衡”状态。

这个聚焦可以包括多种要素，或产品，或渠道，或区域，或品牌，或组织，这些要素可以在不同阶段分别体现出来，形成有节奏地聚焦推动，形成多个引爆点，一举推动企业的战略破局。需要注意的是，聚焦一定要做到“饱和攻击”，否则难以实现“非延续性”状态。

所谓“饱和攻击”，是指在一定时间内，利用绝对的资源优势，高密度、不间断围绕核心环节进行集中投入，以数量的优势来弥补质量的劣势，或利用数量的优势形成绝对的火力密度，在短期内引爆市场，实现对竞争对手的超越。

在调味品行业中，千禾就是打破延续性状态实现超常规发展的一个典范，从一个原料企业成功转型为品牌企业，其底层逻辑就是“与众不同”的战略在发挥作用。

由此看来，如果企业只是想稳健发展，那么可以顺应当前的“延续性”状态，“把事情做得更好”就可以了；如果想实现超常规发展，就必须打破“延续性”状态，重构市场边界，提供独特核心价值，重组价值链，然后再聚焦实施“饱和攻击”，这就是战略制胜的本质。

## 案例：超常规发展的典范——千禾

千禾味业（简称千禾）在进入酱油行业之时，市场中已经大牌如云，海天、厨邦、李锦记、加加、欣和、味事达、东古等品牌都有各自的竞争优势，或品类，或品牌，或渠道，或区域，而千禾只是一个行业新兵，也没有特别的核心能力，进入这个竞争激烈的市场可谓“凶多吉少”，但最终结局出人意料，千禾在酱油行业扎根，并取得了细分市场的领先地位。

这一切是如何发生的？原因就在于千禾成功地打破了酱油行业的“延续性”状态。

### （一）重构市场边界

酱油行业已经进入快速成长的阶段，在一众领先品牌的统领下，整个市场上的竞争日益激烈，此时千禾的入场，如果是沿着这些领先品牌的“延续性”状态发展，结局必然是“输”！在“延续性”状态下，一个新品牌只能遵守行业统治者的游戏规则参与竞争，但在巨头主导的行业中，它们已经取得了绝对领先的优势，新品牌要做到“把事情做得更好”，其难度可想而知，最终只能跟在其身后吃点“残羹剩饭”，更遑论超常规发展。

但是千禾选择了一条“非延续性”发展之路，重构了市场边界，选择了一条完全不同于领先品牌的发展路径，由此形成了鲜明的“与众不同”。千禾选择的这条路径就是“中高端健康调味品”，在这个全新的市场边界中，千禾打破了行业主流品牌的“延续性”发展状态，不是延续行业传统，将老抽、生抽做得更好，而是选择了全新的赛道，由此成功避开了领先者的锋芒，形成差异化竞争优势。

**（二）提供独特的核心价值**

在“中高端健康调味品”的市场边界下，千禾基于酱油的核心品类，推出了零添加酱油，并且提炼出“给家人不添加味精的健康酱油”核心价值定位，从而击中了消费者的心，成功占据其心智，成为零添加酱油的领导品牌。在这里，千禾成功地抓住了核心价值定位的精髓，零添加酱油并不是千禾开创的，但这个定位却是其做到的！

**（三）重构渠道价值链**

为了打破原有的“延续性”状态，千禾在渠道价值链上进行了成功的重构，主要表现为两点：

第一，给渠道商提供了最大化的利益空间，其酱油出厂价和海天差不多，但是零售价超过海天50%以上，这就充分调动了渠道商的积极性，弥补了企业在团队和经验上的缺陷。从渠道利益分配上看，千禾成功构建了“非延续性”状态。

第二，采用大商合作模式，以底价与行业中的知名大商深度合作，最大化地调动了大商的积极性，利用大商的能力和资源成功地打开了市场，虽然未能从中盈利，但却以此构建了品牌影响力，打造了样板市场，营造了品牌势能。

### （四）战略性聚焦打造核心品类

在战略执行过程，千禾很好地做到了“聚焦”，到目前为止，千禾始终都围绕着零添加来传递核心价值，这种聚焦反映在各个方面，包括品类、品牌、渠道、区域、资源等，从而在市场上为其构建了强大的品牌势能。虽然现在其他领先品牌都推出了零添加系列产品，但千禾仍然处于零添加的领导地位，这就是十几年来战略性聚焦所产生的巨大作用。

# 第四章

# 市场边界：企业战略成功的根源

## 第一节　定义市场边界与定位的三处不同

### 一、针对的范围不同

按特劳特的理论，定位就是在消费者心智中找到一个独特的位置，从而在潜在客户的心智中与众不同，主要是针对单一的产品或者品牌。

特劳特在《定位》中写道："定位要从一个产品开始，那产品可能是一种商品、一项服务、一个机构甚至是一个人，也许就是你自己，但是，定位不是你对产品要做的事，定位是你对预期客户要做的事。换句话说，你要在预期客户的头脑里给产品定位，确保产品在预期客户头脑里占据一个真正有价值的地位。"

而市场边界指的是由若干消费需求构成的市场范围，其针对的层面是综合的，既包括产品和品牌，也包括消费群体、地理区域、企业和行业。

从这种差别来看，市场边界包含定位，因为每一个产品或者品牌都存在于某一个市场边界中，定位只能针对某一个产品或者品牌，而无法针对一个客观存在的市场范围。

## 二、性质不同

定位属于主观认知层面，所谓认知大于事实，真实的情况是什么样的并不重要，重要的是顾客认识到怎么样；市场边界则是客观存在的消费需求，是由各种需求汇集而成的市场。当然，也包括顾客未能意识到的潜在需求。

很多企业对定位这个词不陌生，也经常把定位放在嘴边，但是他们理解的定位并不是真正意义上的定位。我们经常听到企业说出“顾客定位、产品定位、品牌定位、价格定位、渠道定位”，这些都不是特劳特定义的定位。特劳特的定位是在顾客心智中占据一个位置，这是非常主观的，而顾客、产品、品牌、价格、渠道等都是一种客观存在。相反，这些企业所说的定位，其实质恰恰是市场边界，顾客、产品、品牌、价格、渠道等客观存在的要素都可以构成某一类市场边界。

虽然企业的理解存在偏差，但我们可以从中感受到企业想表达却没有表达正确的想法。其实，企业真正想知道的就是竞争的战场到底在哪里、应该针对哪一类顾客、满足哪一种需求、体现哪一种形象、符合哪一种消费水平、可以在哪里让顾客购买到，当我们将这些要素汇集在一起时，就可以看到一个被具体描述的市场边界。当企业清楚地了解了这个市场边界之后，心里就有底了——这个市场边界的容量有多大、发展潜力有多大、竞争是否激烈、自己的产品是否具有优势，他就能做出决策，推动企业整体业务的有效运营。

二者性质不同，决定了它们解决的问题是完全不同的。

市场边界关系到整个企业的经营战略，没有定义清楚正确的市场边界，毫无疑问，整个企业都将在黑暗中行进，随时面临数不清的浅滩暗礁；市场边界就像黑暗中的灯塔，指引着企业始终朝向正确的方向。

定位是帮助企业在某一个市场边界中站稳脚跟，获取最大的竞争优势。无论市场边界的选择是否正确，定位都会尽量从消费者的心智中发现机会。如果一个企业的市场边界出了问题，定位再好也不会产生很好的成效，就像处于药饮市场的凉茶品牌再怎么定位“怕上火”，也不会成为王老吉。

市场边界影响的是整个企业，定位影响的则是某一个产品或品牌，如果仅以二者进行对比，那么市场边界就是战略，定位则是战术，市场边界是方向，定位是手段。方向错了，手段再好也无用，只有在方向正确的前提下，手段才会发挥出应有的功效。

### 三、出发点不同

定位的出发点，更多的是从现有产品传播的角度，使产品在消费者心智中占据一个独特的位置，并且使产品与品牌相关联，以此来强化消费者的认知。从战争的角度来看，定位是使企业“先战而后争胜”，通过构建独特性的概念来占据消费者的心智，其间需要与竞争对手进行硬碰硬的竞争，尤其需要投入大量的资源，因为资源不够将无法占据消费者心智，也就无法实现定位。

市场边界的出发点，则是基于全新市场开发，使企业挖掘出一个容量更多、增长更快且更具竞争优势的市场，从而实现持续快速的增长。从竞争的角度来看，定义市场边界是使企业“先胜而后战”，通过挖掘容量大、增长快的蓝海市场来使企业实现快速发展，不需要与竞争对手进行硬碰硬的竞争。

这就是笔者提出市场边界是“超越定位的战略思想”的原因，市场边界是一个根本前提，是定位及其他经营要素无法超越的。

## 第二节　定义市场边界与定位的相同之处

无论是定位还是定义市场边界，都需要关注消费需求和竞争态势。因此，从产品或者品牌的角度，定位和定义市场边界有时是以同样的形式体现出来的。比如加多宝将凉茶定位于“预防上火的饮料”，可以说是定位，但是重新定义了凉茶品类的市场边界。更准确地说，体现在市场边界的改变，即将王老吉的市场边界从凉茶转换到饮料领域。而香飘飘奶茶，其定位于“杯装冲调奶茶”，就没有改变原有的市场边界，使得香飘飘的市场边界受到制约，将条装冲调奶茶市场拱手让给了立顿与优乐美，而将瓶装即饮液体奶茶市场让给了统一、康师傅。

虽然两者都关注消费需求和竞争态势，但是存在不同的侧重点，定位更注重竞争因素，市场边界则同时注重消费需求和竞争态势。

定位之所以更注重竞争因素，原因在于其理论的核心立足于顾客心智，而且倡导认知大于事实，从一定意义上说就可以不用太关注消费需求，只需要关注竞争对手。对于这一点，特劳特方法论之“四步法”的第一步就能够充分说明这个问题。第一步的内容是分析整个外部环境，确定“我们的竞争对手是谁、竞争对手的价值是什么”，在这一步，特劳特特别强调这与德鲁克在回答管理第一问“我们的业务是什么、应该是什么”时问的“我们的顾客是谁、顾客的价值是什么”相反，因过多的选择、有限的心智，决定了经营方式已从顾客导向转向竞争导向。由此可见，竞争是定位的起点。

但是市场边界对于两者同样注重，消费需求决定了市场机会的大小，竞争态势则决定了企业能否得到这个市场机会，两者不可偏废，它们在企业定义市场边界时是共同发生作用的。竞争大多只是眼前的，如果只考虑竞争态势，企业容易忽视消费需求潜在的巨大变化。

如果只考虑消费需求，企业又有面对强势对手的竞争压力，对自己的生存造成威胁。所以，企业必须采用辩证的思维，世界不是非黑即白，人们的行为都是在多因素影响下平衡做出的。正因为如此，通过定义市场边界可以为下一步的定位创造更客观和更有利的条件，提高企业的成功概率。

综上所述，**市场边界的内涵要大于定位的内涵，定位往往只停留在产品或品牌的层面，但是市场边界却属于企业的战略层面**，不仅仅是针对产品或品牌，还包括地理维度或者行业维度。

在市场边界的范围内，还需要进一步针对产品或品牌进行定位，但是如果市场边界定义错了，再怎么定位也无济于事；而定位则需要以市场边界作为思考的前提，如果定位的同时也定义了正确的市场边界，那么就有可能获得巨大的成功。

定位理论在中国风靡一时，这与某些企业运用了定位理论而获得成功直接有关，但是也有不少人对定位提出异议，那就是定位咨询公司，甚至特劳特和里斯的书中都存在一种定位本位主义。也就是说，只要采用了定位的企业就会成功，而没有采用定位的企业就会失败，这就显得绝对化了。

从一些企业的实践来看，真是如他们所说是因为定位而成功的吗？他们也许确实运用了定位的思想，但成功的真正原因和定位无关，只是被定位的光环掩盖了。

对于以定位作为服务内容的咨询公司来说，当然会将定位放在头等位置，会告诉企业定位是一切，只是企业对此必须清醒，必须准确地理解市场边界和定位。

定位无疑是一个很有价值的理论，但它不应该在商业化的过程中被误解。笔者之所以要提出定义市场边界的概念和方法，就是为了帮助企业更加正确地理解定位，更正确地运用定位，这才是一种科学而客观的态度。

在这个世界上没有什么理论是绝对的，所谓有效，只不过是在合适的时候、合适的环境运用了合适的方法，仅此而已。我们绝不要盲目放大某一种理论，而是要在企业经营过程中综合运用多种理论，取长补短，让每一种理论、每一种方法都能够充分发挥其功能，最终使企业收获成功，这才是理论得以保持持久生命力的正道！

## 第三节　定义市场边界是真正的战略定位

现在很多企业都知道定位，但与大家说的“定位”根本就不是一回事儿！口中说的是同一个词，但想表达的意思却千差万别！

目前主要存在两种维度上的“定位”，一种是基于传播层面的定位，即特劳特和里斯所定义的“定位”，是没有任何前缀或后缀的；另一种则是基于战略层面的定位，即迈克尔·波特定义的“战略定位”，“定位”和“战略”关联在一起，和特劳特的“定位”有着本质区别。

“定位”是从传播的角度出发，这与两位创始人里斯和特劳特的“基因”有关，因为他们最初从事的职业就是广告。关于定位产生的故事是这样的：里斯和特劳特在同一家广告公司，里斯是老板，特劳特则是雇员，里斯产生了要占据消费者心智的理念，而特劳特想出了“定位”这个词，二人后来合著了著名的《定位》一书。所以，无论是特劳特还是里斯，他们对于定位的理解都是从传播的角度来认知的，所以才会产生“心智认知”这样的理念。

而基因源于产业经济学的迈克尔·波特对定位的理解就不是从传播的角度，而是战略。他认为“战略定位”就是“选择与竞争对手不同的运营活动，去创造一种独特的价值组合”。换言之，战略定位也就是在市场中创造一个与竞争对手“与众不同”的位置，这个“位置”并非通常意义上的空间位置，也有“地位”的含义。

波特对定位的定义就是从企业战略的角度出发的，尽管特劳特对此认为其“对心智的认识不足”，但是波特的战略定位才能真正对企业的经营提供指导，而特劳特的定位只能从传播的角度提供帮助，在企业经营层面较为薄弱。

**“业务单元在某个行业内实施竞争战略的目标，是在行业内寻找最佳的定位，让企业更好地维护自身的竞争力或者以有利于企业发展的方式影响竞争力”**，这就是波特竞争战略的重点。

前面已经明确了定义市场边界的内涵：“选择与竞争对手不同的消费需求集合，通过独特的价值链活动，创造一个最有利的市场地位，让企业获得领先的核心竞争优势。”这个定义与波特对战略定位的定义在本质上是一致的，所以要对整个产业进行“五力”分析，目的是找出对企业最有利的市场边界。

每个市场边界都有其独特的消费需求集合和相应的价值链活动，因此定义市场边界也就等同于战略定位！为了区隔特劳特的“定位”，避免大家在沟通中产生混淆，故此笔者选择了采用定义市场边界这个全新的战略概念。

了解定位产生的背景对于准确理解定位有重大意义，这就是要告诉企业家，定位的功能主要是通过传播来影响消费者的。当然，在产品上也可能有相应的改变，但它并不能解决企业面临的其他战略问题，因此不要把定位绝对化，不要把它当作一切，好像只要定位好了就一定能够获胜，而是要结合其他理论，与定位共同构建企业丰富而立体的战略及运营体系，这才能真正帮助企业构建持久的竞争优势，实现持续成长。

## 案例：王老吉的成功是完全依靠定位吗

在加多宝将王老吉凉茶做成功之前，偏隅广东的众多凉茶企业之所以未能将凉茶做强做大，其根源就在于受限于凉茶的原有市场边界。传统的广东凉茶企业都是遵循当地传统的消费理念，将凉茶当作一种功能性的药饮，是广东地区民间常用复方或单味土产草药煎熬而成的饮料，将药性寒凉和能消解内热的中草药煎水当饮料喝，以消除夏季人体内的暑气，或冬日干燥引起的喉咙疼痛等疾患。当这些凉茶企业处于药饮消费的市场边界时，未来的发展空间极其有限，不要说其他地域的消费者不会接受，就连本地的消费者也无法大量饮用。

而加多宝改变了市场边界，将其从传统的药饮消费市场转到了大众饮料消费市场，并且将凉茶具有的降火属性与消费者喜食火锅但怕上火的消费心理相结合，调整了凉茶的口味，使其成了一款能够预防上火的饮料，极大地扩展了王老吉凉茶的市场边界，更是借此重新定义了凉茶饮料的品类属性，实现突破性发展。

实际上，要说加多宝的成功源于“怕上火”的定位，倒不如说是源于改变了凉茶的市场边界。否则，仍然诉求“怕上火喝王老吉”而不改变市场边界，也不可能获得后来的成功。

从加多宝集团出来的高管曲宗恺在描述王老吉为什么在温州做成功的一篇文章中就说道：“温州市场的成功在于加多宝战略上没有把王老吉作为凉茶来运作，而是作为一款饮料来操作，无论是餐饮消费还是家庭消费，人们并没有把这一来自广东的地域性产品当作凉茶，而是作为一款有特殊意义的饮料来消费的，这也是王老吉在温州能够比在广州卖得好的深层原因……经过市场调研，加多宝内部一致认定了王老吉凉茶的产品定位，其属性主要有三个方面：第一，王老吉是凉茶，与其他碳酸饮料、茶饮料、果汁饮料一样，都属于饮料类；第二，王老吉在饮料的范畴内参与市场竞争，主要的竞争对手是饮料大品牌；第三，王老吉有别于普通饮料，它能有效预防上火。”

据广州成美营销顾问公司所述（最早与加多宝合作的顾问公司），2003 年 2 月，成美在为王老吉所做的品牌定位研究报告中指出——首先明确红罐王老吉是在“饮料”行业中竞争，竞争对手应是其他饮料；其品牌定位是“预防上火的饮料”，独特的价值在于“喝红罐王老吉能预防上火”。由此可见，定义市场边界才是王老吉成功的根源，但这恰恰被绝大多数人忽略了。

# 第五章

## 市场边界：突破战略局限的关键

市场边界这个概念，对于大部分企业来说比较陌生，因为其比较抽象。人们的习惯都是这样的，容易理解有形的事物，在大脑中能够浮现具体的形象，而对于抽象的事物往往费一点脑筋，需要耗费一定的时间才能理解。因此，不少企业对于市场边界容易理解为业务结构，涉及物理属性和消费属性的市场边界更是如此。比如某家企业的市场边界是调味品，那么人们就容易理解为该企业经营的业务结构就是调味品，或者某家企业的市场边界是烘焙休闲食品，那么人们可能认为该企业的业务结构就是糕点、面包等。

对于物理属性和消费属性的市场边界，有时候企业将其等同于业务结构也没有错，因为在这个维度上，它们是可以成为一体的，既是市场边界，又是企业的业务结构。但是在其他情况下并非如此，比如地理和人群的市场边界，或者是消费心理的市场边界，不过企业对此容易产生的这个误解，反过来却可能有助于企业理解市场边界与业务结构的关系。

市场边界决定企业采用什么样的业务结构，当企业说自己的业务是什么的时候，其实已经表达了自己的市场边界是什么，只不过企业可能并不清楚，因为业务结构的表现形式是产品，容易令人理解，但是市场边界代表的是消费需求，是抽象的，比较难理解。

因此，**市场边界战略从另一个角度来说也可以称之为业务组合战略，确定业务结构就是要回答“企业经营的是什么”**。这并不容易，而且常常发生偏差，因为企业总是从产品的角度来界定业务结构，但真正具有实际意义的是在外部市场边界。

简单来说，可以认为业务结构是市场边界的表现形式，而市场边界是业务结构背后的内涵，它们其实是一枚硬币的两面，是一体的，只是角度不同。

搞清楚市场边界与业务结构之间的关系，将有助于企业制定正确且有效的业务组合战略，因为市场边界的视角是基于外部，而业务组合的视角是基于内部。如果没有外部的引导，仅仅从内部视角出发，就可能故步自封，因此企业必须自外而内制定战略，才能真正产生价值。

## 第一节　市场边界与业务结构的差异

**市场边界的出发点是外部消费者需求和市场机会，而业务结构主要是从企业内部经营的需要出发**。搞清楚市场边界与业务结构的差异，基本上就等于搞清楚了经营的内涵和本质，因为这里存在一个思维角度的问题。

对市场边界的理解与经营其实都是一样的，也就是必须从外部而非内部进行思考，否则企业容易脱离市场和消费者，导致企业经营产生致命的方向偏差。

经营的本质是发现需求和满足需求，而市场边界正是经营过程中发现需求的环节，它是整个经营过程中的起点，只有正确地完成了对市场边界的定义，其后的经营过程才能够高效地进行下去，否则一开始错了，后面步步皆错。

因此，企业在没有深入洞察消费需求和市场机会的时候，是无法正确界定自己的业务结构的，方向不明，又怎么能开始行动呢？在现实中，不少企业都处于无知者无畏的状态，可能表面上看业务结构很清晰，但实际上企业并没有搞清楚自己的市场边界在哪里，更多是从自我出发来考虑，比如生产条件、技术水平、既有经验等，但是消费需求和市场机会到底有多大，未来的成长潜力有多大，他们并不清楚，所以常常出现业务发展的瓶颈。搞清楚市场边界和业务结构的差异，对于企业经营是一个无法回避的重大战略问题。

要理解市场边界和业务结构的差异，可以从一个调味品行业案例来分析。

海天和千禾是两家知名的调味品企业。海天的产品涵盖酱油、蚝油、酱、醋、鸡精、味精、料酒等调味品，多年来产销量及收入连续名列行业第一，其中酱油、调味酱和蚝油是最主要的产品。千禾是一家崛起不久的企业，形成以酱油、食醋、料酒等为主的调味品产品系列和以焦糖色为主的食品添加剂产品系列。

从两家企业的核心业务来看，都属于调味品，并且都拥有酱油、食醋、料酒三大核心业务；从业务结构的角度来看，海天和千禾有一定的相似性，但从市场边界的角度来看，二者有很大的差异。

海天的市场边界针对的是以性价比为核心的大众调味市场，包括餐饮用户和家庭用户；而千禾的市场边界针对的是以中高端消费为核心的健康调味市场，主要是家庭用户。所以，由于市场边界不同，即便企业的业务结构相似，战略也是截然不同的！

除了上述调味品行业的案例，还可以从娃哈哈和旺旺两家企业的案例来分析。

娃哈哈和旺旺都是中国知名和领先的食品饮料品牌商，从这两家企业的产品结构，我们容易理解市场边界和业务结构的差异。

业内人士基本上都清楚，娃哈哈是一家以饮料业务为核心的企业，其产品几乎涵盖了饮料行业的所有品类——碳酸饮料、饮用水、茶饮料、果汁饮料、蛋白饮料、运动饮料、功能饮料、咖啡饮料和植物饮料。其中，娃哈哈蛋白饮料中的乳酸饮料是针对儿童群体的，如爽歪歪、乳娃娃，其他饮料则是针对成人消费群体，对于娃哈哈的业务结构，可以说其是综合性的饮料业务，满足的是各类人群的饮料消费需求。

旺旺的产品结构，主要包括米果、休闲和乳品饮料三大类，米果品类中的产品主要是雪饼和仙贝；休闲品类的产品很多，包括糖果、小馒头、果冻、豆类、饼干、膨化、海苔、米面等；乳品饮料品类中的产品也不少，主要包括牛奶、蛋白饮料、凉茶、果汁饮料、冷饮等。

如果从产品物理属性的角度看，可以说娃哈哈是一家专门做饮料的企业，而旺旺是一家经营多种食品饮料品类的企业。然而，单纯从内部的业务结构来看，并不能准确表达娃哈哈和旺旺在经营战略上的差异，这就必须从外部市场边界的角度进行分析。

市场边界分析的关键要看企业的消费者结构和需求，娃哈哈的消费者包含大人、孩子，但都满足了他们喝饮料的需求，侧重点在于饮料，消费群体则是广泛的；旺旺的消费者主要是孩子，但产品并不限于某一类，而是包含休闲食品、牛奶、饮料、冷饮等食品饮料品类，在其传播中我们记忆最深的都是俏皮可爱的孩子。

可以这样总结：娃哈哈的市场边界是大众人群的饮料消费需求，旺旺的市场边界则是儿童群体的各种食品饮料消费需求。也就是说，即便娃哈哈和旺旺都做饮料，从业务结构来看是一样的，但是其市场边界完全不同。虽然娃哈哈和旺旺听起来都像是针对孩子的，但是其经营本质截然不同——一个是成人世界，另一个是童话世界。

## 第二节　业务结构是对市场边界的具体转化

业务结构和市场边界的视角是不同的，从业务结构上看不出企业的经营战略，但是从其市场边界上却可以看出。所以，**企业从业务结构上是制定不出战略的，必须从市场边界的角度才可以**。两家企业从业务结构上可以完全一样，但是其战略可能天壤之别，都是由于市场边界不同造成的。

业务结构和市场边界不同，但是它们又是一体的，只是角度不同而已。可以说，业务结构和市场边界是一枚硬币的两面，一面是业务结构，另一面是市场边界；一面是内部，另一面是外部。

从企业经营的角度来看，战略应该自外向内而不是相反，这与不少企业的做法是不同的。自内向外并不会给企业的战略带来帮助，也就是说，从业务结构挖掘市场边界是没有用的，这从商业逻辑上看存在很大的问题，也就是前面所说的“先战而后求胜”，实际上根本就胜不了！

在企业的经营过程中，业务结构和市场边界存在一种螺旋上升、相互推动的情况，起点是市场边界，由市场边界决定业务结构，然后随着业务结构的发展，又延伸出另一个市场边界，随之又形成另一种业务结构。不管两者如何互动发展，核心还是市场边界，业务结构永远都应该围绕市场边界转，同时又推动着市场边界的进化。

之所以市场边界成为战略的第一要素，就是因为企业的业务结构时刻处于动态变化中，一旦业务结构发生变化，往往就意味着市场边界发生了变化。这并非是多增加一个品类或减少一个品类的问题，而是直接关系到企业竞争的战场是否发生了偏移。

如果业务结构的变化导致新旧业务之间在品类属性、用户群体、地理范围、消费属性或消费心理等方面产生了本质差异，就会导致跨越多个市场边界，而每个市场边界的市场特性、发展阶段、运行规律、竞争结构等因素都有极大的不同，这无异于同时分散资源在多个战场与竞争对手开战，焉有不失败之理？

这在以资源作为业务结构的企业中尤为突出，比如农产品领域，资源往往是企业非常重视，并且上升到战略高度的要素。比如：

有的炒货企业将某种产品原料资源作为战略核心，并围绕此资源进行综合开发，如花生或核桃，延伸出炒货、饮料、糖果、调味品等品类结构。

有的牛肉干企业围绕牛资源，开发出牛肉干、牛肉酱和牛骨粉等系列产品。

有的速冻食品企业借助原有的冷链资源推出冰淇淋产品，或者是冷饮企业也推出速冻米面产品。

不少保健品企业，会延续其保健品的资源顺势推出相关的食品或饮料，比如哈药六厂推出的苗条淑女减肥饮料、京都念慈庵推出的润牌清凉饮料……

这些企业的做法中，其实都隐藏着很大的“陷阱”，这种看似符合常规思维逻辑的做法，一旦上升到战略层面，就有可能对企业造成巨大的伤害。

如果仅仅围绕资源进行产品互补，这种战术性的操作对企业是有利的，是“锦上添花”；如果围绕资源进行战略布局，就意味着企业选择了多元化发展战略，同时进入多个截然不同的市场边界，这种做法会导致企业落入“多元化”扩张的“陷阱”！

实际上，资源是不能作为战略延伸要素进行考虑的。之所以这样讲，是因为以资源为核心进行战略延伸要素考虑，会将企业带入过度跨界而丧失核心能力的危险境地！

某家经营花生果的炒货企业，曾经打算围绕花生资源进行战略布局，除了已有的花生果领域，还想深入拓展花生饮料、花生酱及其他可以用花生作为原料的食品领域。但半年之后，这家企业放弃了这种想法，原因是这意味着其已经从坚果炒货行业进入饮料行业和调味品行业，而这两个行业的发展特点、产品结构、渠道结构、经销商类型及营销模式截然不同，其现有以炒货为核心的营销模式和销售团队根本无法兼顾这两个品类的运作。

另外，经营休闲牛肉干为主的企业，也在围绕着牛肉资源推出牛肉酱产品，从而进入调味品领域，这都隐含着潜在的经营风险，除非这家企业具备足够多的资源来构建一套完全独立于其现有休闲食品的运营团队和渠道结构。这对企业的运营能力提出巨大挑战，而成功与否难以断定，因为其将面临如老干妈、李锦记、海天、仲景等以调味酱为经营核心的调味品专业企业和品牌的挑战！

**企业运营的成功与否，关键在于其是否遵循了所处市场边界的本质和规律，并据此构建企业的核心能力**。大多数时候，企业都很难同时建立能够涉足不同市场边界的核心能力，但现实问题是很多企业总是容易忽略这一点，他们总是认为自己具有多元化拓展的能力。而从实际情况来看，中国的食品企业鲜有能够凭借资源优势横跨多个不相关行业都能成功的案例！

需要提醒的是，某些以品牌专卖零售业态展开经营的企业，其凭借占有的资源优势进行产品领域延伸，和以上所讲的情况是有本质区别的。也就是说，这些品牌专卖企业可以将资源作为战略延伸核心。

比如福建天福集团，其开设的天福茗茶品牌专卖店遍布全国主要城市，并且在部分重要茶叶消费区域构建了生产基地，基于这种对资源的掌控，其围绕着茶叶资源开发出了丰富的产品体系，如茶糖、茶饼干、茶饮料及其他可以用茶作为原料的食品，但这样做并不意味着天福集团在战略延伸上从茶叶领域进入其他不相干的行业。

为什么这样说呢？

因为天福集团经营的业务本质上是零售，其构建的是一个庞大的品牌专卖零售平台，只要这个市场边界的本质没有发生改变，那么天福集团以茶叶资源为核心进行产品延伸就不会对其战略发展带来隐患，反而有助于其零售平台的良好发展！

所以，当企业想通过构建资源优势来进行战略延伸时，一定要三思而后行，必须确保能够洞察欲进入市场边界的本质，并且对自身是否拥有相匹配的核心能力进行分析，如此方能做出正确的决策！

反过来，如果企业能够深刻理解不同市场边界的特性，业务结构的变化使新旧业务在品类属性、用户群体、地理范围、消费属性或消费心理等方面有机融合，就意味着能够扩展原有的市场边界，从小市场进入大市场，创造出更大的市场机会，“蓝海”就是这样产生的。

比如乐视，最初的市场边界是互联网影视内容，业务结构是网站，后来由个人影视内容延伸到家庭影视领域，业务结构变成了网站＋电视＋影业；后来由影视的娱乐属性再度延伸到体育，业务结构也相应变成了网站＋电视＋影业＋体育；后来出现了令人瞩目的“乐视生态链”，将市场边界借助物联网延伸到智能化出行，此时其业务结构变成了网站＋电视＋影业＋体育＋汽车。如果没有市场边界的变化，业务结构从网站发展到汽车，这中间的逻辑是会令人想发疯的！

小米也是如此，从个人智能手机入手，逐步发展为小米盒子，进入家庭娱乐市场，业务结构也出现了电视，随后再进一步延伸到家庭智能生活市场，业务结构也演变为智能手机＋机顶盒＋电视＋净水器＋扫地机器人＋电饭煲＋电动汽车，从而形成了“小米生态链”。

在小米的战略演变中，其业务结构就是跟随市场边界的变化而变化，从个人智能娱乐到家庭智能娱乐，再从家庭智能娱乐到家庭智能生活，如果没有对市场边界的延伸在先，其目前的业务结构是无法形成的。

市场环境不复杂的时候，企业只有业务结构而没有市场边界的概念还能够应付，毕竟市场需求比较旺盛，推出一个产品就能享受到市场自然增长带来的红利。

但是现在环境发生了很大变化，消费升级与商业形态升级并存，消费者的要求提高，竞争也愈加激烈，企业要判断未来的方向已经很难了，以往靠自身的经验就可以，而现在大家面临的是一个从未接触过的市场环境，又如何再靠以前的经验来应对呢？现在企业要确定自己的业务结构，只有先准确定义市场边界，找准竞争的战场在哪里，才能够做出有效的业务组合，否则市场边界的方向错了，企业的投入也就打水漂了。

## 第三节　定义市场边界，避免营销近视症

《红顶商人胡雪岩》中有一段话：如果你拥有一县的眼光，那么你可以做一县的生意；如果你拥有一省的眼光，那么你可以做一省的生意；如果你拥有天下的眼光，那么你可以做天下的生意！

对于企业来说，这段话可以翻译为：你对市场边界的定义有多大，你的生意就有多大！这里面有一个商业哲学的问题，也就是你会如何看待半杯水？你会认为这杯水只剩半杯了，还是会认为这杯水刚加满半杯水？

不同的思维角度会对企业业务结构产生影响，而对市场边界的定义就是一种商业思维格局，谁的格局大，谁就能看到更大的市场边界，也就能

为企业构建富有想象力的业务结构。

想想汽车刚诞生时，那些马车制造商是怎么想的，在他们的脑中，并没有“交通运输”这种基于顾客需求的市场边界意识，他们眼中看到的只有谁制造的马车更好。所以，当看到汽车这种奇形怪状的物体时，他们想的并不是这可能开创出交通运输的全新天地，一味停留在“造马车”的固有思维，认为这种新奇事物跟他们没有关系。

因此，在这种思维意识之下，马车制造商绝不会想着在业务结构中增加一个汽车制造业务，只是坚守着马车这种传统的业务结构。

美国哈佛大学管理学院西奥多·莱维特（Theodore Levitt）教授在1960年写过一篇文章《营销近视症》，阐述的就是企业不适当地把主要精力放在产品上或技术上，而不是放在市场需要上，结果导致企业的战略只能很短浅，缺乏远见，最终失去竞争力。

莱维特讲的，正是我们所说的市场边界与业务结构之间的问题，**从内部的角度来考虑业务结构，就会容易陷入营销近视症，只有从外部市场边界的角度来考虑业务结构，才会把握战略的本质**。现实中，大多数企业习惯从产品的角度构建业务结构。也就是说，从功能、用途、性能、外观、包装的角度来理解，但这样做往往是狭隘的，也就是营销近视症的一个重要表现。

菲利普·科特勒（Philip Kotler）在其经典教科书《营销管理——分析、计划、执行与控制》中概括了一个一般的产品模型，将产品划分为核心利益、基础产品、期望产品、附加产品和潜在产品五个层次，其中核心利益是产品的本质，是卖给顾客的东西。

正如科特勒所说，旅馆实际上卖给顾客的是“休息与睡眠”；对于唇膏，妇女们实际上购买的是“希望”；对于钻头，购买者实际上购买的是“孔”，等等。

营销活动的本质是为顾客创造与传递价值，而对于产品核心利益的理解关系到企业经营者是否为顾客创造他们需要的价值。正确地理解产品的完整内涵特别是其核心利益，有助于企业经营者摆脱产品具体形式的束缚，真正把注意力集中到为顾客创造价值上，有助于他们大胆地开发新产品或者进入新产业。

只要这些新产品或者新产业企业能够比竞争者更好地为顾客提供核心利益，他们就容易察觉企业产品的潜在替代品，只要这种潜在替代品能够提供相同或相近的核心利益，就能够形成对于企业产品的事实威胁，企业经营者应对其保持警惕。

科特勒关于产品模型的分析，实际上讲的就是市场边界与业务结构的问题，企业要挖掘出更有利的市场机会，要从市场需求和发展趋势来思考企业内部的业务结构，不仅仅要看到实体的业务组成，还要看到抽象的市场边界在哪里，这样企业才能有远见地构建业务结构，不断推动产品或者业务向更深的层次和更广泛的空间发展，从而使企业始终顺应市场潮流。

要做到顺势而为是企业战略要解决的核心问题，随波逐流用于评价一个人往往是不好的，但是用于企业的发展却是恰如其分的。一个优秀的企业就应该始终顺应市场发展的趋势。有人说过，战略就是站在未来看现在，这句话很有道理，真正的战略就是要洞察趋势、提前布局，然后从现在做起，做了几年后刚好等到市场发展到那个阶段，自然就水到渠成。

所以，小米的雷军在总结以前为什么金山做得那么累，但是却始终难以突破，原因就在于没有把握“势”，对此雷军提出了三点关于成功的经典观点：

第 1 条，看五年、想三年、认认真真做好一两年；

第 2 条，在对的时候做对的事情；

第 3 条，顺势而为，不要做逆天的事情。

正因为这种思想，雷军才瞄准了移动互联网的风口，推出了小米手机而大获成功，所谓“找到风口猪都能飞起来”，关键在于能否看得远、看得准。

管理大师德鲁克将确定业务结构当作企业的战略核心，在他看来，“整个组织的共同愿景、共同看法，以及方向和行动的一致性，都要求明确界定我们的业务是什么和它应该是什么”，“寻找我们的业务是什么这一问题的答案，是高层管理者的首要任务”。

企业不仅应时常思考“我们的业务是什么”，更要深入思考“我们的业务将来是什么”，要基于市场、发展潜力和趋势，“假定顾客、市场结构或技术方面没有根本性变化的情况下，我们的业务在五年或十年之内预计会有多大市场？有哪些因素能够证实这些预测正确或有误呢”，“这一问题的目的，在于使企业适应预期的变化，调整、扩充和开发现有的、正在经营的业务”。

要把这个战略任务思考清楚，企业就必须遵循一个重要步骤：对现有产品、服务、生产过程、市场、最终用途和分销渠道进行系统分析，它们是否仍然可行？

它们看起来是否继续可行？

它们是否仍然能够给顾客带来价值？

它们在未来还能为顾客带来价值吗？

它们仍然适应人口和市场的现实、技术和经济发展的现实吗？

如果答案是否定的，我们如何才能淘汰它们，或至少不再进一步投入各种资源和努力呢？除非认真而系统地提出这些问题并愿意依据其答案而采取行动，否则有关我们业务的最佳界定与描述，只不过是一句空话！

笔者之所以在这里将德鲁克的论述详细地摘录出来，就是因为其精辟地阐明了如何动态调整业务结构的重要性，其核心就在于对市场边界的定义，我认为德鲁克的这个重要观点是被严重忽视的！

所以，定义市场边界一定是企业的战略核心，这项任务也是企业家的核心工作，必须不断地思考和分析外部市场边界的变化，确保自身的业务结构符合市场边界的发展趋势，才能推动企业实现持续增长。

## 第四节　把握业务结构调整的节奏

在企业发展的历程中，始终伴随着业务结构的动态调整，不调整业务结构的企业几乎不存在。于是，这就产生了一个重大的战略决策问题：什么时候应该调整业务结构？从现实状况看，企业往往把握不好这个时间点，要么错过了业务结构调整的时机，要么过早地调整了业务结构。前者会导致企业在竞争中被边缘化，本书开篇介绍的几个案例中，露露、维维、香飘飘三家企业就存在这个问题；后者会导致企业原有的核心业务被弱化，一旦新业务发展不利，将陷入“两头不靠”的尴尬境地，李宁、加加两家企业就属于这种状况。

**什么时候调整业务结构，本质上就是企业对战略节奏如何把握的问题，过早过迟都不行！**一方面企业必须坚守自身的核心业务，通过创造独特的核心价值构建竞争优势；另一方面企业又要把握趋势，因时而变，避免产业变化导致被市场抛弃，同时将核心能力或资产沿用到新业务，避免产生大量的沉没成本。

要做到这一点，企业需要从两个方面来综合平衡：

**其一，外部市场边界，通过多个综合维度来洞察市场机会，让企业知道战略方向到底在哪里。**

**其二，内部核心能力，通过企业擅长的能力来判断是否能够抓住市场机会。**

在这两个因素中，市场边界作为主导，核心能力作为辅助，如果缺乏市场边界的引导，单纯依靠自身的核心能力，就有可能产生战略偏差。

如果企业高估了核心能力，就会盲目拓展新业务，影响原有核心业务的持续发展，李宁、加加就是如此。

如果企业低估了核心能力，就会偏执固守老业务，看不到新市场的机遇，最终限制原有核心业务的创新，露露和维维就是如此（注：另一案例香飘飘近年来已经意识到这个问题，通过市场边界重构回到了主流赛道）。

如果企业能够通过定义市场边界指引业务结构，就可以找到最佳的战略节奏，既能持续强化核心业务的竞争优势，也能抓住新业务的市场机会，形成企业增长的第二、第三曲线，推动企业持续稳健成长。

对此，调味品行业龙头海天表现得尤为优秀。

**首先，海天把握住核心业务（酱油）的整个产业发展周期，抓住了四个重要的转型阶段。**即传统酱油－老抽、老抽－生抽、生抽－味极鲜、有添加酱油－零添加酱油，由此分别打造出三个超 15 亿元的酱油大单品（草菇老抽、金标生抽、味极鲜）。

这一切源于海天对酱油行业格局的精准把握，在酱油销售规模从10亿元到130亿元的发展过程中，海天始终看好酱油的发展空间，并直接推动了整个酱油行业的演进，促进了酱油市场规模的扩大。

笔者为什么总说海天领先的根源不在战术而在战略？因为海天在市场上采取的战术动作，几乎每家调味品企业都会，但问题是难以收获海天那样的业绩！看似海天有绝招，其实并没有，如果一定要说有，海天的绝招就在于对酱油行业格局的精准把握和坚守。

当有的企业开始从酱油行业分散资源和精力时，海天十几年始终没有放松对酱油业务的拓展，即便2020年其酱油业务销售了240万吨，营收规模已经高达130亿元，但其未来五年制定的增长目标仍然在12%左右，甚至2023年还要释放出100万吨的产能，这种战略格局才是海天遥遥领先的制胜本质。

**其次，海天在持续强化酱油业务的同时，也没有故步自封，又把握住了调味酱和蚝油两个细分行业的市场机会，开创出企业增长的第二和第三曲线。**

先说黄豆酱业务，从内部因素看，黄豆酱业务可以令海天实现规模经济，与酱油共用同一原料，做到总成本领先，以高性价比构建竞争优势；从外部因素看，随着各地饮食习惯的渗透，黄豆酱原本在南方流行，后来延伸到北方地区，对传统的大酱具有替代性，市场空间巨大。

由此，海天黄豆酱在外部市场边界和内部核心能力上找到平衡点，通过聚焦拓展，持续巩固，最终使黄豆酱成为超20亿元的大单品。

再说蚝油业务，蚝油是一种可以润色、增鲜的调味品，原本由李锦记开创，虽然品质很好，但价格高，制约了市场渗透和市场规模扩大。海天同样从中找到了市场机会，从内部因素看，蚝油和生抽、鲜味酱油的功效相同，都是为消费者带来鲜味，而且营养成分更高，同时酱油也是蚝油的原料之一，也可以带来规模效应；从外部因素看，鲜味市场仍然是消费主流，而以鲜味酱油为核心的液态鲜味产品正在广泛替代味精、鸡精等品类，在家庭市场尤为明显。

于是，海天凭借其通过规模化形成的高性价比核心能力，迅速做大了蚝油业务，甚至直接推动了整个行业市场规模的扩张，目前已成为蚝油行业的领导者，2020年营收规模高达41亿元，在整个行业占据半壁江山。

## 案例：重构市场边界——迅速崛起的千禾酱油

四川千禾作为一个以添加剂为主营业务的传统企业，成功转型为一个品牌化的调味品企业，而且是在巨头云集的酱油行业中占据一席之地，千禾的表现不可谓不惊艳。千禾的表现如此优异，究竟是做对了什么呢？

笔者认为，千禾酱油的成功，关键是得益于其领导者富有前瞻的战略布局，核心在于重构了市场边界。2007年，千禾在酱油行业内首次提出“零添加”的概念，并于2008年推出首款零添加产品——“头道原香”，由此确立了拓展高品质健康调味品市场的战略定位，在当时酱油行业主流价格带还停留在5元/500ml左右的情况下，进入15～50元/500ml的价格带。现在来看，这一举动确实体现了千禾的战略远见！

千禾酱油将市场边界从原有的添加剂重构为高品质健康调味品，笔者认为影响其决策的因素主要有三点：

### 一、从添加剂业务受限的角度

千禾的主营业务之前一直是以焦糖色为核心，即其主要角色是食品添加剂制造商，但是近几年焦糖色业务的发展受几个重大因素的影响：

（1）老抽占比减少制约焦糖色的未来发展。焦糖色的主要用途是给老抽产品上色，但是近几年酱油市场中生抽及鲜味酱油的发展非常迅速，老抽在酱油市场中的占比逐渐下降，这意味着焦糖色的市场容量在下降，包括千禾在内的焦糖色供应商的发展受到影响，如果不能及时调整主营业务的战略发展方向，便会危及企业的生存！

（2）下游工厂客户减少采购对焦糖色业务带来威胁。作为焦糖色的供应商，千禾的下游客户主要是酱油企业，其商业模式属于B2B大客户销售，决定企业发展的关键就在于能否充分满足大客户的发展需求。这种商业模式的特性就是“水能载舟，亦能覆舟”，一个大客户能够为企业带来生意，但其流失，也会造成企业营业额的大幅波动，影响企业的稳定发展。

千禾出现了这种不利局面，在客户结构中，海天是其最重要的采购商之一，但是近年来海天开始自己制造焦糖色，减少了对外采购的数量。2015年，海天从千禾采购焦糖色的金额较2014年同期减少了70.19%，这部分减少的销售收入为3010.74万元，占整个公司营业收入的4.83%。面临这种局面，千禾必须为将来谋取出路！

（3）添加剂业务毛利低制约企业价值提升。焦糖色是供应给酱油品牌企业的原料，在整个产业链中不具有太大的品牌附加值，其毛利率水平受下游客户的打压，很难得到有效提升，不利于企业的长远发展。相较品牌业务，作为原料的焦糖色毛利率要低很多。以千禾为例，2016年酱油产品的毛利率为48.76%，食醋产品的毛利率为50.64%，而焦糖色的毛利率仅为25.68%。

## 二、从差异化竞争的角度

要避免原料业务波动给企业发展带来不利影响，最佳方式是发展自己的品牌业务，打造出具有影响力的品牌，从而牢牢地掌控市场的主导权。

千禾选择进入下游消费市场发展自己的品牌业务，即打造千禾品牌的酱油产品。但是酱油市场巨头林立、竞争激烈，千禾怎样才能脱颖而出呢？显然，要和海天、厨邦、欣和、东古这些强大的对手正面抢食，千禾凶多吉少，只有避其锋芒，从细分市场切入，形成差异化竞争，才有可能杀出一片血路。

于是，千禾选择了在当时并非属于主流市场的高品质健康调味品作为主打方向，即零添加和有机酱油，一举进入15元/500ml的高价格带，以此树立高端健康调味品的品牌形象。

## 三、从消费升级的角度

尽管千禾酱油的价格远远超出了市场主流价格，但是这个决策并非盲目之举，而是迎合了中国消费升级的大趋势。近几年，国内消费者对于各个行业的产品升级都提出了很高的要求，调味品行业也不例外，美味之外，营养、健康也成了广大消费者购买调味品的重要因素。

在此趋势之下，纯酿造、零添加及有机等概念的高端酱油开始出现，迎合消费者的升级需求。

据东北证券资料，酱油行业整体价格带处于提升状态，过去国产品牌的酱油产品中价格超过 10 元的很少，现在涌现很多，甚至出现单瓶价格超百元产品，部分零售价超 30 元的日本进口酱油，增速长期超 30%；1 ~ 3 元/500ml 的袋装酱油则非常难销，销量迅速下滑，酱油产品的升级进入加速阶段，2013 年以前，居民消费的主力价格带为 5 元，2016 年则上涨到 7 元。

难得的是，千禾在零添加酱油推出之初，虽然面临着消费者难以理解和接受，但是其坚持对消费者和市场进行持续教育推广，打下了较为牢固的基础。后来当酱油行业的领导者也开始推出零添加酱油之时，便迅速引发了健康酱油的热潮，千禾顺势迎来了健康酱油的收获期，取得了领先的市场地位。

据西南证券资料，早在 2008 年四川千禾开始首推零添加的纯粮本酿酱油，由于理念价位超前，一时未能被消费者接受，零添加概念也一直游离在主流产品之外，期间欣和也推出以无添加为特色的原酿造酱油；直到 2013 年海天推出主打零添加概念的老字号四大酱油产品，让零添加酱油高调进入公众的视线。同时，厨邦、古龙、加加也推出自己的主打产品。

在此之后，“零添加酱油”作为新品类迎来了爆发的临界点，各类以“零添加”“原酿”“有机”为核心概念的高端酱油如雨后春笋，同时也将酱油的价格从普通的 10 元以下拔高到 10 元以上。据统计，中高端酱油（500ml 售价 12 元以上）在整体市场份额占比超 25%。

千禾尽管只是区域性调味品企业，但凭借在零添加酱油市场的先发优势，在高端酱油市场取得了一席之地。

# 第六章

# 市场边界组合：
挖掘巨大的市场机会

**定义市场边界并非仅仅是一个概念，还是一套完整的理论及实践体系**。要真正在经营实践中有效地应用定义市场边界，就必须对市场边界的结构进行了解，如此也就使市场边界这个概念切切实实地进入企业的经营过程，并产生重大的战略意义。

市场边界包含有形的和无形的两个方面，在有形无形市场边界的若干要素中，通过对各种要素的组合，形成决定企业战略竞争优势的市场边界。企业最终定义的市场边界是一个综合体，它不会只是由单一因素构成，而是由若干个因素共同形成的。正因为如此，市场边界充满了想象力，只要企业掌握了定义市场边界的原理和方法，就可以自如地运用这套理论体系，为企业的未来规划出具有无限想象空间的市场边界。消费需求是无限的，但是只有转化为被企业经营的市场边界，才能最终得以实现。

## 第一节　有形的市场边界

有形的市场边界是具体的，是能够被清晰感知的，是市场边界的基本构成。但其是容易被感知的，也是容易被模仿和跟随的。虽然绝大部分企业没有市场边界这个概念，但是在经营中却容易做出对有形市场边界的决策。不过，大部分企业的选择都具有很大的局限性，原因就在于有形的市场边界只是基础，还无法真正构成企业战略的差异化。具有想象力的优秀企业就不同了，尽管只是常规意义上的有形市场边界，通过有创意的组合，便会形成另一个具有巨大前景的市场边界。

## 一、物理市场边界

物理市场边界主要是通过产品的物理属性来体现的，比如糖果巧克力、调味品、蛋糕面包、方便面、饮料、白酒啤酒、坚果、饼干、薯片等，这对于企业来说是最基本的市场边界，但是这种市场边界从营销的角度来说并没有实质意义，仅仅从物理属性很难挖掘出市场机会。

目前国内市场之所以存在产品同质化严重的现象，就与企业大都停留在以产品物理属性来定义市场边界有关。不过，对于战略方向决策来说，物理市场边界在一定程度上能够起到重要作用，就像加多宝决定将王老吉定义到饮料市场，就是从物理市场边界做出的重大决策，才有了其后“预防上火饮料”的成功定位。

物理市场边界对于企业经营的意义，更多在于进入一个陌生的行业，如果对于一个行业内的企业来说，这些物理市场边界并不能对其经营带来决策上的帮助，但是对于一个行业外的企业来说就不同了，这涉及对某个行业特性的理解。如果不将物理属性的市场边界搞清楚，企业就可能无法清晰地理解行业的本质，将直接影响战略的正确与否。

所以，当一个企业进入一个陌生的行业时，往往是从物理属性的市场边界入手的，因为这比较直观、容易理解，然后再一步步深入到更深层次的市场边界。

## 二、地理市场边界

地理市场边界主要是通过产品销售的地理覆盖范围来体现的，通常表现在全国性或区域性，选择多大范围的地理市场边界，通常都与企业的核心能力与资源状况有关，是比较基本的市场边界要素。

对于地理市场边界的理解，需要分为广度和深度两个层次。从广度上来讲，就是比较浅层次的地理范围，通常来说就是以省份为单位；从深度上来讲，则是比较深层次的地理范围，就要向下再分出几个层级，比如地级市、县级市、县、乡镇、村等。一个企业越优秀，就越能够渗透到最深一层的地理市场边界。

一般来说，企业的能力越强、资源越充足，就越有可能进入更广泛和更深入的地理市场边界，广泛对于企业来说并不是难事，多找几个各省市的经销商就可以帮助企业将产品铺到市场上。在现在网购流行的时代，只要在一个电商平台上开设一家旗舰店，就可以实现产品在全国范围内销售。

真正有难度的是对地理市场边界的深度拓展，只有具有较强核心能力和资源条件的企业才能够做到。所以，只具有普通实力的企业，通常只能做到对地理市场边界在广度上的覆盖，至于深度，最多只能在某几个区域可以做到，在全国范围内是很难谈得上能深入拓展地理市场边界的。

除了核心能力与资源条件，行业消费特性与竞争态势也是关系到地理市场边界的两个重要因素。从行业消费特性来看，有的行业容易实现广泛地拓展，因为其产品的消费没有地域局限性，无论哪一个地方的消费者都有可能购买，但是对于某些存在地域消费差异的行业来说就有难度了。

比如调味品行业就存在较大的地域消费差异，“南甜北咸、中辣西酸”形象地表达了这一点。

南甜的代表就是八大菜系之一的淮扬菜，苏州人、无锡人、上海人普遍喜欢吃甜的，糖是他们做菜必不可少的原料之一；

而咸口味的代表则是鲁菜，集中在山东一带，山东人做菜喜欢放很多酱油，菜的颜色也很深；

喜欢吃辣的主要有中西部的湖南、湖北、江西、四川、贵州等地，川菜因此成为八大菜系最重要的代表之一；

西酸则非山西莫属，山西的陈醋非常有名，人们吃饭前往往会先喝几勺醋。

面对这样的地域差异，调味品企业要想在全国范围内做到广泛和深入的市场拓展就很难了，山西的陈醋企业数不胜数，但是大多数企业都走不出去，而江苏的醋企要想把当地习惯的香醋销售到山西也同样困难。

还有一个地域消费差异大的行业就是白酒，虽说都是白酒，但是各地的消费习惯不同：

一方面存在不同的香型和度数，比如四川的浓香、贵州的酱香、山西的清香、湖北安徽的兼香、陕西的凤香、山东的芝麻香、湖南的馥郁香、江西的特香等，以及有的区域喜欢喝48度以上的高度酒，比如四川、贵州、河南、安徽等地，而有的区域喜欢喝40度以下的低度酒，比如山东、河北、湖北、湖南、广东等地。

另一方面白酒往往承载着当地特有的历史和文化，这是白酒与其他行业差异最大的一点，每个地方都有令人津津乐道的白酒品牌，但是这些品牌到了外地根本无人知晓，所以白酒行业中能够在全国范围内进行销售的品牌非常少，基本上属于一线名酒，而绝大部分属于地域性品牌。

另一个能够影响地理市场边界的是竞争态势，当企业想拓展地理市场边界时，必须考虑计划进入的市场面临什么样的竞争态势。如果竞争非常激烈，就增加了企业拓展市场的难度，也就意味着这个市场未必是一个合适的选择；如果竞争态势不激烈，自然有利于企业的进入。

对于地理市场边界，企业其实可以将其视为一个个独立的市场，将其细分出来仔细研究，而不是将其作为一个大市场看待，这样做使地理市场边界的拓展更容易，企业可以采用研究整体市场的方法来研究一个一个独立地理市场边界，然后围绕这个特定的地理市场边界来规划战略和相应的营销策略组合，这样做成功概率会更高，尤其对于行业消费差异大的地理市场更应如此。

当然，如果企业具有足够强大的实力和资源，或者行业消费差异不大，也可以将多个地理市场边界作为一个整体来看待，围绕其规划战略和营销策略组合。

## 三、人群市场边界

人群市场边界就是业内常说的消费群体细分，包括性别、年龄、收入（消费水平）、职业，这种市场边界的定义常被企业采用，而且目前大都以收入作为人群市场边界的划分标准，比如高端人群、白领人群、工薪人群等。之所以如此，是因为这种市场边界的定义方式很简单，而且与产品的成本、定价与盈利直接相关，可以直观地体现到企业的经营绩效中。

但是，这种市场边界的定义也是比较表面的，难以深入挖掘出消费者的潜在需求本质，很容易造成同质化的局面。不过，人群市场边界往往是一个基础，是每个企业在定义市场边界时都必须考虑的重要因素。

关于这一点，许多企业是存在误解的，它们往往会将人群市场边界与实际消费人群混为一谈，这主要是企业内心的自我在作祟，因为它们对自己的产品“很有信心”，愿景也很远大，希望能够让所有人群消费自己的产品，所以让它们对目标人群进行取舍都是不情愿的。

为此，笔者要向企业表达一个观点：消费者对于企业是没有意义的，目标消费者才有意义，一个企业绝不要想做所有人的生意，品牌也不要想讨所有人的喜欢，否则只会是一个平庸的产品和品牌！企业在战略上必须做出取舍，定义市场边界就是取舍，没有取舍就没有战略，也就没有企业的未来。

人群市场边界还存在一种“变形”，那就是渠道。可能企业对此不太理解，因为大家普遍都将渠道理解为“通路”，这其实是不正确的。

“通路”，其实是一个将厂商引入歧路的概念！在这个概念的指引下，很多渠道商将自己变成了单纯的“物流配送商”，砍掉了自身的业务拓展、渠道管理、品牌推广等职能。

而企业不顾社会专业化分工的规律，将自己转变成全能的渠道运营商，加车加人加费用，最后的结果是经营成本高企，投入产出不成正比，难以持续经营。

实际上，渠道不仅仅是通路，而是市场，是用户，也是需求，不同用户及其需求的汇集形成了不同的渠道，而不同的渠道代表了不同的用户和需求。

对于这一点，德鲁克在《成果管理》一书中这样写道：“分销渠道常常比产品更重要……产品反过来必须符合与众不同及重要顾客的需要，这样的顾客就是产品的分销渠道……如果渠道选择错误，失败是不可避免的。”

因此，当渠道被企业作为业务板块的时候，就意味着其选择了以人群为核心的市场边界。比如大卖场渠道代表着大众消费者的市场边界，便利店的背后是年轻消费者的市场边界，天猫的背后是年轻消费者的市场边界，而餐饮批发市场则是中小餐饮店的市场边界……

## 第二节 无形的市场边界

无形的市场边界是抽象的，是难以被感知的，所以其往往难以得到企业的重视，因为它很难被理解。正因为如此，谁能够真正理解无形的市场边界，谁就能挖掘出空间无限的蓝海，便能找到战略差异性，提炼出独特的战略定位，从而获得巨大的竞争优势。

### 一、消费属性市场边界

以消费属性来定义市场边界，主要是通过消费者购物的需求特点加以体现，这往往是对物理市场边界的一种归纳。

比如对于糖果巧克力、蛋糕面包、饼干、瓜子坚果等不同物理属性的产品，都可以将其市场边界定义为"休闲消费"，这是根据消费者购买这些产品的消费属性来定义的。顾名思义，方便面、方便粉丝、方便米饭、方便粥等都可以将其市场边界定义为"方便消费市场"。另外，面包、蛋糕、饼干这几类产品还可以定义为"代餐消费市场"。

在调味品行业中，以消费属性来定义市场边界，主要是通过用途体现的，比如调味消费、上色消费、烹饪消费或者是佐餐消费，如酱油、食醋、料酒、鸡精、鸡粉等品类主要针对"烹饪消费市场"，而辣酱、下饭菜品类主要针对"佐餐消费市场"，这些体现的都是消费者的消费属性。

这种市场边界的定义方式比之前有形的方式深入得多，因为这种定义与消费者是密切相关的，可以让消费者较为直观地感受到。需要注意的是，在已经界定的市场边界内，这种方式仍然会陷入同质化的状态，不太容易挖掘出更多的机会点，更多是常规化的运用。

对于行业之间的跨界而言，基于消费属性来定义市场边界有着重要意义。因为通过消费属性可以把握消费的本质，如果偏离了某个行业的消费本质，其市场边界就会出现方向上的问题，使企业面临失败的风险。

需要强调的是，以渠道作为业务板块的背后也存在“消费属性”市场边界的“变形”，因为渠道不仅代表用户群体，还代表用户的需求。

比如大卖场渠道不仅代表大众消费者，还代表一站式日常购物的市场边界。

便利店不仅代表年轻消费者，还代表便利性日常购物的市场边界。

天猫不仅代表年轻消费者，还代表实惠及便利性购物的市场边界。

餐饮批发市场不仅代表中小餐饮店，还代表其对调味品及干货消费的市场边界……

通常来说，渠道业务对应的市场边界要将用户群体及其消费属性关联在一起，这样才能精准反映市场边界的本质，帮助企业在市场上构建竞争优势。

## 二、消费心理市场边界

这是通过消费者的心理态度来定义市场边界，包括个人偏好、价值观、生活方式等。这种市场边界的定义比较复杂，需要通过多种维度进行交叉分析，然后再挖掘出潜在的机会点。

不过，这种方式的专业程度较高，企业能够成功运用的不多，一旦运用成功，便会开创出巨大的蓝海市场。近几年，国内食品行业的一些新兴品牌成功做到了基于消费心理来定义市场边界。

较为成功的当属白酒行业中的“江小白”，针对年轻人凸显个性的生活方式，开创出“青春小酒”的市场边界。产品本身并没有特别之处，就是江津老白干的酒水，但是其针对的市场边界却并非传统的白酒市场，既非大众群体或商务群体，也非宴请消费或聚饮消费，而是年轻人表现自我、张扬个性的白酒自饮市场，成功地在光瓶酒市场建立了市场地位，并且扭转了传统光瓶酒低端的品类形象。

从传统成功的企业来看，日本的“无印良品”就是从价值观和生活方式来定义市场边界的成功典范，一反企业强调商标的传统，通过“去商标化”表达其遵循自然的原生态生活方式和品牌态度，由此开创出崇尚自然生活的高品质消费市场。对于企业未来的持续发展而言，以这种方式来定义市场边界，具有想象空间和机会使企业实现创新和突破性发展。

在企业的经营过程中，市场边界通常不是单一的，往往是由多种因素构成的综合市场边界。正因为如此，才使得市场边界不太容易被认知和理解，但这是商业的正常表现态势，恰恰是这样，给一些企业实现突破超越留出了机会。

一些产品或品牌将不同维度的要素组合在一起，形成了全新的市场边界，赋予了产品或品牌独特的价值，并取得了突破性成长。

总的来说，通过有形的要素来定义市场边界是目前国内企业惯用的，但是这种方式往往无效，无法帮助企业挖掘机会实现大的突破。

通过无形的要素来定义市场边界往往威力巨大，但是难度较高，要求企业必须具有严谨的逻辑分析体系和丰富的想象力，才能抽丝剥茧，挖掘潜藏在消费者内心深处的真实需求。

# 第七章

# 构建核心竞争优势：市场边界的三个层次

定义市场边界是企业进行经营的首要步骤，是企业进行战略规划的核心选择。具体来讲，市场边界存在三个层次。

## 第一节　企业市场边界

市场边界首先存在于企业层面，也就是企业必须要为自身的经营选定一个市场边界，然后在这个市场边界中实施一系列的经营活动。

企业层面的市场边界，通常都是以物理属性或消费属性进行定义的，比如食品市场边界、饮料市场边界、白酒市场边界等就属于以物理属性来定义市场边界，休闲食品、方便食品、冷冻食品、调味食品等就是以消费属性来定义市场边界。

从这两个角度来定义企业市场边界较为清晰，便于直观地了解企业经营的业务是什么。

**在企业层面，市场边界的定义较为广泛，不能太狭窄，要具有足够大的市场范围，由此才能涵盖多个业务板块，支撑企业未来的持续发展。**

比如企业可以将市场边界定义为食品或饮料等较为广泛的市场边界，也可以定义为休闲食品、方便食品、乳制品、冷冻食品等窄一点的市场边界。同时，企业层面的市场边界定义不能太广泛，旗下各业务板块之间要有一定的关联性，否则企业的经营将缺乏重点。

比如企业将市场边界定义在消费品市场就太泛了，消费品市场包含快速消费品和耐用消费品，具体一点，包括食品饮料、保健品、药品、洗涤用品、化妆品，以及黑色家电、白色家电、纺织服装、建材卫浴等市场领域，如此众多的市场领域，企业根本无法同时经营。

上述所言，其实涉及了企业的专业化经营和多元化经营问题，尽管专业化好还是多元化好并没有定论，但从现实情况看，通过专业化经营获得成功的企业要多于多元化经营的企业，而在多元化的企业之中，也是实施相关多元化的企业更容易获得成功。

所谓相关多元化，就是企业旗下的业务板块之间具有一定的关联性，能够共享企业的资源和核心能力，而非相关多元化对于企业经营的难度相当大。试想一下，一个企业既经营食品又经营房地产，成功的概率多大呢?

恒大集团以房地产业务为主业的同时又进入饮料市场，斥巨资打造恒大冰泉，尽管其投入资源巨大，但最终产出的成果与投入不成比例，取得9亿元销售额的代价是亏损25亿元，这并非一个企业理性的做法。

关于企业的专业化或多元化的问题，下面以调味品行业为例进行详细说明。

在调味品企业的市场边界战略中，通常存在四种不同的业务组合战略，即专业化战略、同心多元化战略、相关多元化战略和非相关多元化战略，这四种战略选择对于企业未来的发展意义重大。

## 一、专业化战略

专业化战略是指在一个具有相同消费和经营特性的细分业务领域内发展，对调味品行业而言就是具体的细分行业，凡是以某类细分行业为核心业务的企业，采取的都是专业化战略。

比如太太乐聚焦鸡精、蔬之鲜等复合调味料，老干妈聚焦辣酱，涪陵榨菜聚焦榨菜、泡菜等佐餐开胃菜，天味食品聚焦川菜调味料，宁化府聚焦食醋，国莎实业聚焦味精、鸡精等调味料，百利聚焦西餐烘焙调味料，佳隆、百味佳聚焦鸡精、鸡粉等复合调味料，美乐食品聚焦香辣酱，等等。

专业化战略的优势就是企业在某个细分行业内具有很强的核心竞争力，包括行业经验、供应链整合、渠道资源、品牌影响力等，而其劣势在于如果外部环境发生较大变化，如消费趋势、竞争态势、宏观政策等，就会对单一的业务造成较大的不利影响。也就是说，专业化战略是“鸡蛋放在一个篮子里”，“一荣俱荣，一损俱损”。

## 二、同心多元化战略

同心多元化战略是指在一个整体上具有相似消费和经营特性的广泛业务领域内发展，比如整个调味品行业，凡是在多个调味品的细分行业内同时发展核心业务的企业，采取的就是同心多元化战略。

比如海天围绕调味品行业进行同心多元化，包含酱油、调味酱、蚝油、食醋等业务板块，恒顺拓展食醋、料酒，欣和拓展调味酱和酱油，李锦记同时拓展酱油、调味酱、食醋等业务。

同心多元化战略的最大优势就是围绕调味品行业发展多个品类的业务，既能打造专业化的核心竞争力，又能防范业务过于单一潜在的风险。

以海天为例，其将酱油作为企业的基础产品，以此来稳定经销商和打造渠道网络优势，然后借此发展更多的品类，如黄豆酱、蚝油、拌饭酱、料酒、腐乳等。

而其他品类的发展反过来又可以强化其经销商忠诚度和渠道竞争优势，对于具有一定规模的品类，海天都是要求经销商进行“组团”销售，由此推动企业的快速成长。

## 三、相关多元化战略

相关多元化战略是指消费和经营特性不同，但在某些方面存在相关性的业务领域内发展，比如调味品、食用油、速冻食品、米面制品、酱卤食品、餐饮等所属行业不同，但在消费场景上都与餐桌厨房相关，故此在这些行业内都同时发展业务的企业，采取的就是相关多元化战略。比如加加、厨邦等调味品企业进入食用油行业，金龙鱼、福临门、鲁花、长寿花等食用油企业拓展调味品业务，以及德庄、海底捞、小肥羊、呷哺呷哺、小龙坎等餐饮企业同时拓展调味品业务，等等。

相关多元化战略的优势就是可以抓住多个行业的发展机会，同时又能够在某一相似的方面积累经验和核心能力。其劣势在于这些行业的差异很大，企业要在多个行业领域做到专业很难，上述几家企业，只有海底捞发展调味品业务较为成功，其他几家企业的相关多元化战略成效并不突出，还需要更长时间的沉淀。

## 四、非相关多元化战略

非相关多元化战略是指企业在消费和经营特性完全不相关的多个行业同时发展业务。

比如某些调味品企业在拓展调味品业务的同时，大力发展饮料、保健品等业务，这种战略的优势是能够抓住不同行业的发展机会，又能够分散不同业务板块的经营风险，但劣势是行业跨度太大，对企业的行业经验、资源配置、专业能力等提出了极高的要求，一旦发展不善，就会对企业造成致命的打击。

调味品企业多元化运营的成功与否，关键在于其是否遵循了行业的本质和规律，并据此构建企业的核心能力。大多数时候，企业很难同时建立能够涉足不同行业的核心能力，但现实问题在于很多企业总是忽略这一点，认为自己具有多元化拓展的能力。从实际情况看，中国的调味品企业鲜有能够凭借资源优势横跨多个不相关行业成功的案例。

因此，调味品企业在拓展多元化业务时必须谨慎和准备充分，要从以下方面综合判断。

### （一）新业务的市场机会大吗

调味品企业在增加新业务之前，必须搞清楚是否具有足够的市场机会，这个机会要从三个方面来看：

一是业务的市场容量大不大，如果企业选择的业务领域市场容量不大，进去之后一定经营得很辛苦。

二是业务领域的销量及销售额增长趋势，是持续稳定增长还是停滞或下滑，一定要进入一个持续增长的业务领域。

三是业务领域中的市场集中度高不高，涉及竞争的激烈程度，如果市场集中度不高，那么机会较大。

如果一个新业务能够同时满足上述三个条件，就可以毫不犹豫地进入；如果只能满足部分条件，一定要仔细斟酌，谨慎进入。

选择业务就是选择赛道，选择大于努力，选择错了，后面的一切都错了。

### （二）新旧业务之间的市场边界有关联吗

调味品企业选择新业务，需要分析与现有业务之间的市场边界是否有关联。如果有关联，意味着两种业务的属性相似；如果没有关联，意味着企业会同时进入两个完全不同的市场边界，对企业来说存在风险。

一些醋企将开发保健醋或养生醋作为新的业务增长点，对此笔者持不同意见。因为保健醋和养生醋的市场边界属于保健消费市场，而非其现在的调味品市场，产品也叫醋，但已经不属于调味品，在保健消费的市场边界，调味品企业根本没有可能获胜。

### （三）不同业务的工艺是否相似，或生产设备能否共享

对新业务的选择还需要分析其与现有业务的生产工艺是否相似，或者生产设备是否能共享，如果可以，并且在市场边界相似的前提下，可以选择这个新业务领域。

比如一个食醋企业可以经营料酒业务，一个料酒企业也可以经营食醋业务，因为食醋和料酒都是同一道生产工序下的产物，先有酒精发酵，然后才是醋酸发酵，而这两个业务都属于调味品，那么自然企业可以同时经营。

### （四）不同业务的销售渠道能否共享

选择新业务还需要同时考虑现有销售渠道是否适合，这意味着能否有效利用现有的渠道资源。如果适合，新业务就容易在渠道中存活下来；如果不适合，就要考虑能不能迅速构建一个新的渠道，包括自建或者整合外

部资源。如果可以，这个新业务就可以选择；如果不可以，就不能选择，否则必将陷入进退两难的尴尬境地。战略的要求就是要做到“先胜而后战”，如果做不到这一点，宁愿不做。

### （五）企业资源是否支持多种业务开展

做任何事情都必须要考虑资源的匹配，能不能够支持对多个业务领域的经营。这个资源主要包括资金和供应链，资金主要是指现金流，必须能够同时支持多个业务的正常经营，很多企业的多业务扩张最终都倒在资金链断裂上。

另外，供应链资源，包括上游和下游，这些资源并不仅仅是有钱就能够买到，还需要时间，甚至一些资源是稀缺的，有钱也没有用。如果新业务无法得到足够的资源支持，绝不能选择！

### （六）不同业务的商业模式是否匹配

选择新业务还需要考虑其适用的商业模式是怎样的，与现有业务的商业模式是否匹配。如果匹配，自然没有问题；如果不匹配，就要考虑能否在短期内重新构建一套全新的商业模式。

比如现有业务的商业模式是通过经销商进行分销，而一个新业务的商业模式则需要企业直接向食品工厂直销，这两种商业模式的差异很大，前者依赖的是经销商伙伴，后者则需要企业自建销售队伍，并非短期内可以实现。

当然，企业可以整合外部资源，就像传统的调味品企业拓展电商业务一样，自己缺乏团队，就外包给专业的电商运营团队，这也是一个办法，但最终企业还是要能够有效地掌控业务。

### （七）企业组织/团队的能力是否匹配

选择新业务还需要考虑企业自身组织和团队的核心能力是否匹配，无论企业经营的是什么业务，最终都要靠组织和团队实施。如果无法匹配，企业也不能贸然做出选择。这方面往往和商业模式紧密相连，通常来说，一家企业的商业模式要得到有效运作，必然要有相应的组织和团队予以保障。反之，无法使商业模式获得成功。

实质上，这反映了企业具有的基因到底是什么，每个企业都有自己独特的基因，而这个基因正是通过商业模式及组织和团队的能力体现出来。所以，如果新业务的经营与企业的基因不匹配，就很难获得成功。为此，企业必须考虑能否调整自己的基因来应对新业务的经营要求，也就是要调整组织和团队。

综合各种情况，同心多元化战略更适合调味品企业。据中国调味品行业协会统计数据，国内调味品企业的“同心圆”跨品类经营已经成为常态。2017 年，在百强企业中，经营两类及以上调味品品类的企业占到46.7%。

采用这种战略的调味品企业能够突出专业能力，经营风险小，资源能够共享，如能成功实施，将会形成平台式的发展模式，为顾客提供一揽子调味品解决方案，国外的联合利华、龟甲万和中国的海天、李锦记、欣和等就是采用这种平台式发展路径，成功的概率较高。

对于这种同心多元化战略，笔者将其称为“一专多能”，先做专，再做杂，是调味品企业建立竞争优势的最佳方式。

一方面“专”可以令企业经营实现稳健发展，提升市场份额，获得现金流，构建品牌影响力，培养综合实力。

另一方面“多”可以令企业谋取更多的市场机会，同时分散风险，扩大经营规模，赢得更大的竞争优势！目前来看，调味品各个细分行业中的知名企业都在按照这条路径发展！

## 第二节　业务市场边界

**企业的市场边界包含多个业务板块，而每个业务板块也都需要定义出自己的市场边界**。通常来说，企业的业务板块由五个维度构成，即品类、品牌、渠道、用户或区域。

（1）品类业务：指以品类为核心来界定业务板块，其中可以包含不同的品牌、渠道、用户和区域。

（2）品牌业务：指以品牌为核心来界定业务板块，其中可以包含不同的品类、渠道、用户和区域。

（3）渠道业务：指以渠道为核心来界定业务板块，其中可以包含不同的品类、品牌、用户和区域。

（4）用户业务：指以用户为核心来界定业务板块，其中可以包含不同的品类、品牌、渠道和区域。

（5）区域业务：指以地理区域为核心来界定业务板块，其中可以包含不同的品类、品牌、渠道和用户。

从实际情况来看，多数企业都是以品类和渠道为核心来界定业务板块。无论业务板块如何界定，都需要将其对应的市场边界清晰地定义出来，并反过来指导业务板块的界定。

**相对企业市场边界的定义，业务板块的市场边界定义更具体**。通常以物理属性和消费属性来进行定义，部分也有基于人群来进行定义。假如一个企业的市场边界是休闲食品和饮料，就意味着企业有两个业务板块，那么具体到业务层面，企业就需要将休闲食品和饮料的市场边界都精准地界定出来。

比如休闲食品的市场边界是糖果糕点还是坚果炒货或是其他，饮料的市场边界是果汁饮料还是茶饮料或是蛋白饮料，这些都是每个业务板块必须精准定义的。

以达利园为例，企业市场边界是休闲食品和饮料，那么，其休闲食品业务板块的市场边界主要就是烘焙类食品，包括饼干、糕点、薯片等，而其饮料业务板块的市场边界包括多个饮料类别，如茶饮料、植物蛋白饮料、功能饮料、凉茶饮料等。

再以娃哈哈为例，其企业的市场边界也是食品和饮料，其中以饮料业务为主，因此其饮料的市场边界几乎涵盖了所有的饮料品类，而其食品业务板块相对次要，主要包含八宝粥、奶粉两个品类。

旺旺的业务市场边界有所不同，旺旺的核心业务是针对儿童人群来进行定义的，这个业务板块包含多个食品饮料品类，如雪米饼、仙贝、糖果、果冻、饼干、吸吸冻、牛奶和饮料等，而大部分企业的人群都是成年消费群体。

虽然旺旺的品类众多，但其市场边界主要针对儿童群体，因此其业务市场边界的定义相较其他企业更精准和有效，由此奠定了旺旺在儿童食品饮料市场的领导地位。

## 第三节　产品市场边界

**产品市场边界是包含在每个业务板块内的，也是涉及因素最多、最复杂和变化最快的市场边界**。定义其难度要远远超过企业和业务层面的市场边界。对产品市场边界的定义，几乎要用到五个维度的因素，并且要运用较为专业的方法，因此这也是企业最常犯错的地方。

相对于企业和业务层面的市场边界，企业对于产品市场边界的定义往往更迫切。

一方面产品是构成企业业务板块的核心元素，如果没有产品这个载体，企业的业务板块也无法成立，因此产品层面的市场边界更容易受到企业的重视。

另一方面企业推出产品的频率较高，几乎每个企业年年都要推出新产品或对老产品进行更新换代，而企业和业务层面的市场边界要相对稳定，因此产品市场边界的定义对于企业经营来说更具有现实意义。

需要说明的是，此处的产品是指包含若干相似属性的产品系列，并非这个产品系列中的某个品项（即 SKU，最小库存单位），包括品种、口味、规格等，否则定义市场边界就不具有实操性了。

需要提醒的是，**企业在定义产品市场边界时容易犯的错误就是“战术化”，也就是将市场边界理解为“市场细分”**，为每一个产品系列定义出若干个“细分市场”，然后要求将同一个产品系列同时拓展到多个细分市场，这种情况下就会演化出若干种不同的价值链，必然会分散企业的资源和精力，难以匹配核心能力，常常令企业陷入“骑墙”的尴尬境地。

因此，**对产品系列定义市场边界的正确做法就是，只为每一个产品系列定义出一个市场边界，而不是若干个“细分市场”**，然后针对这个市场边界设计相应的产品组合、渠道结构及相应的价值链组合。在这种状况下，企业所有的资源和精力都围绕一个市场边界聚焦投入，同时构建与企业相匹配的核心能力，如此方能发挥出战略的核心价值。

对市场边界的定义，无论哪一个层面都应该是战略性的，但从现实来看，通常只有企业和业务层面的市场边界定义会被企业认为是战略，而产品层面的市场边界定义往往被当作战术，也就是前述的市场细分和目标市场，导致的后果就是难以精准定义产品的市场边界。

如果只是从产品本身的角度来看，比如技术、工艺、包装等，每年都有不少好产品出现；如果是从战略的角度来看，每年能够获得成功的产品则少之又少。其中的根源就在于企业往往没有精准地定义出产品的市场边界，很多时候产品从一开始的战略出发点就错了，之后的一系列动作都是枉然！

所以，企业必须将产品提升到和业务及企业一样的战略层面来考虑，一个产品可以看成是一个最小化的业务板块，甚至是一个最小化的企业，如此涉及这个产品的所有事情就是一个企业的所有事情。唯有从这个角度来理解产品，企业才能精准定义产品市场边界，才能打造出更多的成功产品，并推动企业的持续发展。

# 第八章

## 单一原则：聚焦市场边界战略

## 第一节　只能有一个市场边界

营销被企业误解的一个主要表现就是被战术化了，偏离了本来的战略导向。正因为如此，原本应该作为核心战略的市场边界定义，被异化为市场细分和目标市场界定，被淹没在企业寻求更多销售机会的战术动作之中。

目前，很少有企业会认真思考每项业务或者每个产品的市场边界战略到底是什么，大家只是按着思维惯性，罗列出若干个细分市场，然后从中挑选几个与产品有关联的细分市场作为目标市场，接着就是制定4P组合（产品、价格、渠道、推广）。

企业的营销部门很熟悉这项工作，可以按套路制定一个产品的营销策略。但实际的成效呢？每年有那么多的产品问世，真正能够成功的又有几个呢？

企业都将营销的层面做低了，也就将产品的营销做得太随意了，似乎利用一些分析工具就可以了，实际上只不过是向市场上输出大量的“产品垃圾”！

在伦敦商学院营销学教授库马尔出版的《营销思变：七种创新为营销再造辉煌》一书中，第二章的主题为“从细分市场到细分战略”，阐述的就是要将传统营销理论中的市场细分和目标市场提升到战略层面，不是为一个产品挑选出若干目标市场去拓展，而是先选定出一个细分市场，然后针对这个细分市场展开系统化的价值网运营，这样才能真正实现营销的创新。

库马尔所说的“从细分市场到细分战略”，也就是本书阐述的市场边界战略。在战术层面，企业可以为一个业务板块或产品系列选择出若干个目标市场，但是在战略层面，每一个业务板块或产品系列只能有一个市场边界，围绕这个选定的市场边界，企业将通过一系列的价值链活动来展开运营，包括产品研发、产品组合、渠道运营、品牌推广、区域拓展等，从而实现战略目标。

市场边界战略和营销理论中的目标市场区别在于，后者是先有产品，然后再为这个产品找市场；前者则是先界定市场边界，然后再为这个市场提供产品，其内在逻辑截然不同。

战略就是选择，就是取舍，**每一个企业/业务板块/产品系列只能有一个市场边界，就是要从战略层面做出取舍**。企业不能总想着做所有人的生意，真正的成功者总是旗帜鲜明地令人爱或恨，“脚踏两只船”绝不能真正赢得消费者的心。

许多企业都在梦想着打造出大单品，但是如果缺乏精准的市场边界定义，是绝不可能打造出来的，大多数企业从一开始就错了，要么是往现有的渠道中不断扔产品，要么是一厢情愿地推出没有核心价值的平庸产品，完全体现不出对市场的深刻洞察，更缺乏对市场边界的创新定义，这样的企业必然以失败告终。

在企业/业务板块/产品系列的市场边界定义中，企业市场边界中包含业务板块，业务板块市场边界中包含产品系列，从每一个维度来看（即企业、业务板块或产品系列），各自都只能定义一个市场边界。当然，企业可以有多个业务板块，诸如品类、品牌、渠道、用户或者区域，但在每个业务板块确定后，就只能定义一个市场边界。

产品系列同样如此，如果存在多个，一定要根据市场边界定义的核心逻辑进行合并，直到成为一个！这就是战略和战术的区别。

只有一个市场边界，就是战略，围绕企业、业务板块或产品系列，构建一条完整的经营价值链，将核心价值高效传递给用户。

如果有多个市场边界，就意味着这只不过是多个“细分市场”而已，只是企业在一条价值链上存在多个产品、多个品牌、多个渠道、多类用户或者多个区域而已，这种运作只不过是战术，无法帮助企业从根本上构建自己的核心竞争优势。

基于上述逻辑，一家企业的市场边界存在几种主要情况：

**第一种：企业、业务板块及产品系列的市场边界全部一样。**

这是一种极端现象，意味着企业的市场边界只有一个，整个经营活动都围绕着这个市场边界开展。中国市场的这类企业极少，在日本、德国、意大利、瑞士等少数国家则有不少，尤其存在于百年企业，诸如在开面馆、咖啡馆、皮具、锅具、刀具、手表、葡萄酒等多个行业，这些企业采用“利基”战略，专注某个狭小市场领域，逐渐形成持久的竞争优势，并成为所在行业的隐形冠军。

**第二种：企业和业务板块的市场边界统一，但其中产品系列的市场边界都不同。**

这种状况意味着企业有一个统一的市场边界，能够在市场上具有鲜明的行业特征，但在这个大的市场边界之下，每个产品系列都有不同的市场边界。对整个企业而言，可以将其视作通过不同的产品系列拓展相应的细分市场。这种类型的企业在市场上比较多，只不过并不是每个产品系列的市场边界都不同而已。

**第三种：企业市场边界与某个业务板块相同，但其他业务板块的市场边界各不相同，其中产品系列的市场边界都相同。**

这种状况意味着企业总体上有一个具有鲜明特色的市场边界，但还有其他不同的业务板块市场边界，但每个业务板块中的产品系列都有相同的市场边界，在这个层面体现出一定的专业化水平。

这种类型的企业在市场上有部分数量，比如娃哈哈集团，其核心市场边界就是饮料行业，但也推出了“晶睛”品牌业务板块，其市场边界是保健品行业，其产品系列的市场边界是基于消费属性而定义，针对的都是

“缓解视力疲劳”的消费需求。

**第四种：企业市场边界与某个业务板块相同，其他业务板块和产品系列的市场边界既有不同也有相同。**

这种状况是第二种和第三种状况的融合，总体上企业具有一个较为统一的、具有鲜明特色的市场边界，但是其业务板块和产品系列体现出一种多样化的发展状态，延伸到多个不同的市场边界。

比如康师傅、统一、今麦郎几家方便面企业，其核心市场边界是方便面行业，但都进入了饮料市场边界，仅次于方便面的业务板块；其他还有达利、盼盼、双汇、伊利、蒙牛、三全、安井、克明等企业都属于这种状况。

**第五种：企业市场边界不统一。**

这种状况是另一种极端现象，其中分为几种不同的表现形式。

其一，企业属于不相关多元化经营，其中每个业务板块都具有完全不同的市场边界，而且业务板块的营业规模相当，导致企业难以提炼出一个统一的市场边界。这种状况反映出企业缺乏清晰的市场边界定义，整体业务结构处于分散状态，不利于构建核心竞争优势。

其二，企业属于大型集团公司，旗下拥有多家不同企业，其中每家企业都具有完全不同的市场边界，而且营业规模相当，导致集团公司难以提炼出一个统一的市场边界。这种状况下形成的是集团管控的组织机制，从集团公司的角度，更多是以财务为核心来管控下属企业，在战略上的关联性很弱，对于每家企业而言，还是可以提炼出统一的市场边界。

其三，同一个投资者拥有多家不同的企业，每家企业相互独立，都有自己的市场边界。农夫的钟睒睒就是这样，拥有农夫山泉、养生堂食品、养生堂药业、养生堂化妆品、万泰生物等企业，农夫山泉的市场边界是饮料行业，养生堂食品的市场边界是休闲食品行业，养生堂药业的市场边界是医药保健品行业，养生堂化妆品的市场边界是化妆品行业，万泰生物的市场边界是生物诊断试剂与疫苗行业。这种状况体现的是以资本为核心的企业组合，就每家企业来说，其市场边界还是可以做到统一和清晰的。

## 第二节　采用独立的运营体系

如果企业由于业务板块或产品系列的多样化，导致整体上出现多个市场边界（注：每个业务板块或产品系列都只能有一个市场边界），就必须针对这些市场边界分别采用独立的运营体系，确保每个业务板块或产品系列的战略性经营，避免陷入“细分市场”的战术化运作中。

这就意味着，**企业必须针对每个市场边界演化出一套独立的价值链活动，而不是用一套统一的价值链活动进入不同的市场边界**，如此方能使每个业务板块或产品系列拥有精准的战略，从而在竞争中获得竞争优势。

比如调味品行业中的天味食品，其核心市场边界是川味调料，其中有两个重点品类，即火锅底料和川菜调料。同时，天味食品采取的是多品牌业务结构，其中又有两个核心品牌，即“大红袍”和“好人家”。

在天味食品上市之前，针对这两个品牌和品类，总体上采取的都是同一种价值链活动，然后从中演化出不同的细分市场。比如“大红袍”以火锅底料品类为主，主要针对流通餐饮市场；“好人家”以川菜调料为主，主要针对家庭消费市场。

上市之后，天味食品将重点聚焦“好人家”品牌，耗费了大量资源和精力进行拓展，在“好人家”品牌业务实现持续增长的同时，导致“大红袍”品牌业务增长放缓。

为了从根本上扭转这种不利局面，2020 年天味食品对业务结构进行了调整，设立了“大红袍”和“好人家”两个品牌事业部，内部组织和外部经销商全部进行了拆分，分别进行独立运营。其中，“大红袍”主要针对大众市场和餐饮小 B 端市场，专注火锅调料、餐饮类产品；“好人家”则针对中高端家庭市场，专注火锅调料、中式菜品调料、佐餐即食类产品。

如此一来，“大红袍”和“好人家”两大业务板块就从以前共用一条价值链转变为拥有各自的价值链，从原来的战术运作上升到战略运作，必将强化两大业务板块的专业化水准，在市场上获得更大的竞争优势。

无独有偶，与天味食品处于同一市场边界的颐海国际也进行了业务调整。颐海国际的核心市场边界是火锅调料，后来延伸到中式复合烧菜料、方便速食和即食酱市场边界，在“海底捞”品牌的统领之下，这些品类业务板块采用的都是同一种价值链活动，其中一部分采用的是第三方经销价值链，另一部分采用的则是餐调定制价值链。

随着营业规模的迅速扩大，这些日渐复杂的品类业务板块面临着资源及精力分散的问题，在竞争中存在不利影响。于是，颐海国际在2021年拆分出“筷手小厨”品牌，专注拓展中式烧菜料市场，与海底捞分别针对不同的品类市场边界。

之前，“筷手小厨”是依附在“海底捞”主品牌下的副品牌，现在成了独立子品牌，针对中式复合调味料市场边界，落实品牌与产品结合的多品牌策略，通过电视广告、栏目冠名、全媒体平台覆盖、直播等形式，促进“筷手小厨”品牌与复合调味料产品的对应关系，有效占领消费者心智。

从天味和颐海国际对业务板块的调整可以看出，要想提升业务的竞争优势，就必须将其业务板块与市场边界明确对应起来，这就涉及市场边界的重构问题（本书十二章将进行详细阐述）。

根据本书前文所述，市场边界决定着业务结构，因此企业应该从市场边界的角度来判断自身业务结构是否合理，要尽量使业务结构与市场边界相对应，并构建独立的价值链体系，使每个业务板块都能够形成竞争优势。

当然，在实际运作过程中，由于企业的业务结构往往是经过多年形成的，难以在短期内对所有业务板块都重新定义市场边界，但至少应该对核心业务板块的市场边界进行重新定义，确保业务板块符合市场发展的态势，从而推动核心业务板块的持续增长，并稳固领先的市场地位。

# 第九章

# 战略破局：掌握八大关键要素

## 第一节　洞察消费趋势

市场，就是不同消费需求的总和；市场边界，就是一个又一个细分的消费需求集合。因此，企业在重新定义市场边界时，一定要对每个市场边界中的消费趋势进行深入分析，要精准把握消费需求和发展方向，避免从一个有限的市场边界进入另一个错误的市场边界。

### 一、洞察消费趋势的两个体现

洞察消费趋势主要体现在两个方面：

#### （一）消费群体

消费群体是构成市场边界的核心要素，如果一个企业的核心消费群体发生了变化，就意味着原来的市场边界可能发生改变，会影响企业未来的走向。

比如一家企业原来针对的主要是农村消费群体，随着社会的进步，中国城镇化水平不断提升，整个农村消费群体逐渐缩小，而城镇工薪及白领群体在不断扩大，在这个过程中，如果企业一味坚持以农村群体为主要市场，那么其市场边界就将逐步被边缘化。

之所以有不少企业的发展受到阻碍，一个重要原因就是没有洞察到消费群体结构的变化，这有可能给企业带来灾难性的后果。

### （二）消费需求

消费需求是构成市场边界的另一核心要素，不同的消费群体有着不同的消费需求，同样的消费群体也有着不同的消费需求，当这些消费需求发生变化的时候，就会导致市场边界发生改变。

2016 年，处于康师傅核心地位的方便面业务营收为 224.7 亿元，同比下滑 10.34%，同时行业的数据也显示整个方便面行业近两年都处于负增长，为什么会这样？

原因就在于消费者对于方便面的消费需求发生了改变：

其一，消费者的收入增长带来了更高的需求，方便面长期单一的口味无法满足消费者的需求，便利性已不足以刺激消费者的味蕾了。

其二，方便面长期被“垃圾食品”的负面传播影响，食品安全已成为整个社会关注的核心，方便面自然会被消费者逐渐抛弃。

其三，更多便利性、多样化的食品种类及餐饮业态层出不穷，都在不断地吸引着消费者，由此蚕食了方便面的市场份额，比如挂面、速冻食品、新鲜烘焙食品、遍布市场的各类中式快餐等。

2020 年，康师傅方便面业务营收达到 295.10 亿元，同比增长 16.64%，这种变化来源于消费需求的改变。近几年，方便食品都在顺应消费升级的趋势，而康师傅也进行了调整，为满足新世代、中产阶级对产品品质的追求及家庭食用的需求，通过更新的食材、更好的原料、更高的品质、更优的工艺，推出了多个全新升级产品，如“手擀面”“拌面”和袋面新规格，设计更人性化，面饼和酱料全面升级，引领了方便面市场升级。从本质上看，康师傅在方便面业务上改变了原有的市场边界。

2017 年 7 月，统一董事长罗智先在媒体上公开表达：“统一逐步退出中国大陆方便面市场。”实际上并非退出，而是重构方便面的市场边界。

2017 年 11 月，统一宣布启动面食革新计划，将中国大陆传统的方便面重新定义为“生活面”，3 年后，罗智先在生活面领域推出诸多创新产品，在他看来，做品牌首先要离开物理性特色。他说："可口可乐从来没说自己是做碳酸饮料的，汤达人的定位也不是方便面，而是'点心'。"

从用户的角度看，对于方便面的印象大多停留在不健康、没营养的层面，方便面行业也是由于自身发展局限创新不易，整体表现也比较疲软。而统一选择了另一种方式，淡化品牌固有的方便面印记，改变用户对品牌固有的认知，实施全新的产品创新，推出"汤达人""藤椒"等产品，主推营养、健康，从而赢得市场。截至2020年，统一集团年方便面业务营收为人民币90.55亿元，同比增长7.2%，显示出良好的增长态势。

一切皆有可能，一切皆可重新来一遍，根源就在于消费需求的动态变化！

企业要深刻洞察消费趋势，就必须深入研究消费者，通过消费行为和消费态度来洞察出隐藏的消费需求。其实，这正是企业经营的开端，不了解需求，如何成功实现商业运营呢？

对于大部分企业来说，洞察消费需求是有难度的，因为这是一项非常专业化的工作，涉及行为、心理、阶层、环境、文化等方面，要想从如此复杂的因素中提炼出消费者最本质的需求，可想而知其难度有多大！

即便是专业的市场调研公司，也未必能够洞察出真正的消费需求。正因为如此，有的企业家认为市场研究没有太大价值，要靠自己的经验来判断，但这会将企业推入"撞大运"的危险境地。

系统的消费者研究是非常有意义的，之所以目前企业不能感受到调研的价值，主要是企业的专业度不够，对于市场研究公司提供的数据无法进行透彻的分析。

要知道，市场研究公司擅长的并非是提供解决方案，只是提供客观的数据和归纳而已，如果企业完全根据市场研究公司的结论来做决策，就会存在问题。

## 二、洞察消费需求的5个关键

企业如何才能够通过系统的研究洞察消费需求呢？其关键在于：

### （一）企业必须采取探测性研究，而非描述性研究

所谓探测性研究，就是企业要根据已经掌握的信息，通过前期的基本分析提出一些假设观点，然后再将这些假设的观点和消费者交流，探测消费者对这些观点的看法。

由于观点非常具体，这种方式容易得到消费者的理解，也容易洞察其态度。如果只是调查消费者的共有行为，比如购买量、购买频率、购买金额等，通常只能了解到一些普遍状况，对企业的决策没有真正的帮助。

### （二）要将消费者当作具体的个体研究，而非抽象的群体

通常市场调研公司都是从一个群体来研究消费者的，侧重一个群体的共有特性。这种研究是基础的和必要的，尤其对于了解消费群体的年龄、性别、收入、偏好等状况是有价值的，但是要深入洞察消费者的核心需求还不够，最佳方式在于将研究对象从一个群体具象到一个人，然后对这个人的各个方面进行研究（工作、生活、学习等），这样才有机会挖掘其最核心的消费需求。

### （三）要采取问题导向而非行为导向

要洞察消费者的深层需求，更好的方式应该是倒着思考。也就是说，与其考虑消费者需要的是什么，不如换个角度思考：消费者想要解决的问题是什么？

消费者需要的，一定与其想要解决的问题直接相关，无论这个问题是物质层面的（比如省钱）还是精神层面的（比如消磨时间）。当然，这个问题对于消费者而言一定是重要问题，而非可以忽略的。

### （四）要采用综合的研究方式，而非单一的

要确保能够洞察消费者的核心需求，就必须做到多角度、多层次地分析研究，对于数据来源也要通过多种途径加以验证，企业研究越深入、越综合，结论就越可靠。

### （五）要对消费者分层研究，而非统一的

当前企业对于消费者的理解普遍存在“统一化”的问题，也就是将各

类性别、各种年龄、各种收入放到一起考虑，虽然分析简单，但是模糊了消费者的界限，造成调研结论不精准。

由此可见，消费群体和消费需求的变化，将会直接导致市场边界的变动，如果企业不能洞察这种趋势变化，自己的市场边界就会处于边缘化的状态。当企业要重新定义市场边界时，仍然要通过洞察消费趋势变化来进行选择。那么，企业如何才能洞察消费趋势变化呢？关键要深入研究消费者的行为和态度变化，由此挖掘消费需求的变化和潜在的市场机会。

## 第二节　顺应产业发展态势

为了精准定义市场边界，企业必须洞察产业发展态势，基于产业整体结构选择最佳的市场边界。

### 一、产业格局决定企业命运

定义市场边界就是“创造一个最有利的市场地位，让企业获得领先的核心竞争优势”，要把这个概念搞清楚，有一个关键点必须重视，那就是产业格局的变化，但这是绝大部分企业忽视的。基本上企业制定战略时只是从企业微观的层面考虑，如果能够把视角拔高一个层面，从微观提升到中观，就会对企业的战略选择有更加透彻的认知。

有一个连环画：第一幅图是一本书上的内容，视角上移，是一个人在看一本书，视角再上移，则是公交车上的人在看一本书，以此类推到最终的画面，是一个处于宇宙中的地球！随着视角的不断变化，处于每幅图画中的主要元素，都只是上一层图画中的一个细节，如果我们不能将层面拔高，就容易陷入细节，导致“见树不见林”，反而忽略了事物的本质。随着视角的变化，当事主体也随之发生变化，战略能否从根本上帮助企业，需要从更高的思维层面上进行思考，站得高，才能看得远。

比如企业从自身出发，确定了以“家庭中高端健康需求”作为战略方向，并且对经营活动的关键环节进行匹配，看起来这个战略是不错的，很清晰，也很符合未来的消费方向，如果我们将视角拉高一些，从中观行业的角度看，结果很可能截然不同。

假设这家企业的主营业务是味精，那么“家庭中高端健康需求”的战略就是完全错误的。因为味精行业已经处于固化期，行业增速慢，市场集中度极高，已经处于垄断状态，而且味精在家庭消费中处于持续下滑态势，其市场份额不断被鲜味酱油和蚝油蚕食，即便是“中高端健康”的诉求也无法打动消费者，这与行业发展趋势背道而驰。

对于处在垄断行业中的企业而言，战略的首要之处就是重构市场边界，从味精行业中跳出来，选择其他更具有发展潜力的行业进行拓展。如果忽视这一点，再谈战略都是没有价值的！

忽略自身所处的产业格局，是许多企业战略无效的根源，本质上还是企业的视角狭窄，看不到对自己真正重要的战略是什么。

有的企业处于已经固化没有前景的产业却浑然不知，仍然梦想着有朝一日一炮而红，还在持续往市场中砸钱。

有的企业所在的产业还在培育期，行业的爆发阶段远未到来，但企业抱着一腔产业报国的热血，执着地砸钱坚持，结果伤痕累累，除了留下一些唏嘘感慨，何时才能拨云见日不得而知！

有的企业处于快速发展的产业，行业发展如日中天，却看到众多企业进入行业，由此认为行业过热，误以为行业没有太多机会，于是收缩战线甚至转移战场，过早地偏离了行业主赛道，失去了令企业抓住时机快速成长的好机会。

从企业自身的角度看，领导者通常都认为是自己的努力决定着企业的命运，实际上是产业的格局决定着企业的命运。回顾过去20年，看看不同企业的命运，想想如果可以重来，自己会做怎样的决策？是否会和以前不同？

企业领导者的核心任务就是不断发现产业发展趋势，从中洞察改变命运的转折点。什么力量都挡不过趋势的力量，企业的成功一定是立足产业发展的趋势，如果脱离了产业趋势，企业的日子必将过得艰辛无比。

## 二、产业格局是制定战略的前提条件

不同的产业格局将会直接影响企业的战略选择，其核心就是市场边界。

**首先，如果有可能，企业一定要选择具有发展潜力的产业进行拓展，这才是最正确的市场边界。**在不同的产业格局中，存在培育型、分散型、动荡型、稳定型、固化型几种，每种产业类型都有不同的市场容量、增长速度和竞争格局。

总体而言，企业应该尽量选择市场容量更大、增长速度更快、市场集中度更低的产业。在这样的赛道上，产业具有的能量可以推动企业实现快速增长，这种力量要远远大于企业自身的力量。

在调味品行业中，属于稳定型状态的有酱油和鸡精行业。在这两个行业中，分别呈现“一超多强”的局面，其中酱油行业 CR5 达到 33%，鸡精行业 CR5 则高达 65%，所以这两个行业中的商业机会不多，整体竞争格局已定，整个市场被 10 家以内的头部和腰部企业控制，尾部企业及外来新进入者都会面临极大的竞争压力。

属于分散型状态的有食醋和调味酱行业，其市场格局呈现增速慢、市场分散、集中度低、区域偏好明显的特点，缺乏爆发性的市场机会。进入这类行业，企业就要做好“长期抗战”的准备，要有良好的心态稳健发展。

属于动荡型状态的有火锅调料和川菜调料行业，整体市场正处于快速成长阶段，市场容量持续扩张、增长速度快、进入者增多、竞争态势趋于激烈。在这种态势下，市场存在较大变局，没有谁处于绝对的领导地位，谁都有机会脱颖而出，暂时的领先者稍有不慎就可能被超越，这就给众多企业营造了无限的遐想空间。

选择大于努力，选择正确的赛道就是企业最大的战略，如果企业能够了解自身所处的产业及特性，就能对核心业务及商业模式做出正确的决策，顺势而为。若非如此，企业必将陷入以一己之力对抗产业大势的不利局面，基本上失去了进入主流赛道的机会。

**其次，一旦选择了正确的赛道，就要按照产业格局特点来制定相应的战略。**

如果处于动荡型的产业，企业需要将外延式增长作为自身的战略重点，快速拓展空白区域、空白渠道，实现市场布局，营造品牌声势，有效抢占市场份额。

颐海国际和天味食品就是如此，在火锅调料行业快速扩容的时期，迅速增加经销商数量，2020 年均超过 3000 家，快速覆盖全国市场。

如果处于培育型的产业，企业就需要注重消费引导，聚焦打造样板市场，培养核心用户群体，不能盲目扩张，要稳扎稳打、步步为营。

如果处于分散型行业，企业就要立足核心逐步拓展，建立自己的根据地，在核心品类、渠道、区域上构建竞争优势，立足优势进行市场渗透，兼顾规模与利润。

如果处于稳定型和固化型行业，则要注重和领导品牌实施差异化竞争，拓展细分市场，在局部市场建立竞争优势，注重利润而非规模。

需要强调的是，企业除了要基于自身所处行业制定正确的战略外，更有必要从产业层面审视自己是否需要更换赛道。如果当前所处的产业空间有限，而且业绩停滞不前，就有必要进入更有发展前景的产业边界，涉及重构市场边界的重大战略问题。

重构市场边界的意义，是确保企业始终处于正确的产业，可以顺应产业自身的特性来实现企业的快速发展。

不夸张地说，决定企业命运的就是产业格局的变化，只有从产业角度出发才能真正把握战略的正确性。企业在战略上所做的选择，首当其冲就是要从产业角度进行选择，选择错了，后面的一系列选择无论正确与否都是错的。

不要小看这种选择，这是最考验企业战略水平的，赛道选择错误，跑再快又有什么意义呢？赛道选择正确，可以让企业构建最有利的竞争格局，最好的竞争就是没有竞争，洞察产业趋势可以让企业实现这一点。

在现实中，一些企业的管理水平并没有多高，专业化程度也没有多高，但因为选择了正确的赛道，短时间内就取得了业绩的突破性增长，这才是战略的价值所在！

当然，对企业真正具有挑战的并不是偶然性选对赛道，而是要通过对产业的系统分析，动态把握产业的发展格局，从而持续性地让企业走在正确的赛道上，这本来就可以使企业最大化地收获行业发展的红利，顺势而为，这就是企业最大的战略。

需要强调的是，企业对产业格局的选择并不是固化的，而是动态变化的。一方面把握产业发展格局，是为了顺应产业发展规律，为企业制定相适应的战略；另一方面企业也可以通过核心价值创新来打破原有产业的格局，改变产业发展的进程。

就像酱油行业，在普通的老抽生抽成为主流的时候，千禾推出“零添加”酱油，通过独特的核心价值定位改变了行业格局，将酱油行业的主流价位带拉动到 10 元/500ml 以上，同时使自己在中高端酱油市场建立了竞争优势！

从企业实际经营来看，第一种状况具有普遍的可能性，而第二种状况则有赖于企业家的创新精神，能够做到的概率不高，但也不排除这种可能。对于企业而言，应该首先确保做到第一种局面，顺势而为，然后再通过创新主动把握产业格局，使企业始终处于最佳市场地位。

## 第三节　遵循行业消费本质

在企业定义市场边界的时候，有一个至关重要但又容易被企业忽视的因素，那就是“行业消费本质”。企业在对自己品牌或者产品的市场边界进行定义的时候，往往会被一些“想当然”的表面现象蒙蔽，结果进入一个错误的市场边界，造成产品或品牌的失败。

在食品行业中，一个非常普遍且容易误导企业的因素就是“健康”，太多的企业为了追求“健康”，而令自己陷入了一个没有出路的市场边界。在它们的眼中，“健康”这个因素是消费者极其重视的，因此将“健康”这个概念诉求作为定义市场边界的核心，结果脱离了食品饮料行业的消费本质——好吃或好喝。纵然产品具有良好的功效，但是食品饮料毕竟不是保健品，那些号称对人体健康充满益处的产品，因为不具备“好吃或好喝”的食品饮料属性，而被消费者无情抛弃，这些企业对此还摸不着头脑。

霸王凉茶惨遭失败，就是违背行业消费本质的典型。

霸王集团希望将其在日化领域大获成功的“中药世家”概念引入凉茶领域，从快速成长的凉茶市场分一杯羹。霸王集团的这个决策，基于计划打造一个完整的“中药世家”产业链——从日化到食品，凉茶属于草本植物，而其核心产品霸王洗发水同样是中药草本性质，因此霸王集团认为“中药世家”的概念同样可以用于打造凉茶。于是，霸王凉茶应运而生。

事实证明，这完全是一个“拍脑袋”的败笔，在消费者的眼中，霸王凉茶中蕴含的“中药世家”概念已不属于饮料行业，凉茶的消费本质已经被王老吉品牌定义为“预防上火的饮料”。请注意，凉茶是饮料，不是中药，甚至连功能饮料都不是！霸王完全走偏了，于是在饮料市场上，我们看到了一个倒下的“霸王”！

另一个失败案例是江中集团，在成功推出猴姑饼干之后推出猴姑饮料，同样是违背了行业消费本质而失败。

猴姑饼干是上市药企江中制药母公司江中集团成功推出的一款“养胃”功能饼干，其720g的主力品项在终端的零售价高达110元。即便如此，江中猴姑饼干还是借助健康食品的趋势掀起了一股“猴菇”热潮。

据广发证券的研报资料，2014年江中猴姑饼干的销售额近8亿元，这对于一个推出市场一年多的产品来说可谓相当成功。如果江中集团能够在此大好势头之下，借助猴姑饼干构建的“保健饼干”定位，再继续对功能性饼干品类进行系列化延伸，就有可能在传统的饼干行业打造出一个全新的功能饼干品类，并成为其中的高端领导品牌。

可惜，江中集团并没有朝着这个方向去做，未能进一步围绕猴姑饼干持续强化其在功能饼干中的领先地位，而是转向饮料领域发展，推出了江中猴姑饮料和蓝枸饮料，这其实是一个败笔。

其实，江中集团并没有搞清楚猴姑饼干为什么会成功，以为猴姑饼干成功了，就是因为消费者认可产品的“养胃”功能，既然消费者能够接受养胃的饼干，为什么不能接受养胃的饮料呢？

殊不知饼干的行业消费本质与饮料截然不同，消费者之所以能够迅速接受猴姑饼干，首先是因为饼干本来就被消费者认为具有代餐属性，是消费者一直就在消费的品类，而且又被许多有胃病的消费者食用，当饼干具备了“猴菇养胃”这个功能属性，与消费者日常消费饼干就是为了代餐抗饿和护胃的目的一致，再加上健康食品热潮，由此引发了消费者对猴姑饼干的青睐。

但是，消费者原本没有靠喝饮料护胃的习惯，也没有哪一个饮料品类具备这种消费属性。因此，当江中集团想当然地推出猴姑饮料和蓝枸饮料的时候，对于消费者而言是一个全新产品，关键是这与消费者对饮料的消费需求差异巨大，结果以失败告终。

饮料的消费本质是好喝，功能饮料的前提也一定是好喝，红牛之所以能够卖到200多亿元，与其口味好直接相关。

另外，目前功能饮料中的主要需求就是抗疲劳，至于其他药企，如哈药推出的减肥饮料等都属于偏门，根本不符合饮料的消费属性，自然无法得到消费者的认同，显然江中集团不明白这个道理。

当江中集团在拓展饮料市场时，其他药企及饼干企业纷纷跟随推出猴姑饼干。这些跟进者极大地蚕食了江中猴姑的市场份额，而江中集团没有聚焦巩固和持续深挖，目前猴姑饼干的热潮已过，江中集团失去了在饼干行业中深度发展的大好机会。

江中猴姑饮料的失败印证了企业开发新品时，如果只看到眼前市场的潮流，为了差异而差异化，偏离了消费者的真正需求，就不可能获得成功。

在此补充一下，江中集团后来意识到这个问题，于2016年10月推出了一款食疗新产品——江中猴姑米稀。针对年轻群体生活压力大、饮食不规律等因素造成的“胃不好”现状，瞄准养胃早餐市场，在坚持制药标准基础上引领食疗新潮流，同时在包装上推出时尚的杯装和盒装。这款产品与饼干一样，沿用的都是“猴姑”品牌，拓展的也是“养胃”市场边界，此时这个战略就对路了。

江中猴姑米稀是一款冲调产品，其名称、产品形态和消费属性能令人联想到“米糊”或“稀饭”，这与“猴头菇”具有的“养胃”功能有关联，因为即便没有添加与养胃有关的原料，消费者也会认为“米糊”或者“稀饭”对胃是有好处的，这本来就是消费者固有的认知，这款产品只不过是顺着这个认知形成。

江中集团的战略调整，使猴姑米稀回到了与猴姑饼干相同的思维逻辑，利用消费者对饼干和米糊、稀饭等对胃有好处的固有认知，利用“猴姑”品牌与“猴头菇”之间的谐音关联，以及之前“猴姑饼干”在市场上形成的品牌知名度，迅速提升了消费者对“猴姑米稀”这款新产品的认知度和接受度。

“江中猴姑米稀”自2016年底上市，短短一年时间即成为电商平台冲调品类销量冠军，这个不错的数据应该可以作为江中集团战略调整成功的注解。

**不同的产品都有自己的消费本质，这是驱动消费者购买的根本原因。**要挖掘每个产品的消费本质，同样需要企业深刻洞察消费需求，这就要求企业一定要从消费者出发，现实中之所以会出现那么多违背消费本质的事例，一个根本原因就是企业往往从自身出发，总是认为自己的产品具有最好的技术和品质，一定能够给消费者带来好处。实际上，他们想的和消费者想的南辕北辙，导致这些企业的“苦心”根本无法得到消费者的理解，失败也是理所当然的事情。

因此，为了符合市场边界中的消费本质，企业往往需要对产品进行调整，通过改变原料、配方、工艺、口味等，使其满足目标市场边界中的消费本质，才更容易被消费者接受。

## 第四节　寻找竞争缝隙

要成功定义市场边界，必须重视对竞争态势的把握，要利用或者创造对自己有利的竞争格局。当企业定义市场边界的时候，往往会发现每一个市场边界中都存在领先的竞争对手，这时候企业必须考虑的因素有以下几点。

### 一、市场集中度

企业在重新定义市场边界的时候，一定要深入了解其中的市场集中度是否高，市场集中度越高，意味着该市场边界的竞争对手越强，进入门槛也越高。

通常来说，越是成熟的市场边界，市场集中度越高，如果是企业从全新角度定义出的市场边界，市场集中度一般不会高。

即便如此，企业对于市场边界的定义，也必须对其竞争态势进行深入分析。如果新市场边界可能面临较高的市场集中度，那么这个市场边界必须进行重新定义。

客观而言，一个市场集中度很高的行业并非没有市场机会，但进入这类市场对于企业来说是一个“高难度动作”。我们并不排除具有创新精神的企业家来打破这个僵局，但从概率的角度考虑，笔者不建议企业选择这条路径。

更重要的是，企业决策的关键在于衡量机会成本，相较在一个市场集中度很高的行业中硬拼，企业进入市场集中度较低且成长较快的行业更合适。

因此，一些食用油巨头企业看中了调味品行业的市场前景，不约而同地进入这个行业，如鲁花、福临门、金龙鱼、长寿花、多力等，意图打造一个庞大的厨房食品产业。由于调味品行业市场容量可观，赛道长、黏性强，而且市场集中度很低，因此这些食用油巨头凭借强大实力进入调味品行业，可以为其带来更大的增长和盈利。

同时，一些调味品企业看中了小包装食用油的市场空间，于是逆向进入食用油行业，它们认为“你能进来，我也能过去”。但“此去”与“彼来”大不一样，小包装食用油行业的市场格局已经处于成熟和稳定状态，前六大品牌的市场份额高达68.7%，而调味品行业前六大品牌的市场份额仅为12.86%，两者之间的差距太大了！

食用油行业的发展规律与调味品行业有很大差异，食用油是一个做产业链的行业。

以益海嘉里为首的食用油巨头已经牢牢掌控上游资源，例如益海嘉里境外采购的大豆原产地主要为巴西、阿根廷、美国等国家，境外采购的棕榈油原产地主要为马来西亚、印度尼西亚等国家，2017—2019年，其非关联采购的大豆均价分别为2748/2763/2652元/吨，分别比当年中国大豆现货均价低956/801/842元/吨。

由此，巨头们将企业的平均利润率控制在5%左右，在这种盈利水平下，试想还有谁能够与之相争呢？

所以，食用油巨头进入调味品行业是可行的，但是调味品企业进入食用油行业挑战极大，不是一个好战略。

## 二、领导者的主力市场

除了考虑整体市场的集中度，还必须考虑领先者的主力市场究竟在哪里。企业定义的市场边界，绝对不能是该市场边界中领导者的主力市场，否则即便整体市场竞争度不太高，但是如果定义的市场边界正好处于领导者的主力市场，也意味着这个市场边界被占据，就不能再作为企业进入的市场边界，否则将面临与实力强大的领导者直接竞争的情形，增加企业成功的难度。

当企业定义市场边界时，一定要避开领先者的强势领域，这在定义市场边界之前就要考虑，而不是定义之后再来应对。

比如有的企业想要拓展功能饮料市场，因其看重功能饮料市场容量很大，近几年增长速度也较快，在整个饮料行业中位居第一，似乎是一个较为理想的市场边界。但是深入分析，就会发现功能饮料的市场主要集中

“抗疲劳”，而在这个细分市场，领导品牌红牛占据近60%的市场份额。在这个市场边界想动红牛的奶酪，势必面临红牛的强势狙击。

如果避开以红牛为代表的牛磺酸类功能饮料，其他的细分功能饮料市场非常零散，比如瓜拉纳、玛咖、人参、虫草饮料等，虽然集中度不高，但是容量和增长潜力不大，不值得企业为之投入巨大的资源和力量。

2017 年，在泰国功能饮料市场排名第二的卡拉宝大举拓展中国市场，直接攻击红牛的强势市场——罐装消费，结局以失败告终。而近几年与红牛官司不断的泰国天丝集团，在国内市场即便以和红牛罐装产品几乎一模一样（区别仅在于罐体最下方的一行小字：中国红牛是“红牛维生素功能饮料”，天丝红牛是“红牛维生素风味饮料”和“红牛安奈吉饮料”）的同胞兄弟与其竞争，结果也差强人意，并没有夺走多少市场份额。

东鹏特饮和达利集团旗下乐虎之所以还能够在牛磺酸类功能饮料市场占据一席之地，其实是采用了和红牛进行规格错位竞争的战略，红牛占据垄断地位的是罐装消费市场，而东鹏和乐虎则占据瓶装便利性消费市场的领导地位，巧妙地避开了与红牛的直接竞争。其成功逻辑与达利、和其正如出一辙：以瓶装凉茶成功从王老吉罐装凉茶手中夺走一个市场。

## 三、市场总体经营水平

随着市场的日益成熟，如今几乎不存在完全没有竞争的市场边界，因此企业对市场边界进行定义的时候，并不是为了追求没有竞争，而是要争取一个并非势力悬殊的竞争环境。

如果企业定义的市场边界存在已经领先的竞争对手，那么还需要分析整个市场中的整体经营水平怎么样，是高还是低。如果整体经营水平不高，即便存在领先的竞争对手，企业仍然存在获得优势的机会。

通过对行业整体经营水平的充分考虑，企业要做的就是通过定义市场边界避开与领先者的直接竞争，实际上要形成不同的市场边界，或者说企业一定要构建没有强势竞争对手的市场边界，这样才有机会挖掘蓝海市场，这也是定义市场边界的意义所在。

比如在调味品中的调味酱细分市场，老干妈以 50 多亿元的销售额遥遥领先，海天也以20多亿元的销售额紧跟其后，再加上李锦记，这三个领导企业的实力可谓很强了，但是从整个调味酱市场的市场集中度和总体经营水平来看并不高。除了这三家领导企业，其他企业很弱，大多数是区域性的二三流企业，面对这样的行业，仍然具有较好的市场机会可以进入，毕竟整个行业的市场容量不小，而且增长速度较快，其他企业可以跟随整个行业快速成长的红利顺势发展。

火锅调料行业，随着众多企业加入这个赛道，呈现出蓬勃发展的态势，因此一些企业认为火锅调料行业已经进入红海，但从市场总体经营水平来看，还没有发展到这一步。

从整个火锅调料企业的竞争程度来看，综合竞争力还不够强，真正具备系统化全国市场运营能力的企业不超过5家。相对而言，海底捞、天味食品、名扬、草原红太阳这几家企业的综合竞争力较强。

即便如此，这些企业目前也是以外延式增长为主，通过开发新经销商来实现对区域市场的布局。比如颐海国际2020年的经销商数量在3000家以上，而天味食品2020年度就净增了2001家经销商。

能够在品牌运营、产品推广、渠道打造、区域拓展、客户合作及组织管理等方面具有较强综合运营能力的企业很少，所以现在进入火锅调料行业的企业仍然具有一定的市场机会。

## 第五节　跨界混搭重组，扩展市场边界

在互联网时代，流传着一句颇有哲学思辨的话：“灭你，但与你无关。”

比如当年BB机盛行一时，但是后来这些BB机企业都被灭亡，并不是被其业内的企业所灭，而是被新兴的手机企业所灭。

后来摩托罗拉、爱立信、诺基亚之所以被灭，也并非是被业内的对手，而是被从电脑行业闯入的苹果公司所灭。

原因何在？

这些行业外的企业用全新的理念和模式颠覆了原来的传统行业，手机已不再是手机，成了便利性的移动智能终端。这个重新定义的市场边界，

不仅灭了传统的手机企业和掌上电脑企业，目前还正在深刻地改变着传统PC电脑、电视机等行业，这一切都是跨界混搭产生的巨大效应。

因此，企业要成功定义市场边界，跨界混搭就是一个非常重要的途径，这就意味着**企业不能仅仅从行业内部进行思考，而是要从整个产业格局进行思考，同时还要从相关的替代行业考虑，更要从其他看似不相关的行业进行综合分析，才有可能从意想不到的角度重新定义市场边界**。

对于企业来说，创新往往不是发生在原有的市场边界内部，而是发生在外部，所谓“市场格局总是由外来者打破”！如果眼光只是盯着原有的市场边界，很容易产生近视症。柯达眼中只有自己的胶卷业务，结果被数码业务打败，诺基亚只是盯着自己的通信手机业务，结果被智能手机打败。

因此，企业必须超越原有市场边界的局限，要从更广泛的角度来洞察替代者。这意味着企业要将视角从原有市场边界内部的价值链放大到更多具有代替可能的市场边界，将价值链转变为价值网，从而开创全新的市场边界。

在食品饮料行业，烟台欣和旗下的黄飞红麻辣花生之所以成功，就是将原来定义的佐餐调味品市场重新定义在休闲花生市场，从而以独特的调味体验引爆了休闲消费潮流，这是原先传统的坚果炒货企业无法做到的。

黄飞红花生在市场上推出多年，但一直做得不温不火，原因就在于其一直被当作调味品来运作，也就是佐餐食品。在这个市场边界中，花生只是作为一种小菜来消费，市场容量并不大，而花生作为休闲食品的空间就不同了，是被消费者经常食用的品类，所以当黄飞红重新定义到休闲消费市场，这种独特的味觉体验便瞬间引发了消费者的味蕾，使黄飞红获得了新生。

以辣条品类迅速爆红的卫龙食品，推出了一个畅销爆品——魔芋爽，其诞生于2014年，短短几年已经崛起为卫龙的一个重要新品类，以魔芋爽为核心的蔬菜制品成为一匹“黑马”，2020年营收达到11.7亿元，收入贡献比例从2018年的10.8%上升至2020年的28.3%，三年间销售收入有近4倍的增长，而在2021年一季度，卫龙蔬菜制品业务较2020年同期增长高达147.6%。

一个非常重要的原因是，卫龙蔬菜制品扩张了市场边界，从原先单纯的休闲食品进入了佐餐食品行业，其所具有的特色美味，已经登上了消费者的餐桌，扩展了品类的消费场景，对佐餐菜和即食酱产生了替代性，成功实现了从休闲食品到调味品行业的跨界拓展。

在调味品行业中，复合调味料的发展就是典型的混搭重组。比如以前味精是用来调鲜的主要产品，味精企业想的都是怎样才能使鲜度更高，或者成本更低，但是忽然有一天冒出了一个“鸡精”。这个“鸡精”就是混搭重组后的全新品类，其以味精为主要原料（不低于35%），再加上核苷酸、食盐、白砂糖、鸡肉粉、糊精、香辛料、助鲜剂、香精，从而成了鲜度比味精还要高的调味品。而味精呢？从原来的主要角色“退居二线”，成了鸡精中的原料，鸡精反而成了主角。

颐海国际也成功实现了跨界发展，实现了业绩的突破性增长。在颐海国际的业务板块中，2020年方便速食业务（包括自加热和冲泡两大产品系列）实现了15.4亿元的营收，2018—2020年的复合增长率高达2.69倍，在其总营收中占据28.7%的份额。

之所以能够从调味品行业跨界到方便速食，本质上源于颐海国际的餐饮及调味基因。要知道，消费者食用方便速食的一个重要因素就是“味道”，康师傅红烧牛肉面之所以能够成为20多年畅销不衰的经典，根源在于“还是那个味”，“面”只不过是形式上的载体，真正的灵魂是“美味”。与其说康师傅是一家方便面企业，不如说是一家调味品企业。

颐海国际正是凭借调味料的核心优势，从调味品行业进入方便速食行业，或者说以调味料的“灵魂”进入了方便速食的“肉体”，于是便迸发出耀眼的火花，产生出化学般的剧烈反应。

上述几个案例都有一个特点，就是这些企业并没有将眼光局限于原来固有的市场边界，而是从中跳出来，站在更高的层面思考，从价值网的角度将多个不同的市场边界进行融合，对其他相关产业形成了替代，扩展了市场边界，推动了业绩的超常规发展。

## 第六节　超越区域局限，挖掘更多非顾客

不少企业的经营地域存在局限性，但这种局限性很多时候与其综合实力大小并没有关系，而是与其经营的品类存在区域消费偏好有关。从客观的角度看，是其品类特性造成了区域的局限。对于这种情况，企业需要通过定义市场边界来打破这种区域局限，从小区域走向更大的区域，打开市场空间，创造更大的增长机会。

作为传统民生产业的调味品，具有明显的区域消费特色，这与中国的饮食习惯密切相关。正因为如此，使得中国的调味品种类极其丰富，几乎每个地方都有特色产品，而且不少地方都注册了地理标志，如郫县豆瓣、清徐陈醋、镇江香醋、涪陵榨菜、浙江料酒、四川泡菜、四川火锅、汉源花椒、韩城花椒、河南十三香、贵州辣酱、贵州酸汤、潮汕橄榄菜等。

可以说，中国调味品产业的发展历程，就是地方特色品类不断扩展市场的历程。即便现今大江南北都已广泛接受的酱油，早期也是每个地方都有自己的酱油厂，也都有自己的特色酱油品种，广东、上海、山东、河北、北京、东北、四川、湖南等区域的酱油各有特色，现在则是广东酱油占据主流。

在地方特色调味品的发展过程中，能够从小区域脱颖而出，成为全国市场都认可且畅销的品类并不多，除了广东酱油、涪陵榨菜、四川火锅、贵州辣酱等少数品类，还有大量的品类局限在本土市场或者本土消费者。

从那些成功企业的案例来看，谁能够走出本土区域市场，谁就能够实现销售规模的快速发展，比如海天、厨邦、乌江、海底捞、老干妈等。

之所以调味品行业存在诸多地方特色品类，原因就在于其传统的酿造工艺和原料是农产品有直接关系。这种特性使得这些产品的产量和销售半径有限，要实现产量和销量的快速增长有难度，而工业化程度高的品类相对容易，比如味精、鸡精、鲜味汁等。

对此，调味品企业在定义市场边界的时候，就不能只从区域特色考虑，那样只会令企业始终局限在“特产”的市场边界，导致发展空间受

限。突破区域局限的关键在于挖掘“非顾客”（注：本书十二章第二节对此有详细阐述），做到这一点要超越品类的物理属性限制，从核心价值定位入手，着眼帮助用户完成重要任务，通过场景化或用途化进行消费引导，将这些非顾客都转化为顾客，扩张市场边界，打破原有市场边界的局限。

我们先来看广东酱油的突围之道，这是地方特色品类扩展市场的典型。实际上，最早酱油品类的市场容量也不大，而且每个地方都有自己的特色产品。那么，为什么现在是广东酱油成为整个酱油行业的主流，并且获得了调味品行业中最多的市场份额呢？

早期酱油在全国范围内总体上都是同一种使用方式，基本上就是按照传统，在炒菜、炖菜、煮汤、下面时或多或少添加酱油，对于酱油到底有多少用途并没有特别的讲究。由于中国南北方酱油工艺的差异，北方是低盐固态，以广东为代表的南方则是高盐稀态，此种工艺存在将原汁酱油进行多道“抽取”的过程，由此调制出生抽和老抽两大酱油品种，并延伸出生（老）抽王、特级生（老）抽、一级生（老）抽、二级生（老）抽等细分产品。其中，老抽的作用主要是上色，而生抽的氨基酸含量高，故多用于调鲜，这在珠三角地区非常普遍，但在其他区域无此说法。

所以，非常普遍的老抽和生抽在当时只是珠三角地区的地方特色产品，后来其之所以能够在全国通行，关键在于以李锦记、海天、厨邦、东古等为首的广东酱油军团，在全国开展了强力而持久的用途化推广，再加上加加、欣和、味事达等区域品牌的跟进，从而使老抽和生抽的品类定义在全国范围内得到认可。

首先，将老抽上色、生抽调鲜的用途予以明确，使珠三角之外的消费者容易理解，否则没有这种用途化的特点，其他地区消费者根本不知道老抽和生抽到底是什么。

其次，李锦记通过推出“蒸鱼豉油”大单品，将酱油与某种菜肴相对应，其后加加酱油推出了“面条鲜”淡酱油，同样也是和吃面条有关，后来又推出了“海鲜酱油”“凉拌酱油”等与菜肴相对应的产品，这些用途化了产品也强化了各地消费者对于酱油的认知。比如李锦记的“蒸鱼豉油”，即便大家不知道什么是“豉油”，但有“蒸鱼”两个字在，用一两次也就不难理解了。

从整个酱油的发展历程来看，珠三角地区消费者对于酱油的消费理念要远远超过其他区域，在同样理念领先的广东酱油军团引领下，通过地方工艺特色将其核心用途价值提炼了出来，并将其推广到全国，从而有效推动了酱油消费理念的升级，也大幅提升了整个酱油市场的容量。

接下来再看涪陵榨菜品类的发展。原来也是个极具地方特色的小品类，如今成了全国消费者都广泛接受的大众品类，早就走出了狭窄的原产地。实际上，涪陵榨菜的区域突围与广东酱油的发展历程基本一致。

**首先，涪陵榨菜的发展也经历了用途化的过程。**乌江经过前几年的持续调研和思考，发现榨菜传统市场的人均消费量有所提升，原因是榨菜在部分区域的用途扩大。

比如广东市场以前主要是流动人口消费榨菜，而本地人在煲粥、蒸鱼、焖肉时也开始使用榨菜。

陕西、甘肃、宁夏等西北地区，出现吃拉面、夹馍放榨菜的消费方式。

贵阳的大部分肉摊下面都摆有乌江榨菜，便于消费者买肉的同时捎带几包榨菜回去炒榨菜肉丝。

由此，乌江在2013年加大了榨菜多用途消费方式的宣传力度，通过投放国粹版广告来诉求“乌江榨菜，炒肉、烧汤、夹馒头、蒸鱼、焖肉、涮火锅、送粥、泡面、下米饭”，力求改变消费者的使用习惯，使榨菜能够在使用范围、使用频率和使用量上得到迅速提升，同时也教会更多消费者去享受榨菜的美味，从而借此实现销售额的同比翻番。

**其次，乌江也提炼出了涪陵榨菜的核心价值定位，也就是“三腌三榨”。**这标志着乌江与传统散装及小规模榨菜生产加工的“决裂”，通过标准化奠定了其绝对领导者的市场地位。

**最后，乌江不断对榨菜品类进行细分，**如脆口、古坛、红油、清淡等品种。近年来尤其是以脆口为代表的低盐化榨菜得到了快速发展，相较传统的油炒榨菜更符合全国消费者的需求。

同样，老干妈风味豆豉也是贵州辣酱走向全国的一个典型代表，尤其是在用途化方面推动了地方特产成为全国化品类。也就是说，老干妈风味豆豉并不仅仅是被个人和家庭消费，而是被广泛用于餐饮终端，许多大厨都是用老干妈来炒菜，甚至连菜名都是“老干妈炒肉”！所以，这种多用途的消费场景自然推动了老干妈风味豆豉成了畅销全国的贵州地方特色产品。

从这几个地方特色品类成长为全国大众品类的历程来看，其成功的核心逻辑就在于“用途化”消费引导，使全国各地的消费者都能够透过地方特产的外表来理解产品的核心价值，从而打破传统的区域消费限制。那些未能成功从地方走向全国市场的品类，都没有做到这点！

比如食醋，现在消费者普遍认知的都是带有地方特色的产品，如山西陈醋、镇江香醋、四川保宁醋、福建永春老醋等，这些地方食醋都没有脱离本区域的消费局限，未能全面走向全国市场。相对而言陈醋好一些，但是市场空间没有完全打开，而其他品类的食醋在消费上更局限。

消费者虽然都知道这些食醋品种，但是到底用途如何，哪些食醋适合烹饪什么样的菜肴，这些并没有得到食醋企业的有效引导和推广，所以大家只是按照传统思维消费，自然无法形成食醋消费的标准化。

其他如郫县豆瓣、料酒、花椒、酸汤、泡菜等地方特色品类都存在这种问题，过于局限传统的工艺特色、物理属性和消费习惯，而没有从根本的消费逻辑上进行突破，自然无法充分挖掘这些品类潜在的“非顾客”。

得不到“非顾客”的青睐就不会有品类渗透率的提升，没有渗透率就没有市场容量，没有市场容量地方特产就无法走向全国，从小众成为大众，自然整个品类的发展就会受限。如果地方特色品类只是被定义为“特产”，就失去了渗透大众日常生活的可能，这必然会限制市场的增长。

地方特色并非不能通用全国，关键是要从消费者的核心消费逻辑上深入洞察，然后进行用途化引导。若能如此，相信每一个传统地方特色品类的市场容量都能有成倍的扩容空间。

## 第七节　包容且不影响现有核心市场

**定义市场边界不一定是完全进入一个全新的市场边界，而是通过对市场边界进行重新定义，将新旧市场边界整合为一个全新的市场边界。**

除非是一个全新的企业，否则每一家企业都已经在一个市场边界上开展经营活动，那么定义市场边界就不应将企业现有的市场边界全部抛弃不顾，否则就会产生极高的沉没成本，企业基本上不可能做出这个决策。

因此，定义市场边界时要尽量争取包容现有的核心市场，不能产生冲突，要让企业的现有核心业务能够顺利地转移到新的市场边界。

对企业来说，最佳的做法是全新的市场边界能够将原来的市场边界全部包容在内，企业之前投入的资源就不会成为沉没成本，并能成为新市场边界中的重要资产，这非常有利于企业构建竞争优势。

河南芭米是近年来迅速崛起的休闲食品企业，成功地以 O2O 模式打造出芭米牛轧饼大单品，同时开创了全新的牛轧食品品类，包括牛轧饼、牛轧奶芙、牛轧蛋卷、牛轧糖等。

虽然芭米牛轧饼取得了成功，但是也面临着品类零散的问题。这些系列产品尽管都包含牛轧原料，但从外在形态上看各不相同，所以这些产品在终端往往都是分别放到不同的货架——牛轧饼在饼干货架、牛轧奶芙在糕点货架、牛轧蛋卷在蛋卷货架、牛轧糖在糖果货架。

这样就造成芭米的产品被割裂开，在终端无法形成一个统一的品牌形象，而且芭米也没有提炼出一个整体的核心价值定位，无法让消费者能够同时接受不同的系列产品。

为此，上海至汇战略咨询机构帮助芭米食品重构了市场边界，从单纯的饼干、糕点等物理属性的市场边界扩展到了能量食品市场边界，将芭米牛轧食品重新定义为“牛轧轻能小点”，既能够包容芭米所有的产品体系，又能够给消费者一个统一的认知，这是一个千亿级别的市场，发展空间惊人。

同时，至汇咨询也为芭米提炼出独特的核心价值定位——芭米嚼一嚼、充能两小时，为消费者提供了一个补充轻能量的核心购买理由，强化了芭米品牌对消费者的心智占位。

如果做不到这一点，全新市场边界也可以和原有的市场边界并行，但企业必须要把握好新旧市场边界拓展的节奏，分清轻重缓急，既能够在原有市场边界稳固市场地位，又能够迅速在新市场边界站住脚，形成新的增长点。

颐海国际在扩展市场边界的时候，成功做到了调味品和方便速食两个市场边界的同步拓展。一方面始终坚持在火锅调料和中式复合调料行业中强化拓展，不断丰富产品线，填补市场空白，提高市场渗透率，推动业绩的快速增长；另一方面迅速利用在调味品行业构建的优势切入存在风口的方便速食市场，短时间内营造品牌声势，使方便速食业务实现超常规发展。

颐海国际能够在短短几年迅速崛起，与其精准把握市场边界拓展的节奏密不可分。

企业在全新市场边界获得了牢固的市场地位及竞争优势之后，如果原有市场边界未来成长空间不大，可以逐步从中退出，千禾从焦糖色原料业务转向健康调味品业务就是这种状况。

焦糖色是千禾（前身为四川恒泰食品）的核心业务，但由于缺乏品牌溢价，毛利率低，而且受下游客户的价格打压，使千禾下决心进行战略调整，进入健康调味品行业。

通过十年左右的发展，千禾凭借“零添加”酱油的出色表现，成功在中高端健康调味品市场站稳脚跟，实现了经营业绩的快速增长。

与此同时，其原有焦糖色业务在公司整体业务中所占比重持续降低。2011 年，千禾焦糖色业务销售额为 2.25 亿元，占整体营收的 44.73%，到了 2019 年，焦糖色业务销售额下滑到 1.67 亿元，仅占整体营收的 12.3%。可以说，千禾已经从原有焦糖色市场边界转移到健康调味品市场边界。

如果原有的市场边界与新市场边界不兼容，而且不符合未来的发展趋势，只能将其放弃，将精力和资源全部放在全新的市场边界。这种做法是一个“高难度动作”，存在很大的风险，甚至可以用“赌”来形容，现实中能够做到这一点的企业极少。

香飘飘今天能够成为杯装茶饮料的领导企业，就在于当初从原有市场边界转向全新市场边界的“惊险一跳”！没有当年的那种决绝，就不会有今天的香飘飘！

香飘飘正式成立于2005年，其前身为浙江湖州的老顽童食品，销售棒棒冰、年糕、花生等产品，核心产品是棒棒冰，当时最大的问题是这款产品淡旺季很明显，一到冬天没活干，员工就会流失，销售规模始终徘徊在数千万元。在“棒棒冰”这个市场，旺旺已经是行业的龙头，老顽童食品想在行业中跃居前列难度极大。

街边奶茶店正在兴起，香飘飘创始人蒋建琪发现了奶茶店未能满足的潜在市场需求，首创工业化生产下的冲泡奶茶，并以3.5元价格切割奶茶铺5~8元价格空档，由此开创出全新的杯装冲泡奶茶空白市场。

此时存在一个问题，原来的棒棒冰等业务怎么办？对此香飘飘的决策是聚焦杯装冲泡奶茶，舍弃其他业务，这相当于“壮士断腕”。正是这个重大的战略决策，香飘飘其后才通过深入人心的成功推广，迅速占领消费者心智，收入呈现爆发式增长。

无独有偶，加多宝能够在凉茶市场获得成功，同样也是“壮士断腕”，将当时销量最大但前途不大的冰红茶、冰绿茶业务果断砍掉，将全部身家都压到凉茶市场，从而才有了后来的全国知名品牌。

香飘飘和加多宝的案例表明，决定一个企业能否做大，能走多远，企业家的认识、眼界、魄力、气度至关重要。企业可以从客观上通过深入洞察来定义全新的市场边界，但能否真正在这个市场边界站住脚、扎下根，主观上取决于企业家的创新精神，这一点不容忽视。

## 第八节　匹配相应的商业模式及核心能力

企业在对市场边界进行重新定义的时候，一定要注意并不是定义完之后就可以了，市场边界的调整是一个战略行为，是一个系统工程。当企业的市场边界发生了变化，就意味着其整体商业模式也需要进行相应的调整，否则就会落入“刻舟求剑”式的陷阱，用过去的商业模式来应对全新市场边界，只会导致企业战略的失败。

商业模式是企业整体运营价值链的组合形式，当企业选择了一种市场边界，那么就要围绕此构建一套与之相适应的价值链，即价值选择—价值传递—价值实现，从而形成能够在这个市场边界中获取竞争优势的商业模式，并建立自己的核心能力。

当市场边界发生改变，企业的核心价值也会发生改变，这就要求企业也要相应调整价值链，否则改变后的核心价值无法有效传递，更无法转化为最终的商业价值。

广东华美食品是一家知名的烘焙食品企业，其核心产品是月饼，通过多年的经营，华美已成为国内领先的广式月饼品牌。虽然华美在月饼市场构建了领先优势，但是由于月饼整体市场容量有限，导致华美的成长空间有限。因此，华美也在大力拓展饼干及糕点市场，希望以此扩大企业的经营规模。

然而，多年以来华美食品的饼干糕点业务始终没有做大，远远没有达到企业的战略目标。根本原因在于华美食品在转换了市场边界之后，并没有及时调整相应的商业模式，还是用月饼的商业模式经营饼干糕点，这不符合饼干糕点市场的经营要求。

月饼作为季节性礼品，采用的是高附加值、提前订货买断式销售方式，而饼干糕点是日常性食品，采用的是渠道广泛布局、终端陈列展示、消费者互动沟通等日常维护方式。而华美食品并没有构建专门的饼干糕点的销售团队及运营模式，造成饼干糕点的渠道运作非常粗放，市场根基薄弱，只是与月饼一样成了送礼产品，在日常消费市场的表现始终较差。

上海至汇战略咨询机构在为味精大王阜丰集团提供服务的时候，也着重帮助其针对不同业务的市场边界来分别设计相应的商业模式，并且构建各自的组织体系。

具体来说，阜丰集团的味精业务具有两种市场边界。

针对大包装味精业务，其市场边界是工业用户市场，在该业务板块阜丰的角色是原料提供商，所以其商业模式特性是：直接销售、成本导向、产品单一、专业客户、价格灵活、注重关系。

针对小包装品牌味精业务，其市场边界是餐饮用户市场，在该业务板块阜丰的角色是品牌运营商，其商业模式特性应该是：间接销售、价值导向、产品丰富、价格稳定、注重品牌、管控渠道。

所以，至汇咨询帮助阜丰针对品牌业务重新调整了商业模式，否则用原料业务的商业模式去运作品牌味精业务一定会失败。

需要强调的是，企业必须清晰地认知自身的核心经营能力到底是什么，然后再将这种能力与可能存在机会的市场边界进行关联分析。如果企业的核心能力能够同时适用于多个市场边界，就可以基于自身核心能力来扩展市场边界，将表面看起来不相关的市场融合在一起，成为一个全新的市场边界。

比如不少餐饮企业都在向调味品市场边界扩展，之所以如此，是餐饮企业的经营能力中包含一个关键元素，即“创造美味”的能力，而这个核心能力本质上与调味品行业完全一致。因此，餐饮企业可以利用这个核心能力进行市场边界扩张。

海底捞凭借在火锅餐饮打造的强势影响力，利用这个品牌背书成功进入调味品行业，成功地在火锅调料和中式复合调料市场中占据了领先地位。不但如此，还利用在调料领域形成的核心能力，将“创造美味”再度扩张到方便速食行业，同样获得了成功，短短四年就实现了15亿元的营收规模。

还有一个类似的案例是主板上市公司广州酒家，其最早的市场边界在餐饮行业，后来逐步扩张到月饼、速冻食品、腊味等行业，表面上看这几个行业各不相关，但从广州酒家核心经营能力来看却有着合理的逻辑。

实际上，月饼、速冻食品、腊味几项业务，还是脱胎于广州酒家的餐饮业务，说白了就是从餐饮店的“后厨”发展起来的，月饼和速冻食品就是来源于广式点心（包点），腊味就是来源于粤菜中传统的烧腊。

广州酒家之所以形成这样的业务结构，是由其在餐饮市场构建的核心能力延展而来，最终将餐饮、月饼、速冻、腊味这几样从物理属性上看完全不搭的业务，重新融合成了一项“广式美味食品”的市场边界，其营收规模从2012年的13亿元增长到2020年的32.97亿元。

如果企业原有的核心能力与新的市场边界不适应，就需要企业对核心能力进行重建。

有两种方式：一种是企业通过自我学习提升或聘请外部专业机构协助来形成新的核心能力，比如现在不少企业遇到重大问题都会聘请咨询公司，就可以起到这样的作用；另一种则是企业采用资本的纽带，通过并购或者融资的方式来形成新的核心能力。

其中，并购可以利用被收购方的资源和核心能力，将其整合为企业自身的核心能力，比如雀巢并购了上海太太乐，从而具备了在中国鸡精复合调料市场展开灵活竞争的能力，并成了鸡精行业的领导者。

而融资可以利用战略投资方的资源来提供帮助，比如四川幺麻子食品（核心业务为藤椒油）通过引入绝味食品旗下网聚资本，利用绝味在酱卤及餐饮行业的资源，为自身业务扩展更广泛的销售渠道（包括餐饮用户及工业用户），近几年实现了快速发展。

不过，企业需要注意一点，由于核心经营能力的视角来自企业内部，在定义市场边界时需要将其转换为外部视角，即品类、人群、地理、消费属性、消费心理等要素，这样才可以避免企业因局限内部而忽视外部产业结构的重大变化。

# 第十章

# 内外结合：开创最有利的市场格局

要精准界定企业的市场边界并非易事，既要依靠企业核心层领导对市场的经验和商业直觉，又要结合数据和信息对相关的各种因素进行综合分析，才能够将感性与理性融为一体，做出正确的战略决策。为了对市场边界的态势进行清晰的把握，需要构建一个有效的结构，以此来帮助企业有效分析市场边界。

## 第一节　构建市场吸引力—相对竞争力评估模型

构建市场吸引力—相对竞争力评估模型，形成一个九宫格矩阵，并对每个区间的特征定义出一个战略选择，然后将企业初步设想的业务按照这个模型进行系统评估。

对于一个市场边界对于企业来说是否是最有利的商业机会，通过市场吸引力—相对竞争力评估模型可以较为直观地判断。

其中，市场吸引力是从外部环境的角度来对市场边界进行评估，这是一个先决条件。如果一个市场边界没有足够的吸引力，就意味着其中的商业机会并不大，不值得企业拓展。

相对竞争力是从企业内部的角度对市场边界进行评估，这是衡量企业自身是否具备足够的经营能力抓住市场机会。如果企业的能力较弱，而选择的市场边界要面对强大的竞争对手，实际上并非是最好的选择。一个市场机会是否是真正的机会，还要看企业是否具备有效把握这个机会的能力，所谓“没有金刚钻，不揽瓷器活”，否则就会变成一厢情愿。

对于市场吸引力，可以设立三个评估标准——高、中、低，对于相对竞争力也可以设立三个标准——强、中、弱，通过组合即能够形成一个九宫格的矩阵（类似于通用电气的 GE 矩阵模型），由此对于每一个市场边界的分析都可以通过这个矩阵来做出相应的判断。如表 10－1 所示。

**表 10－1　构建市场吸引力—相对竞争力评估模型**

| | | 市场吸引力 | | |
|---|---|---|---|---|
| | | 强 | 中 | 弱 |
| 相对竞争力 | 强 | 强－强 | 强－中 | 强－弱 |
| | 中 | 中－强 | 中－中 | 中－弱 |
| | 弱 | 弱－强 | 弱－中 | 弱－弱 |

## 一、市场吸引力

要判断一个市场边界是否具有足够的市场吸引力，需要从多个因素来综合评判，然后通过权重和评分将若干因素综合在一起，由此可以帮助企业对市场边界的选择做出直观的判断。

### （一）市场容量

判断一个市场边界的吸引力有多大，市场容量是首要衡量因素。企业选择的市场边界，至少要具有足够的市场容量，否则耗费了大量的资源和精力来经营，却无法获得较大的市场规模，这种战略选择对于企业发展是不利的。

对于企业来说，存在两种思路：到底是做大池子里的小鱼还是做小池子里的大鱼，尽管没有准确的答案，但从实际情况来看，在大池子里的市场机会更多，更何况大池子里也未必就是小鱼。

也就是说，企业首选市场容量较大的市场边界，除非企业多年来经营的业务本身的市场容量就不大，又不能轻易放弃，只能坚持下去。但是从一个全新的选择来说，选择市场容量大的市场边界是一个必然的思考逻辑。

了解市场容量主要可以通过行业协会、行业媒体及一些调研机构发布的数据，通常包含两个维度：一个是从零售额来统计市场容量；另一个则是从企业出厂价来统计市场容量。对于企业来说，从出厂价的角度更有意义，不过从零售额角度的统计数据也有一定的参考价值，可以根据行业中零售均价与出厂均价的比例来进行换算。

### （二）市场增长速度

要衡量一个市场边界在未来是否具有发展前景，还需要了解整个市场的增长速度。

如果一个市场的增长速度很快或者持续增长，就说明该市场的成长性很好，如果能够及时进入，就可以抓住行业快速发展的红利顺势成长。

如果一个市场的增长速度很慢或者持续下降，就说明市场的成长性不够，企业如果进入的话有可能面临较大的挑战，需要慎重考虑。

衡量市场增长速度有两个指标：一个是金额；另一个是产量。

如果一个市场的增长是量价齐升，就说明消费量和价值共同增长，市场的发展前景很好。

如果量跌价升，市场容量总额也在增长，就说明整个市场正处于调整期，产品正处于从低价值向高价值升级的过程，这种市场也具有一定的发展潜力。

如果市场处于量价齐跌的形势，就说明行业的发展态势不好，消费量受限且购买力不足，这种市场对于企业来说不太有利，需要慎重考虑。

### （三）市场集中度

市场集中度反映了整个市场的竞争结构，通常来说，是以市场中销售排名前五位品牌销售额之和占整个市场容量的比重，也就是市场份额的占比。这个比例越高，也就是市场集中度越高，意味着市场的竞争结构处于一个稳定而成熟的状态。

大部分市场容量被少数的品牌占据，大部分品牌经过一定的时期被淘汰出局。消费者的购买目标基本上集中在少数几个主要品牌，而且领导品牌的领先优势非常明显，与跟随品牌之间的差距很大，那么这种市场的发展空间有限，并不是企业进入的最佳选择。

反过来，如果市场集中度越低，意味着市场的发展不够成熟，还处于开拓期或者成长期，整个市场中的竞争品牌数量很多，领导者和跟随者之间的差距不大，大家都有市场机会。

这样的市场对于企业来说具有较大的机会和成长空间，特别是已经度过开拓期进入成长期的市场，只要企业经营得当，就有很大的可能在市场中占据一席之地，这种市场对于企业来说是较好的选择。

### （四）竞争水平

竞争水平主要是衡量市场中主要竞争品牌的经营实力及整体市场经营水平的高低，如果一个市场的整体竞争水平较低，意味着具有较强经营实力的品牌不多，市场中大部分品牌的经营能力一般，那么企业进入这个市场就不会面临太大的挑战，有可能在竞争中获得领先。

相反，如果市场中的竞争水平较高，意味着领导者的经营实力很强，而且具有较强经营水平的品牌还不少，比如乳制品行业、啤酒行业、瓶装水行业等，这种市场对于企业的吸引力就不大，要进入就要慎重考虑。

### （五）消费者认知

除了上述几个较为宏观的评估因素，市场边界的吸引力还需要着重考虑消费者认知这个微观因素，也就是对于企业选择的产品在打算进入的市场边界中，消费者对于这个产品的属性或者概念是否已经具有一定的认知。如果消费者对于这个产品属性或概念完全没有认知，就意味着企业必须要对消费者进行教育，就会面临很大的市场风险。

所谓消费者教育，就是消费者对产品的属性和概念缺乏足够的认知，在消费者的心智中完全无法想到要消费这样的产品，甚至还与消费者根深蒂固的消费习惯有很大的差异，需要企业花费极大的资源和精力进行强行推广。

如果一个企业要进行这样的消费者教育，就意味着其选择的市场边界出现问题。

企业要获得成功，必须顺应消费者的习惯和认知，而不是逆着消费者，那样只会消耗大量的资源，最终难以得到消费者的认可。企业可以对消费者进行宣传引导，但是不要教育消费者，一味站在自身立场说这个产品就是好，消费者是不会买账的。

### （六）替代性市场态势

衡量一个市场边界的吸引力还需要考虑替代性因素，也就是另一个市场对目标市场的影响，即便是一个市场的容量较大，但是其受到另一个市场较大的替代性影响时，就说明这个市场未来的发展前景会受到限制，企业如果进入就很难在未来有所收获。

方便面行业就是如此，受到挂面、速冻食品、烘焙食品这些具有健康属性消费市场的较大影响，这些行业的产品对于方便面来说都有一定的替代性，如果进入对企业发展肯定不利。

如果替代性市场的力量还不够大，目标市场还具有较长的发展期，企业还是可以进行选择，不过一定要进行深入研究。

企业对于替代性市场态势的分析极其重要，关系到能否跳出原有的边界而开创新产业。市场边界不是死的，而是处于时刻变化的状态，只有站在更广泛的视角来看待市场边界，企业才能够洞察更为本质的市场机会，从而实现战略破局。

## 二、相对竞争力

要选择对于企业来说具有实际意义的市场边界，除了外部的市场吸引力因素，还需要从内部分析企业的相对竞争力，以此来衡量市场边界存在的机会与企业的能力是否匹配。外部市场机会再好，也要看企业自身是否具备相应的能力，超出企业能力之外的市场边界是没有实际意义的。

### （一）企业资源

企业资源是相对竞争力中包含的一个重要因素，这是一个综合性的概念，具体来说包含资金资源、人力资源、渠道资源、生产资源及供应链资源等。

针对外部具有一定吸引力的市场边界，企业需要充分了解进入这个市场边界需要什么样的资源配置，这其实也是进入市场边界的门槛，企业要评判自身拥有的，或者可以整合的资源是否可以顺利地迈过这道门槛。

在企业的几种资源类型中，资金资源和生产资源相对来说容易解决，因为获得这些资源的成本主要是资金，只要能够解决融资的途径，这些资源就没有问题。

而人力资源、渠道资源和供应链资源就不容易获得，因为要拥有这些资源需要付出较大的成本，最核心的就是时间成本。因为这三类资源都需要企业耗费很多的时间和精力去磨合、建立合作默契，并不是有资金就可以获得。

联想有一个著名的经营原则：搭班子、定战略、带队伍。为什么要将“搭班子”放在最前面呢？试想，如果企业缺乏合适的人才团队来经营相应的业务，有再多的钱又有什么用呢？

如果这三个资源条件不具备或者不充分，企业对于是否要拓展某个市场边界就需要慎重考虑，一定要想清楚、做好充分的思想准备之后再采取行动。

### （二）经营能力

经营能力是企业相对竞争力的核心要素，是企业在经营价值链各个环节的专业化运作水平和经验的汇集，包括技术研发能力、成本控制能力、品质控制能力、供应链整合能力、品牌推广能力、客户开发能力、渠道拓展能力及组织统筹能力等。这些能力的大小，决定了企业综合经营能力的强弱，关系到企业能否有效抓住进入市场边界的机会。

在分析评估企业经营能力时，一方面要衡量企业在每个环节具备能力的大小，掌握自身擅长的方面到底是什么，包括专业度、经验等；另一方面需要与直接竞争对手进行对比，找出与竞争对手之间的差距，评估与竞争对手之间的优劣势，从而充分评估在同样的市场边界中能否形成竞争优势。

如果竞争对手很强，那么企业就必须慎重考虑，要做好充分的准备，制定具有针对性的战略方针和竞争策略，力争做到“先胜而后战”，而不是盲目应战。

### （三）市场基础

市场基础是企业在现有市场边界中经过一定阶段积累起来的市场资源和影响力，包括客户资源、渠道资源和品牌影响力等，对此企业需要评判现有市场基础与计划进入的市场边界在多大程度上可以加以运用或者共享。

如果共享程度很高，那么企业进入新市场边界的难度就会减少，或者说会更加容易，成功率会提高，市场运作的成本也会减少。

反之，企业现有市场边界的基础比较薄弱或者与新市场边界的共享程度不高，那么企业就会付出较大的精力和资源，增加运作市场的难度。

现实中，不少企业在进入新市场边界时都会尽量考虑能够与现有市场基础相匹配，除非新市场边界的吸引力很大，否则企业都应该充分考虑现有市场基础能否有助于进入新市场边界。

要做好这一点，企业就必须深入了解现有市场边界和新市场边界的行业消费特性是否具有一致性，否则极易造成不同的业务不兼容而导致市场运作遭遇困境。

比如洽洽食品收购江苏小康食品，从休闲食品市场边界进入调味品市场，最初设想的是通过其较强的渠道资源来帮助小康牛肉酱更有效地拓展市场，但是由于休闲食品与调味品的行业消费特性差异很大，最终洽洽食品并没有成功地实现这一点，导致小康牛肉酱在被收购后出现了业绩下滑，多年来发展速度并不快。

### （四）业务关联

企业相对竞争力中还包含一个重要因素，就是业务关联性，也就是原有市场边界与新市场边界之间在行业特性上的关联程度。如果两者的行业消费属性相近，那么企业已经具备的经营能力就可以很快运用到新市场边界；如果两者的行业消费属性不相关，就意味着企业要重新构建商业模式，并且要花费时间和精力来逐步构建经营能力，而且企业还要同时应对两种截然不同的业务，这种情况下自然会影响企业对新市场边界的拓展成效。

比如洽洽食品在2014年看中了常温乳酸菌行业的发展热潮，于是投资进入这个不同于休闲食品的全新市场边界，结果是洽洽食品并没有把握好市场拓展的节奏，缺乏良好的市场基础，现有的资源无法有效共享，最终导致其常温乳酸菌业务在市场上几乎没有产生影响。

当然，实践中也有企业拓展完全不同的市场边界获得成功的，比如福建达利食品最初是以烘焙休闲食品为市场边界，其后看中饮料行业而选择进入，2020年在其210亿元的总销售收入中，饮料已经占据38%的比重。

之所以达利食品可以从休闲食品进入饮料市场而大获成功，这与其在资源投入、市场运作能力及组织执行上的成功运作密切相关。

其一，在资源投入上，达利食品准备了充足的资金资源，一开始就上马了20条线的生产设备，可谓大手笔投入，同时聘请明星代言了三款核心饮料产品，并在各大卫视重金投放广告，对市场起到了良好的拉动作用。

其二，达利食品在市场运作上构建了覆盖全国的强大渠道基础，在强势广告投放的基础上可以吸引大量经销商加盟，并且其市场运作经验丰富，在渠道覆盖和品牌推广上都能够迅速实施。

其三，达利食品的组织执行力很强，在其董事长许世辉的强势推动下，各地分公司都能够高效执行总部的整体策略。

在这三点因素的共同推动下，达利食品成功从休闲食品市场进入饮料市场。不过，这种做法对于一般企业的挑战巨大，如果不具备像达利这样的软硬件实力，企业最好不要选择进入关联度不高的市场边界。

## 第二节　提炼、评估可能的市场边界

按照市场边界的五种类型，根据企业的战略设想从中提炼出可能的市场边界，然后再按照市场吸引力—相对竞争力模型进行评估。

企业在选择市场边界时，有可能同时涉及物理、地理、人群、行为及心理五种类型，一个市场边界的最终定义，会同时从多个角度进行综合分析。

因此，企业可以从每个角度的市场边界类型入手，将其放入市场吸引力—相对竞争力的框架中进行分析，然后一层层深入分析，从而提炼出最合适的市场边界。

以调味品企业为例，在定义市场边界时，可以按照以下步骤实施。

## 一、基于物理属性

**市场吸引力：**企业需要对不同的产品物理类型进行吸引力分析，比如酱油、食醋、调味汁、调味酱、佐餐菜等，要了解哪一个产品类型具有最有利的市场机会。

**相对竞争力：**针对存在较好市场机会的产品类市场边界，企业还要分析自身是否具备足够的竞争实力去拓展，是否能够在市场运作中获得竞争优势，然后再判断进入这个市场边界是否有利。

## 二、基于地理属性

**市场吸引力：**在确定产品物理属性市场边界的基础上，企业还要评判这个市场边界是在全国范围都存在市场机会，还是只在某些局部区域存在市场机会，比如是经济发达区域还是经济一般的区域，或者华东、华北、华南或是华中、东北等，这关系到企业选择在什么区域范围展开竞争更有利。

**相对竞争力：**针对不同区域范围的市场边界，企业要通过自身竞争实力的分析去评判在多大的区域范围发展业务更有利。

## 三、基于人群属性

**市场吸引力：**在确定产品物理属性市场边界的基础上，企业要分析哪一类目标消费群具有最大的市场机会，比如企业选择在全国范围的酱油市场拓展业务，那么目标消费群体应该选择白领/中产群体，还是大众工薪阶层，或是农村/低收入群体？这些都是企业必须要考虑的关键要素，要知道不同的目标群体直接关系到品牌的定位如何确定。

企业必须认识到，仅仅是消费群体对企业来说是没有意义的，只有目标群体对企业才有意义，企业不能想着把产品卖给所有人，只能卖给最恰当的人。

一个品牌在不同消费者心智中的认知是不同的，只有确定目标消费群体，品牌才能够形成清晰的形象，才有可能被有效认知。

**相对竞争力：**针对选择好的目标消费群体，企业要通过自身竞争实力的分析去评判能否在竞争中获得优势，能否比竞争对手更好地满足目标消费群体的需求。

## 四、基于行为属性

**市场吸引力：**在确定产品物理属性和人群属性的基础上，企业要分析目标人群哪些消费属性形成的市场边界更有利。

以酱油为例，消费者购买酱油的消费行为包含不同的需求，有上色的需求，有调鲜的需求，以及满足特定菜系的需求，哪种需求能够带来更有利的市场机会呢？需要企业进一步分析。

海天酱油初期瞄准了上色的消费需求，推出了大单品草菇老抽，推动了企业的快速发展。

欣和酱油避开了海天的强势领域，选择调鲜的消费需求定义了不同的市场边界，以六月鲜品牌满足了消费者对于鲜味的需求，从而在竞争激烈的市场中占有一席之地。

**相对竞争力：**对于选择好的消费需求，企业要通过自身竞争实力的分析去评判能否获得竞争优势。如果竞争对手实力非常强，那么企业就需要慎重考虑，要么在资源配置上予以强化，要么在市场运作能力上予以加强，或者选择另一个市场边界避开竞争对手。

## 五、基于心理属性

**市场吸引力：**基于产品物理属性、人群属性和行为属性，企业还需要从心理属性的角度对市场边界进行更深入的丰富，比如侧重注重健康的心理，还是注重时尚的心理，或是注重经济实惠的心理，以及注重高品质生活的心理，通过从心理层面的需求来对市场边界进行更深入的理解，这将有助于企业选择市场边界的准确性，也更有利于品牌的打造。

**相对竞争力：**企业要通过自身竞争力分析评判对心理属性市场边界的选择能否获得竞争优势。比如有的企业经营较为传统，如果选择时尚消费的市场边界，对其核心能力是一个很大的挑战，或者有的企业一直面对的是经济实惠的市场边界，一旦面对高品质生活的市场边界，就会对其产品研发、品牌运作等带来不小的挑战。

因此，企业必须深入分析每一个市场边界与自身能力之间的匹配程度，不能差异过大，切记只有能抓住的机会才是真正的机会，而不只是看起来不错的机会。

## 第三节　形成直观的战略选择方向

根据市场吸引力—相对竞争力的评估结果，将各种市场边界根据评分分别放到相应的象限，形成直观的战略选择方向。

市场吸引力—相对竞争力框架会形成九个象限，每一个象限对于企业的市场边界选择都代表着一个选择方向，我们对这九个方向分别进行了定义，这样企业就可以将计划选择的市场边界根据评分放到相应的象限，然后直观地对每一个市场边界进行判断。

**（1）强市场吸引力—强相对竞争力：最佳选择。**

**（2）强市场吸引力—中相对竞争力：可以选择。**

在这个象限，市场具有很大的消费规模和发展空间，企业也具有一定的竞争能力，那么这样的市场边界也可以选择进入。企业需要注意的是，必须同步快速提升自身的核心能力，一旦遭遇领导企业的强力竞争，就会给企业带来很大的压力。

**（3）强市场吸引力—弱相对竞争力：放弃选择。**

为什么面对一个强吸引力的市场边界却要放弃？原因在于企业的相对竞争力太弱，看起来市场机会不错，但那不是企业可以得到的，这样的市场机会并不是真正意义上的市场机会，能够吃到嘴里才是自己的，光看在眼里只不过是一个看客而已。

**（4）中市场吸引力—强相对竞争力：可以选择。**

在这个象限，市场具有一定的消费规模和增长潜力，如果企业具有较强的相对竞争力，是可以选择这个市场边界的。因为可以凭借自身的核心能力来推动市场的发展并从中获利，就像达利推出乐虎进入功能饮料市场一样。

**（5）中市场吸引力—中相对竞争力：慎重选择。**

这个象限由于市场吸引力和相对竞争力都是中等，对于企业来说具有一定的挑战。在这两个因素中，企业应该侧重衡量自身的相对竞争力能否进一步提升。

如果相对竞争力可以提升，在市场中获得一定的市场机会；如果相对竞争力在短期内难以提升，就有必要分析一下是否还有更好的市场边界，以便更好地借助市场趋势发展。通过详细分析，如果这个市场边界相对最好，也可以做出选择，但必须对自身核心竞争力的提升做出系统的规划。

**（6）中市场吸引力—弱相对竞争力：放弃选择，原因同第三条。**

**（7）弱市场吸引力—强相对竞争力：保守选择。**

这个象限选择的关键，要看市场吸引力弱到什么程度。如果市场吸引力很弱，即便企业的相对竞争力较强，选择这个市场边界的意义也不大，对企业来说机会成本较高，还不如选择更有利的市场边界。

如果市场吸引力不弱，凭借企业较强的相对竞争力，进入后还能够给企业带来一些稳定的业绩增长，那么也可以选择进入这个市场边界，起码能在较短的时间内带来收益，在企业没有更好的选择的前提下，也可以选择进入这个市场边界。

**（8）弱市场吸引力—中相对竞争力：放弃选择。**

企业具有一定的相对竞争力也选择放弃，原因在于市场边界的吸引力太弱，不值得企业耗费大量的资源和精力拓展。企业竞争讲究的是顺势而为而不是逆势而上，如果能够选择更有利的市场边界，投入同样的资源和精力将会获得更好的经营业绩，所谓事半功倍！

**（9）弱市场吸引力—弱相对竞争力：放弃选择。**

**表 10－2 战略选择方向**

| | | 市场吸引力 | | |
|---|---|---|---|---|
| | | 强 | 中 | 弱 |
| 相对竞争力 | 强 | 最佳选择 | 可以选择 | 放弃选择 |
| | 中 | 可以选择 | 慎重选择 | 放弃选择 |
| | 弱 | 保守选择 | 放弃选择 | 放弃选择 |

## 第四节 确定最有利的市场边界

根据最终的评估结果，结合企业的战略愿景，确定最有利的市场边界。

有了市场吸引力—相对竞争力评估模型分析出来的结果，企业就可以做出哪个市场边界的选择。现实中，企业最终选择哪一个市场边界，通常还要结合自己的战略愿景，并不会单纯依靠一个分析模型做决定。相反，分析模型往往都是给企业的战略愿景提供一些思考角度，但企业最终的选择还是根据自己的愿景。

市场吸引力—相对竞争力评估模型是一种客观分析的结果，但是现实中企业的决策往往是根据主观的意愿。

客观分析加上主观意愿也正常，但是不少企业更倾向依靠主观意愿做决策。即便采用了客观分析，也是为了佐证其主观意愿，当客观分析与其主观意愿不一致甚至相违背时，部分企业会抛弃客观分析的结果，按照自己的主观意愿做出决策。

这就是在实践中常常发现不少企业的战略决策存在明显偏差的原因。对于很多企业家来讲，他们的主观意愿往往代表着一种情结，这是他们难以割舍的。正是在这种情结的影响下，他们做出的决策往往与客观趋势存在较大差距，因此失败的企业数不胜数，能够理性地将主观意愿与客观分析有机结合的企业实在太少了。

广州霸王集团从洗发水领域进入凉茶领域就是一个失败的案例。霸王老板对于“中药世家”具有极其强烈的情结，坚持将霸王洗发水上的头像图案印在了霸王凉茶的罐体上，令消费者联想起带有浓浓中药味的洗发水，到底是在喝凉茶还是在喝洗发水？

从把握客观规律的角度看，我们必须强调客观分析的重要性，对于定义市场边界来说，如果没有市场吸引力—相对竞争力的综合分析，仅仅依靠企业自身的意愿很难做出正确的选择。

企业经营可以说是一门艺术，但其中有大量科学的存在，至少通过理性分析可以为企业提供多种有依据的选择，单纯的主观意愿是不靠谱的。

当然，确实有少数企业家完全靠着自己的商业直觉和主观意愿将企业经营得很成功，但那是偶然的，经营企业是一个长期过程，市场环境处于不断变化中。如果没有系统的客观分析，企业家怎么能保证自己始终做出正确的决策呢？

即便如娃哈哈宗庆后那样具备超强的商业直觉且务实的企业家，面临变幻无常的互联网时代，也无法正确把握市场的脉搏，经营业绩从 2014 年的 720 亿元大幅下滑到 2015 年的 494 亿元，高台跳水直落 226 亿元，直至现在也没有回升到这个水平。绝大多数远远不如娃哈哈的企业，又如何相信自己的商业直觉呢？

# 第十一章

## 战略转换：把握市场边界演变节奏

每一个市场边界的空间都是有限的，或群体，或需求，这些有限的市场空间会被众多的企业追逐。对于一个市场边界而言，存在不同的发展阶段，这就是我们常说的市场生命周期：导入期—成长期—成熟期—衰退期。由于市场边界中包含行业、品类、消费群、地理区域等要素，因此存在不同类型市场边界的生命周期。

**每一个阶段的市场边界对于企业的意义和战略选择是不同的**，需要企业有针对性地进行分析研究。如果发现自己所处的市场边界出现转移或者瓶颈，那么企业就有必要及时对原有的市场边界进行重新定义，转向更有潜力、未来可能成为主流的市场边界。

## 第一节　市场导入期：不存在演变

处于导入期的市场边界通常不大，整个市场边界刚形成不久，其中的市场机会并不明显，或者刚刚显现，存在一定的不确定性，参与的企业也不多，这个阶段不存在市场边界的演变。

近几年，预制菜行业呈现良好的发展态势。随着生活节奏加快，以及越来越多的女性从家庭走向职场，做饭时间已经成为或正在成为消费者需要计算的重要生活成本。对餐饮企业而言，随着人工成本越来越高，以及房屋租金的高企，市场竞争激烈，迫切需要市场上能缓解成本压力和提升效率的预制菜（半成品）。

我国幅员辽阔、人口众多，各地居民饮食习惯及口味不一致。由于冷链运输限制了销售半径，使得国内预制菜行业区域化、地域性特征明显，生产规模较小，厂商多停留于作坊式生产加工模式。

目前预制菜行业整体上处于导入期，企业分布零散，用户认知缺乏，市场渗透率不高，是一个全新的市场边界，而且现有企业的营业规模也不大，如安井食品的预制菜业务 2020 年销售规模为 6.73 亿元，新上市的苏州味知香 2020 年销售规模为 6.2 亿元。

在这个阶段，预制菜市场边界将随着消费引导强化、用户认知提升、市场渗透率提升而逐步扩张，入局的企业将随着整个行业的发展而兴起。当然，处于领先地位的企业对行业起着重要的推动作用，个体与整体相互合力促成产业的持续成长。

## 第二节　市场成长期（前期）：不发生演变

当市场边界发展到成长期，这个阶段的市场容量快速膨胀，参与的企业数量迅速增加，这是一个先发企业享受胜利果实的阶段，后进者如果跟随快也可以顺势分享一下市场边界扩张的红利。这个阶段前期的市场边界通常不会发生演变，企业只需要快速反应、加快布局就行了。

比如 2017 年就是山楂饮料的市场成长前期，在长达十几年的市场导入期，只有很少的企业在默默经营着这个市场，其中表现突出的主要是福建胜基食品推出的“开卫”山楂饮料，其市场边界主要针对餐饮市场，利用山楂开胃与餐饮的直接关联进行市场培养，取得了非常不错的经营业绩，年销售额接近 10 亿元。

2017 年，整个山楂饮料开始出现爆发性成长的局面，河南米奇推出的“消食乐”、河北怡达集团推出的“味动”、天津冠芳推出的“山楂树下”，众多区域性品牌蜂拥而上，共同推动着山楂饮料的快速发展。

此时还不需要对山楂饮料的市场边界做出调整，市场都是顺着“开卫”“消食乐”等先行者的脚步在快速成长，消费者都被笼罩在这样的销售氛围中，企业只需要顺势而为就能够取得不错的业绩，此时要改变市场边界是不符合消费者认知的，反而对企业的发展不利。

从实际情况来看，在这场市场争夺战中，天津冠芳旗下的“山楂树下”最终取得了山楂饮料行业领先的市场地位。其原本的主营业务是碳酸饮料，在看好山楂饮料市场前景后，果断进入这个市场并聚焦拓展，在山楂饮料市场整体走向平缓的背景下逆势而上，实现高速增长，销售额达20亿元左右，在山楂饮料行业遥遥领先。

## 第三节　市场成长期（后期）：提前分析

到了市场成长后期就存在市场边界演变的可能了，此时虽然整个市场边界还处于增长势头，但是其增长速度开始减缓，而且后进者的数量也达到高峰，市场边界中的同质化现象日益突出，消费者开始出现审美疲劳，需求的边际效应逐渐衰落，这个时候企业就应该对市场边界提前进行分析，为接下来的演变转移做铺垫。

目前的速冻食品市场就处于这样的发展阶段，前些年三全、思念的快速发展带动了整个速冻食品行业的持续增长，许多企业都进入这个行业。2020年国内新增超1.2万家速冻食品企业，较2015年增加约150%，年复合增长率高达20%左右。

虽然整个行业的发展阶段仍然处于成长期，但是整体竞争异常激烈，行业也逐渐分化。

目前，整个速冻食品行业主要包含三类市场：速冻米面、速冻调理制品和速冻菜肴。其中，速冻米面食品发展趋于成熟，2015—2019年市场规模复合增长率为5.72%，行业集中度较高，CR4达到30.88%；速冻调理制品中的火锅料市场成为新势力，行业集中度有待提升，CR5为22.78%；速冻菜肴制品站在起跑线上，巨大蓝海市场空间待开发。

在这种市场格局中，处于不同发展阶段细分行业的企业也分化出不同的命运。

比如在速冻米面市场，三全食品尽管牢牢占据第一的地位，但是近几年却处于增长乏力的状态，其营收规模从2013年的36.03亿元增长到2019年的59.86亿元，复合增速为8.83%，每年增速波动较大，但整体呈上升趋势，2020年的整体营收达到69.26亿元。

相反，处于速冻调理制品行业的安井食品近几年增长迅速，其2020年整体营收已经高达69.65亿元，略微超过三全，成为新的速冻食品行业领导者，2011—2020年九年间的复合增长率高达21.31%。

与三全不同的是，安井的业务结构中以速冻火锅料业务为主，其次为速冻调理肉制品，两者2020年的销售额达到46.24亿元，占总营收的66.4%，这个市场边界是目前速冻食品行业中最具潜力的市场。

2011年至2017年，速冻调理制品市场规模从185亿元上升到411亿元，复合增长率达14.3%，远远超过速冻米面市场。之所以如此，源于速冻调理制品中的火锅料市场，与快速增长的火锅餐饮行业直接相关，赶上了风口浪尖，速冻火锅料也顺势爆发，而安井就在这个赛道中跟随行业爆发而迅猛成长。在战术层面，安井未必比三全领先，其超越的关键在于战略层面，核心在于市场边界选择。

2021年1月—9月，三全食品的销售收入为50.79亿元，同比下滑2.39%。而同期安井食品的销售收入则高达60.96亿元，同比增长35.92%，正在开始拉开和三全的差距，从中可以感受到正确的市场边界带来的战略力量。

调味品行业中的一些细分行业也出现了这种状况，比如酱油行业。从整个产业发展阶段来看，酱油行业的年增长速度已经下滑至个位数，CR5为33.03%，行业逐步进入缓速发展阶段，整体上体现出“一超多强”的竞争格局。此时作为行业领头羊的海天，其酱油品类2020年以130亿元的营收规模一骑绝尘，其市场份额是其后七个品牌之和。

在酱油品类增速下降的状况下，海天如果未来几年仍然想维持年均15%左右的复合增长，就很难再将希望寄托在酱油业务上。说实话，海天在酱油行业已经坚守了很长时间，不仅将自己熬成了老大，也将酱油行业熬成了整个调味品行业的老大，这份战略定力令人佩服！

此时，为了支撑未来营收规模的持续增长，海天必须扩张原有的市场边界，从基础调料行业进入复合调料行业，这就是海天在2020年下半年连续推出火锅调料和中式复合调料新品类的根本原因。通过在复合调料市场进行布局，未来海天更多的增长点将来自这个业务板块。

## 第四节　市场成熟期：内生式增长

处于成熟期的市场边界竞争格局已定，整体市场容量已经扩张到一个很高的水平，参与竞争的企业数量大幅减少，市场边界的扩张已经度过外延式扩张阶段，开始进入深度渗透的内生式增长阶段。

此时，市场边界呈现主流消费的特点，领先企业的市场地位较为稳定，不少行业的市场边界中存在两强相争的局面，但是这个阶段原有市场边界的上升空间不大，也在遭受其他市场边界的逐步蚕食，这就需要企业对市场边界进行重新定义。

近几年发展较快的饮料品类，其市场边界都出现了天花板，比如杯装冲调奶茶、凉茶、核桃乳、乳酸菌饮料等。这些品类的市场边界已经度过成长期进入成熟期，市场容量处于稳定阶段，市场集中度很高，领先企业的销售规模出现徘徊或停滞，大量的竞争者开始退出市场，需要企业对原有的市场边界进行重新定义，挖掘更具增长潜力的蓝海。

可以看到，香飘飘在前期经历了对奶茶市场边界的错判之后，现在已经通过调整市场边界重归主流市场。

一方面其将杯装冲调奶茶的市场边界从口味市场转向代餐市场，新定位“小饿小困喝香飘飘”就在这种背景下诞生，还创新推出了代餐奶昔、奶茶自热锅、冲泡型果酱的新品类；另一方面从杯装冲调奶茶扩展到杯装液体茶饮料的市场边界，一举推出了“兰芳园”和“MECO蜜谷”两个子品牌，前者针对杯装液体奶茶，后者主要针对杯装液体果汁茶（前期也主推过杯装液体奶茶），顺应新茶饮市场（以喜茶、奈雪的茶为代表）的蓬勃发展。

这就是香飘飘在杯装冲调奶茶进入成熟期后对市场边界做出的调整，如果一成不变，必将在市场生命周期的变化中偏离主流市场边界，最终滑落到市场的边缘。2019 年，香飘飘实现了 39.4 亿元的营收规模，创历史新高，其中 MECO 果汁茶贡献了 8.68 亿元，占总营收的 22%，充分体现其重构市场边界的战略成功。

## 第五节　市场衰退期：重新定义市场边界

对于已经处于衰退期的市场边界，企业必须对市场边界进行重新定义，否则整个市场将面临持续衰落，其他领域的多个市场边界也在加速对原有市场边界的重组或替代，未来这个衰退的市场边界极有可能分崩离析，逐步被边缘化乃至消失，未能及时重组转型的企业将面临衰败的命运。

企业对市场边界的重新定义是一个重大的战略问题，从企业或品牌的沉沉浮浮中，不就可以看出众多市场边界的兴旺成败吗?

随着中国市场经济发展的逐步深化，企业的发展也必须到了脱离“投机主义”的阶段了，企业要主动以战略思维来思考未来的发展，对于市场边界的动态分析与重新定义，才能够帮助企业跳出传统思维的桎梏，不断顺势转换市场边界，挖掘潜力巨大的蓝海市场。

在国内的休闲食品行业中，果冻就处于衰退期，排名前列的几大主要品牌多年来都没有太大的发展，反而在持续下滑。比如蜡笔小新和亲亲两家企业的果冻业务在高峰期 2013 年的销售额达到 12.9 亿元和 8 亿元，但 2020 年分别下滑至 3.84 亿元和 4.2 亿元。

果冻之所以走向衰落，就是其市场边界长久以来缺乏重构造成的。一方面果冻市场的消费人群始终偏向低龄化，未能充分激活成年人市场；另一方面随着国民健康意识持续提升和消费持续升级，果冻含有的添加剂与这种趋势相背离。

实际上，果冻的主流市场边界是甜品，而中国市场已经发展到这样的阶段。甜品店的盛行正好满足了年轻消费者对休闲生活的追求，如果果冻企业能够及时将市场边界转向甜品领域，必将收获整个甜品市场快速发展的红利。可惜的是，长期以来国内果冻企业始终没有大力拓展甜品市场的决定性行动，最终导致整个行业和企业的集体衰落。

福建巧妈妈通过在果冻布丁产品中融入韩式时尚元素，成功地打造了国内“高端果冻布丁第一品牌”的市场地位，为波澜不惊的果冻市场注入了一股惊喜的力量，并迅速跻身国内果冻布丁十大品牌之列。

那么，巧妈妈走到这一步就可以了吗？下一步应该怎样走呢？

上海至汇战略咨询机构通过研究发现，虽然巧妈妈已经构建了“高端果冻布丁”的领先地位，但是果冻布丁行业的市场容量并不大。一方面领导品牌喜之郎并没有带头通过价值创新来推动行业的升级和市场规模的扩大；另一方面“明胶事件”对果冻行业产生了极大的不利影响，许多家长拒绝给孩子购买果冻，果冻行业受此影响巨大，几大品牌因此业绩下滑超过 30%。

以果冻行业上市公司蜡笔小新为例，“明胶事件”对蜡笔小新的经营业绩带来巨大的影响，2014 年蜡笔小新的经营业绩出现断崖式下滑，总销售收入跌幅高达 45%。果冻行业的市场容量预计只有 100 亿元左右，而高端果冻布丁的市场份额最多不超过 15 亿元，这意味着巧妈妈未来的成长空间并不大。

于是，至汇咨询为巧妈妈重新定义了市场边界，从过去的“高端果冻布丁”转变为“高端布丁甜品”，以布丁为核心进入甜点行业，借势乳制品与糕点，吸引更广泛的消费群体，即果冻的“非顾客”。

布丁品类未来存在很大的市场增长空间，其乳蛋白含量超过 1%，价值感强，往往被消费者认知为含乳制品，而且口感好于果冻。

同时，布丁品类近几年来也被多个行业教育，比如果冻行业、蛋糕房、乳制品企业等都在发展布丁品类；果冻行业内的高端产品，到了布丁甜品领域只是大众主流价格，弱化了消费者对于价格的敏感性。

目前乳制品企业已经在推出基于牛奶的布丁产品，比如君乐宝乳业推出的牛奶布丁和法式布丁，销售态势很不错，巧妈妈完全可以因势利导，既借势乳制品的健康优势，又发挥甜点的休闲优势，以布丁为核心载体进入甜点行业，超越物理属性，以甜品的消费属性跨界发展，打造出全新的“布丁甜品”新品类。

另外，巧妈妈未来还可以利用布丁与蛋糕相同的甜点属性，趁势进入烘焙糕点领域，拓展更大的主流消费市场。由此，巧妈妈就将原来“高端果冻布丁”市场边界从 15 亿元左右一举提升到“布丁甜品”数百亿元的市场边界，这将是一个更加值得期待的蓝海市场。

需要强调的是，随着移动互联网的快速发展，产品市场生命周期逐渐缩短，以前的市场生命周期曲线大多是“山脉状”，不同生命周期的阶段变化都有一个平缓的过渡，整个周期较长。

但是现在的市场生命周期逐渐出现“山峰状”，不同生命周期的阶段变化较大，短时间内可以出现风靡一时的“爆品”，但是又迅速“过气”，越来越像“流行感冒”，来得快去得也快，曾经火爆网络的麻辣花生、香蕉牛奶、黑糖话梅、燕麦巧克力、金丝肉松饼、芒果干、牛轧饼、自热火锅等都是如此。

整个生命周期开始缩短，不少品类的市场规模从迅速爆发到衰退仅仅一两年的时间。面临这种状况，意味着市场边界演变的速度日益加快，这就要求企业必须进行同步快速反应，跟随市场变化及时调整业务或产品的市场边界，保持在市场中的竞争优势。

# 第十二章

# 开创蓝海市场：重构市场边界

迅速变化的互联网时代，世界扁平化，各种思想和理念交织在一起，“90 后”“00 后”具有截然不同的生活方式和消费理念，这些变化随时都会影响企业的市场边界。

为什么现在是一个“灭你，但与你无关”的时代？这充分体现了当前的时代特征，你认为企业经营得好好的，突然有一天形势大变，消费群体转向，经营业绩大幅下滑，原来是另一个行业把自己的生意抢走了，而企业对这一切还无能为力。

移动电话虽然消灭了 BB 机，但好景不长，正当诺基亚还在为手机的设计和质量引以为豪的时候，iPhone 横空出世。此时，手机已不再是手机，而是娱乐性和商务性的智能化便捷移动终端，诺基亚就这样被灭掉了。

所以，诺基亚的 CEO 约玛·奥利拉无奈地说：“我们并没有做错什么，但不知为什么，我们输了！”这就是时代变化给企业市场边界带来的致命影响。

因此，企业必须动态地对自己的市场边界进行分析评估，掌握相关的市场态势，以此来洞察市场边界是否正在产生变化，是否正在受到其他市场边界带来的影响，然后及时对自己的市场边界做出调整，顺应市场和时代的发展趋势。

重构市场边界就是选赛道，“女怕嫁错郎，男怕入错行”，可见选赛道对企业的命运意味着什么。市场边界代表着企业发展的主战场，企业选择的战场有问题，就意味着战略必然有问题。

企业要打破市场发展的“延续性”状态，首要的事情就是重构市场边界，这就涉及对产业结构的深刻洞察。**重构市场边界的意义，要确保企业始终处于正确的行业，可以顺应产业自身的特性来实现企业的快速发展。**战略要帮助企业解决的重大问题就是顺势而为，必须在产业结构框架之下谋划企业战略。

在判断产业结构处于何种态势之时，已经包含市场容量、增长速度、发展阶段、市场集中度、购买方态势、供应方态势、替代者态势及新进入者态势等要素的分析，只要企业能够将这些因素分析透彻，便可以清晰地洞察产业发展状态，同时明了自己的主战场应该处于哪个产业。

在确定产业边界后，企业还需要进一步通过对用户群体、消费水平、消费特性等因素进行分析，用同样的逻辑定义出存在最佳发展机会的市场边界，是一个“先中观”再“微观”的过程，由大到小地为企业圈定最有利的战略位置，从而跳出原有的市场竞争格局，进入全新的蓝海。

## 第一节　什么情况下需要重新定义市场边界

### 一、企业角度

#### （一）企业销售增长速度缓慢或停滞不前

从企业自身的角度看，如果出现销售增长速度缓慢或者停滞不前的状况，就需要仔细评估自己的市场边界是否出了问题，企业需要从内外两个方面进行分析，搞清楚业绩增长的问题究竟是自身运作造成的，还是市场边界变化造成的。

从内部运作来看，如果企业缺乏有效的营销策略，团队执行力较弱，整体战略难以有效实施，那么业绩停滞很大程度上是由于自身的经营问题造成的。

如果企业的策略规划清晰，团队执行到位，在这种情况下仍然出现业绩缓慢或停滞不前，就有可能是外部竞争造成的。

对此，企业应该根据市场吸引力的几个因素进行分析，看看市场边界是否发生变化，然后再决定是否对市场边界进行重构。

### （二）新消费群体增加缓慢，产品对消费者的吸引力不足

当企业的业绩增长遇到问题，首先应该从消费者层面寻找原因，了解消费者对产品的认知程度和接受程度，了解消费者对产品的购买和消费体验，涉及产品概念、口感、包装、价格、品牌沟通、购买便利性等。

通过这些分析，如果企业发现产品的新消费群体增加缓慢，就必须给予足够的重视，要研究是否对市场边界的选择出现偏差。如果新消费群体增加缓慢，就意味着其对产品的兴趣不大，表明产品可能没有准确击中消费者的需求痛点。

企业在做出这种判断之前，必须搞清楚自己该做的有没有做到位，比如是否能够让足够的消费者知晓并且在零售终端见到产品。如果一个产品的铺货率有限，知名度也有限，那么难以吸引到足够多的新消费者，那样就不是市场边界选择的问题，而是企业市场运作的问题。

如果在产品铺货率和知名度，或者消费者沟通到位的情况下，新消费者的增加仍然缓慢，有可能是市场边界出了问题，这往往是通过产品概念或者品牌核心诉求体现出来的，表明消费者对产品不感兴趣。也就是说，企业对于产品从物理属性、人群属性、行为属性和心理属性等角度定义的市场边界出现偏差，没有满足目标消费群体的需求。企业必须及时对市场边界进行深入分析或重构，迅速扭转市场吸引力不足的局面。

### （三）新消费者的持续购买率低，回头客不多

企业市场边界可能存在问题的另一个表现就是新消费者持续购买率低，这种状况通常说明消费者对于产品愿意进行初次购买和尝试，但是持续购买率不高意味着产品还不具备令其持续消费的价值。

这可能是市场边界的选择出了问题，比如目标消费群体出现偏差，产品的诉求与目标群体的需求不一致，就会出现持续购买率低的状况；或者是产品消费属性的定义出现偏差，使产品无法充分满足目标群体的消费场

景或者用途，也会造成持续购买率低下。

广西黑芝麻食品在推出杯装黑芝麻糊产品时就遇到了这种困境。为了扭转黑芝麻糊品类的消费者老化和购买力不足的局面，黑芝麻食品借鉴香飘飘奶茶推出了杯装黑芝麻糊新产品，意图针对年轻白领消费群体进行拓展。

整个战略方向和规划看起来不错，但杯装新产品的销售业绩不理想，为了大力推广新产品，黑芝麻食品投入了一亿多元广告费，最终只换来8000万元左右的年度销售额，这种结局无论如何都难说是成功。

黑芝麻食品对此进行了复盘和检讨，最终发现市场边界的选择出现偏差。黑芝麻食品推出杯装新产品的目的，就是吸引年轻白领消费者，然而黑芝麻糊这个品类对于年轻白领消费者来说并不具备吸引力，消费黑芝麻糊的主流消费群体主要是中老年人和儿童，他们将黑芝麻糊用于营养补充的消费。

然而，像黑芝麻糊这种冲调属性的营养消费产品并不是年轻消费者的核心需求，这从黑芝麻食品的市场运作就可以得到证明。为了吸引消费者，黑芝麻食品特意花费了大量的资源，在终端将杯装黑芝麻糊和香飘飘奶茶陈列在一起，以此表明杯装黑芝麻糊和杯装奶茶一样，都是一款好喝且时尚的产品。但消费者并不买账，因为奶茶品类和黑芝麻糊品类在消费者的认知中截然不同，美味的奶茶更容易被年轻消费者接受，而黑芝麻糊只是过时的品类，当年广告上一声“黑芝麻糊哎”的童年记忆已经走远，黑芝麻糊不再是年轻消费者的最爱。

在黑芝麻食品竭力讨好年轻消费者的时候，真正为杯装黑芝麻糊买单的还是那些固有的消费群体，只不过他们认为杯装产品价格高、容量少，还是传统的袋装产品实惠。

年轻消费者不认同，现有消费者认为价格高，杯装黑芝麻糊新产品没有在市场上收获成功。黑芝麻食品的一线销售人员不可谓不努力，企业投入的资源不可谓不多，在终端的造势也不可谓不大，但是结局仍然不理想，根源在于市场边界的选择出现了严重偏差。

选择错了，再努力也不会获得成功。其后黑芝麻食品调整了战略，推出了以黑芝麻为原料的植物蛋白饮料，扭转了之前增长疲软的局面。

**（四）现有消费者消费量和消费频率持续降低**

还有一个可能导致市场边界发生变化的重要表现，就是现有消费者消费量和消费频率持续降低，对于企业来说是一个极其重要的信号。

一方面是竞争对手造成的，或是直接竞争对手市场运作非常成功，抢走了一部分消费者和市场份额，或是竞争对手增加，而整个市场的容量并没有增长，从而分食了现有品牌的消费者和市场份额。

另一方面市场边界可能正在发生变化，达到一定程度就会发生质变，这需要企业深入研究，以便及时对现有市场边界进行调整或重构。

比如味精行业，其在家庭消费中所占的比例不断降低，而鲜味酱油、蚝油所占的比重不断提高；而味精在餐饮渠道和工业渠道的消费还有一定的增长。

那么，企业必须思考味精在家庭调味品的消费结构中是否发生了本质变化？味精未来的市场边界究竟应该如何定义？是仍然要将家庭消费包含在内，还是聚焦餐饮渠道和工业渠道？

如果这个问题不能搞清楚，现有的区域性味精企业始终难有大的突破。

## 二、行业角度

**（一）行业市场增长速度持续下滑（本书中的行业市场仅指国内市场，不含国际市场）**

一个行业的市场增长速度是衡量市场生命周期阶段变化的晴雨表，如果行业市场增长速度持续上升，就表明正处于成长期，整个市场正处于上升势头，市场边界也处于相对稳定的状态。

如果一个行业的市场增长速度持续下滑，企业就要深入分析，这表明行业很有可能处于转型期。

比如从成长期转向成熟期，或者从成熟期转向衰退期，企业就有必要考虑是否要对原有的市场边界进行重构，转向更有前景的主流市场。

果冻、蜜饯果脯、味精等行业都处于行业市场增长速度持续下滑或者停滞状态，处于行业中的企业都有必要重构市场边界，否则很难走出经营困境，行业中的领导企业也不例外。

比如果冻行业中的领导者喜之郎，对于果冻的市场边界并没有重构，所以多年来果冻业务的销售额始终徘徊不前，其快速跟进冲调奶茶市场倒是收获了不小的红利，成了冲调奶茶的第二品牌。

味精行业的市场增长速度非常缓慢，市场格局已定，并且在家庭市场处于下滑局面，所以以味精为主营业务的企业必须要对市场边界进行重构，否则会削弱企业的持续竞争优势。实际上，味精行业的前三强，营收增长更多来自其他业务（如黄原胶），而非味精。

### （二）替代性市场增长速度持续提升

企业除了要关注本行业的市场增长，还要密切关注替代性市场的增长状况，因为替代性市场的增长直接影响本行业的未来发展。如果替代性市场的增长速度超过本行业的市场增长，企业就要小心了，这是一个明显的信号。如果本行业的市场边界不进行调整，就会面临被替代性市场蚕食的危险。

国内方便面市场的停滞与挂面市场的快速发展就是这样的例子。

前几年，国内方便面行业的市场容量出现下滑，以第一品牌康师傅为例，其方便面 2015 年销售额近 250 亿元人民币，同比衰退 12. 69%。无独有偶，统一企业 2015 年方便面业务的销售额为人民币 75. 7 亿元，较 2014 年同期下滑 4. 9%。行业第一和第二都不约而同地出现下滑，可见方便面行业的消费环境确实发生很大变化。

消费者跑到哪里去了？显然，他们跑到更健康的品类那里去了。

近几年，中国市场的消费局面发生了很大改变，主要体现在三点：

（1）食品安全危机提升了人们的健康消费意识，食品行业尤为突出，直接推动了产品的升级。

（2）国民收入持续提高，购买力的增强对高品质产品产生了较强的需求。

（3）“80 后”“90 后”消费者成为市场主体，互联网环境下的新一代以全新的生活方式重新塑造中国的消费市场，推动各个领域的升级换代。

挂面行业以全新的姿态出现在消费者面前，品种越来越丰富，包装越来越精美，相比方便面，挂面更健康。尽管挂面还需要动手煮，但随着挂面工艺的不断发展，现在让消费者煮一下挂面并不是难事，再加上调味酱的种类日益丰富，降低了消费者自行配制调料的困难。种种现象表明，方便面的黄金时代已经过去了，挂面行业的黄金时代正在来临。

挂面行业具有典型“小产品、大市场”的特征，2011—2019 年，我国挂面总产能从 405 万吨增加至 839 万吨，年化增长率接近 10%。据华安证券数据，销量提升是挂面行业规模增长的主要驱动力，剔除疫情对 2020 年数据的影响，2010—2019 年国内挂面行业零售量年均复合增速为 8.3%，而售价的年均复合增速为 4.4%，销量的增长对于行业规模增长的贡献要明显高于单价。

随着消费者收入水平提高和营养诉求意愿增强，营养、健康、美味、方便的挂面食品将获得更大的市场，这意味着营养配置更完善的挂面品种越来越受到消费者的青睐，一批具有创新性和原材料品质优势的新产品——营养型挂面、功能型挂面、特殊风味挂面等，将成为市场主流。

过去几年，我国挂面行业企业平均毛利率一直稳定在 15% 左右。近年来，随着企业产品的系列化开发，特别是重点企业产品系列向中高端和功能化发展，平均价格有了很大的提高，从以前的每千克3～5 元增长到每千克 4～8 元。

随着居民人均收入的增加和现代化生活方式的渗透，消费者更加注重食品安全，对品牌的依赖度逐渐提高，挂面企业将从单纯的价格竞争，转向产品差别化竞争和品牌竞争，这将进一步促使企业理性地选择市场定位，加大品牌管理和传播力度，获得消费者信任和青睐。

还有一种说法是外卖产业的迅猛发展替代了方便面的市场，这也是一个重要影响因素，挂面行业也会受到影响。这就是在更大的产业格局下看待市场边界的发展，只有将眼光放得更远，才能把握企业战略转型的关键转折点。

在这样的大背景下，统一集团才会在 2017 年爆出一个“大料”，号称以后要退出方便面市场，实际上是要退出低端方便面市场，聚焦高端方便面市场，着力打造“汤达人”等高端产品。由此可见，统一集团看到了整个消费升级的大趋势，做出调整市场边界的决策，这绝对是一个正确的战略。

最后，对于什么时候要重新定义市场边界，笔者要补充一些德鲁克的观点，对我们会有极大的启发。在实践中，绝大部分企业都是在遭遇困境的时候，才会想起来思考自己的战略，思考市场边界是否符合未来的发展趋势。

对此，德鲁克认为，“等到一个企业或一种行业陷于困境时才提出这一问题，就像玩俄国轮盘赌一样，是一种不负责任的管理。实际上，应该在企业的初创时期就提出这一问题，对于有发展雄心的企业而言，尤其是这样”，“认真提出我们的业务是什么这一问题的最佳时间，是公司获得成功的时候”，“对于成功企业的管理当局来说，提出我们的业务是什么并不容易，在那个时候，企业中每一个人都认为答案是显而易见的，是不值得去讨论的”，但是，“如果管理当局没有提出我们的业务是什么，那么这一管理当局实际上是自满、傲慢和懒惰的，不久以后，成功就会转化为失败”，“当一家公司的管理当局实现了目标时，他们应该经常认真地提出我们的业务是什么这一问题，这需要严于律己和强烈的责任心，否则就会走向衰落”！

德鲁克的论述极其精彩，一针见血，直接点到痛处，希望企业对此认真思考，予以严肃对待！

## 案例：乌江涪陵榨菜重构市场边界的增长之道

2017 年，乌江涪陵榨菜实现了 35.72% 的同比增长，经历了几年盘整的涪陵榨菜集团，终于实现了突破性增长！2014 年和 2015 年是涪陵榨菜集团业绩徘徊的两年，其年度业绩同比增长率仅仅只有6.98%和2.68%，到了2016年，其业绩增长率回升到了20.33%，2017年的35.72%更是表明，涪陵榨菜集团已经完全走出困局，成功找到了战略破局之路。

为什么乌江涪陵榨菜集团能够在2017年取得如此突出的业绩增长呢?

## (一) 有效提升在榨菜行业中的市场份额

实际上，乌江涪陵榨菜已经意识到了品类单一给企业未来发展带来的局限性，故此提出了“从小乌江到大乌江”的战略发展战略。榨菜是乌江的立身之本，将榨菜规模做大，是实现“小乌江到大乌江”的首要任务。对于这一点，乌江存在两种发展方向：一是做大榨菜行业整个蛋糕的市场容量；二是不断提升在榨菜行业的市场份额。

从第一个方面看，乌江涪陵榨菜在扩展榨菜行业市场容量上还没有突出的成效。笔者认为，乌江2013年大力宣传扩张榨菜用途，并持续一年投放广告，虽然对于榨菜市场边界的扩张有一定帮助，但仍然是榨菜品类传统“小菜”属性的延伸，无论其用途怎样，还是没有脱离小菜的属性。

乌江想让消费者接受榨菜的多种食用方式，但问题是消费者能够轻易接受这种建议吗?

相关的调查显示，78%的消费者认为榨菜主要用来下饭，37%的消费者认为榨菜可以用来做菜和煲汤，这表明消费者将榨菜作为下饭的小菜；目前市场上还有许多品类也在抢夺者榨菜的份额，如泡菜、下饭菜、橄榄菜、豆腐乳，甚至豆豉辣酱、香菇酱等。相比榨菜，这些品类的口味更多也更好吃，榨菜存在局限性。

因此，乌江榨菜的最大竞争对手并非来自榨菜行业，而是其他酱腌菜品牌。从消费体验上看，消费者对榨菜的消费存有一定的局限性，有下降趋势，而其他可替代榨菜的开胃菜品类众多，每年不断蚕食榨菜品类的市场份额。

据海通证券资料，消费者在买不到榨菜的情况下，40%的消费者会选择腐乳，38%的消费者会选择下饭菜，45%的消费者会选择泡菜（如什锦菜、海带丝、竹笋、金针菇等)，还有34%的消费者会选择豆豉。如果继续停留在榨菜这种传统工艺品类，给乌江带来的销量提升非常有限，只有不断适应目标消费者的需求，改变榨菜的工艺及产品属性，才能够引导消费者改变消费方式，从而促进销量增长。

另外，榨菜很大程度上得益于农民工在全国各地的流动，属于一种中低档的消费产品，才会因农民工返乡回城影响其销售。产品涨价也会影响其销售，这说明该品类主流消费者属于低收入群体。随着经济的发展和消费者结构的变化，日益壮大的白领及年轻消费群体对产品有更高的要求，这会影响传统榨菜的持续增长。

从榨菜的发展历史来看，之所以早些年能够得到发展，是因其作为小菜满足了消费者便利性佐餐的需求，比如方便面、稀饭、馒头等，尤其在品类不够丰富的时候显出优越性。各种类型的佐餐小菜不断出现，工艺不断创新，口味也更加丰富，榨菜自然会受到影响。

因此，榨菜不能够停留在“小菜”这种属性上，应该成为真正的佐餐开胃菜。乌江只有想办法对榨菜进行重新定义，从而开创出能够被消费者充分体验到的核心价值，才能够打破榨菜整个品类的市场空间。

从第二个方面来看，乌江涪陵榨菜在榨菜行业中的竞争力和市场份额得到较大提升。榨菜行业的集中度不高，2015 年 CR5 为 27.3%，乌江的市场占有率排名第一并稳步上升，从 2005 年的 12% 发展到约 15%。同时，榨菜行业鱼龙混杂，存在大量小作坊式的小企业。

对于乌江而言，要进一步提升市场份额可以通过挤占散装榨菜的市场来实现。小包装榨菜规模占整个榨菜行业的比重已经从 2008 年的 58% 提升至 2014 年的 62% 左右，随着消费者健康、安全意识的提高，对于无品牌、小企业生产的产品选择性逐渐降低。同时，政府不断加大整治力度，规范企业质量规则，清理不合格的小企业，涪陵区榨菜加工企业从 2010 年的 61 家逐步递减至 2015 年的 39 家，方便型榨菜生产企业则从 43 家缩减至 33 家，弱化了竞争对手对青菜头的需求，减少了炒作风险，强化了涪陵榨菜对上游原材料的控制。

2017 年，涪陵榨菜集团在榨菜品类上实现了 30.31% 的高增长，这主要源于涪陵榨菜集团在产品升级和品质升级所做的努力。

据涪陵榨菜2016年报资料，其锁定油炒榨菜为竞争对手，以重点产品为核心，ABC类商超为主战场，以产品品项上架达标、终端标准化陈列、消费者试吃活动及大商超品牌宣传为手段，围绕体验式营销，通过“红动中国”推广活动，打击竞争对手，提升了终端市场份额。

据其2017年报，实施精品战略对业绩提升产生了直接作用：

（1）抓产品、技术创新。2017年，公司系统优化了乌江和惠通产品包装、原料、加工工艺，提升产品力，开发了22g脆口榨菜、脆口萝卜、脆口蔬、泡萝卜、泡豇豆、泡青菜、泡海带、泡白菜、泡竹笋等新品，为公司业务拓展奠定基础。

（2）大力度抓青菜头收购，坚持原料“三腌三榨”加工工艺，研发榨菜快速发酵工艺，提升榨菜脆度，夯实精品原料基础。

（3）狠抓突出质量问题，进一步完善质量体系，持续改进产品质量，对鲜脆菜丝、脆口榨菜、脆口萝卜、瓶装下饭菜等主力产品、重点产品进行优化，提升产品品质。

（4）技改了华富第三期1万吨脆口生产线，缓解了脆口产品订单无法满足的状况。

从中可以看出，涪陵榨菜针对油炒榨菜的竞争战略产生了成效，其22g脆口榨菜品类带来了较大的增长，开启了低盐化榨菜的市场空间，迎合了消费升级的发展趋势。应该说，涪陵榨菜集团在技术和原料环节所实施的升级确实抓住了在榨菜品类中获得领先竞争优势的关键，最终提升了自身的市场份额，在这点上涪陵榨菜集团的表现非常优异。

### （二）从榨菜品类扩展至佐餐开胃菜

2008—2016年的九年间，乌江榨菜业务年销售额的复合增长率仅为10.5%，到2016年的销售额为9.86亿元。同时，榨菜行业的市场容量并没有太大的突破，在50万～60万吨之间徘徊了多年，年复合增长率低于10%。

为什么乌江榨菜会遭遇这种瓶颈呢？这到底是乌江企业自身存在问题，还是整个行业存在问题？

在笔者看来，这是整个榨菜行业的问题，乌江做得不错，之所以在销量上难以实现快速增长，根源在于榨菜的核心价值没有得到创新。对于榨菜而言，无论之前还是现在，在消费者心中就是用来吃粥、下面的小菜，其核心价值在于调节清淡的饭菜，增强消费者的食欲。正是因为这种认知与用途，使榨菜的使用范围、用量和频率都存在一定的局限性，难以实现爆发性增长。

尽管乌江将榨菜作为立足之本，但是榨菜是一个小品类，无法承载推动乌江持续做大做强的重要任务。调味品行业在2002年至2011年的黄金十年里获得了快速发展，年均复合增长率达到21.1%，其中酱醋类的年均复合增长近30%，而包含榨菜在内的酱腌菜品类并没有这样的增长率。近几年，榨菜行业的年复合增长率都低于10%，表明整个行业的成长动力并不强。

为了实现整体业绩的突破，乌江一直在寻求从榨菜延伸到其他品类的机会，也就是重构市场边界。其在多年前就已经提出了要打造“佐餐开胃菜第一品牌”的战略目标，要将市场边界从榨菜单一品类扩展至整个佐餐开胃菜品类，以此作为实现从“小乌江到大乌江”的重要途径之一。

为了实现这个战略目标，乌江积极开发了新品海带丝、萝卜干，同时向红油、豆瓣等植物调味品延伸，并于2015年迈出了收购战略的第一步，成功收购四川眉山惠通食品，向泡菜、红油味产品进行延伸，未来还将向辣椒、豆腐干和工业化蔬菜中高端产品等领域发展，弥补公司产品单一的缺陷。

所谓的“佐餐开胃菜”，包含酱腌菜、泡菜、下饭菜等品类，目前的市场容量在300亿元左右。从整个品类的属性来看，是最适合乌江进行品类延伸的领域，符合乌江的品类延伸原则：

（1）该品类与榨菜具有相似的消费属性。

（2）该品类所处的行业具有较大的成长空间。

（3）该品类所处行业市场集中度不高，没有强势的领导品牌，拓展难度小。

（4）与乌江现有渠道可以共享资源。

还有一点很重要，在佐餐开胃菜行业内拓展其他品类，与“乌江”品牌的内涵一致，不会混淆消费者的认知。假如乌江未来可以从占据榨菜品类的15%发展到占据整个佐餐开胃菜的15%，就意味着销售规模可以达到45亿元左右，这无疑将巩固其领导地位，成为名副其实的“佐餐开胃菜”第一品牌。

乌江开发了一些新品类，如酸辣菜、香辣菜、萝卜干等，但并没有系统运作，只是作为流通渠道的一些补充产品。2013年，乌江重磅推出战略新品海带丝，想以此实现开胃菜行业的龙头，打造出第二个乌江。

笔者认为，乌江推出海带丝是一个重大战略行为，对于突破榨菜品类、真正成为佐餐开胃菜的领导者确实具有重要的战略意义。不过，乌江海带丝在战略上还没有与“佐餐开胃菜”的整体定位，以及榨菜的品类属性有机结合，会影响佐餐开胃菜战略的有效落地。

从用途来看，海带丝与榨菜一样，同属于小菜，这会削弱海带丝的战略力量，无法对整个品类属性进行重新定义。因此，即便海带丝具有健康的内涵，如果仍然是小菜，也不可能具有很大的市场容量。

尽管涪陵榨菜集团在佐餐开胃菜的拓展之路上不顺利，但是其战略上的坚持在2017年结出了硕果。涪陵榨菜在收购惠通食品之后，通过两年的时间，成功将其泡菜品类从收购时的2113万元提升至2017年的1.23亿元，两年的复合增长率高达173.54%。同时，其佐餐开胃菜品类（含海带丝和萝卜）的销售额也从2015年的3604万元提升至2017年的1.07亿元，两年的复合增长率高达81.28%！

能够取得这样的业绩，与涪陵榨菜集团在佐餐开味菜上的突破直接相关。据其2016年报资料，涪陵榨菜集团对“惠通”泡菜大胆“瘦身”，着力聚焦核心产品，精简低销量低附加值产品，保留具有较高销量较高毛利产品，并对保留产品大力度优化，降低含油量、改进工艺和包装升级，提升了产品品质。

同时，对惠通品牌进行再定位和重新梳理，统一了品牌形象，结合体验式营销，大力度传播品牌，进一步开拓市场，密织销售网络。其中，“惠通瓶装下饭菜”大单品打造初见成效，使得惠通泡菜市场份额稳步扩大。

从涪陵榨菜集团2017年报资料中可以看到，22g泡萝卜、泡豇豆、泡青菜、泡海带、泡白菜、泡竹笋等系列产品对业绩增长做出了较大的贡献。

综上所述，涪陵榨菜集团2017年业绩的大幅增长，主要原因在于：

（1）提升了在榨菜行业的市场份额；

（2）从榨菜品类扩展至佐餐开胃菜。

2018—2020年，涪陵榨菜的营收规模从19亿元增长到22.7亿元，三年复合增长为14.79%，尽管表现不差，但涪陵榨菜仍然制订了业绩倍增的战略计划，并决定战略核心仍然聚焦“榨菜”业务，表现出对榨菜市场未来发展空间看涨的态度。当然，涪陵榨菜并没有否定扩张市场边界，只是认为现阶段榨菜市场仍有较大增长空间，因此在扩张市场边界的过程中进行了阶段性调整。

从未来的发展来看，笔者仍然认为涪陵榨菜集团更大的增长空间在于佐餐开胃菜（含泡菜、海带丝、萝卜等），比榨菜品类更能为涪陵榨菜集团带来更具想象力的市场增长空间。只要涪陵榨菜集团能够坚定不移地推进其佐餐开胃菜战略（尽管收购四川恒星、味之浓未能成功，但仍有其他并购机会），相信未来还能看到涪陵榨菜集团更亮眼的业绩表现。

## 第二节　重构市场边界的核心：挖掘“非顾客”

### 一、如何理解“非顾客”

企业原有的市场边界之所以需要重新定义，就是因为市场边界中的消费群或消费需求产生了局限性，导致整个市场边界的容量不大，或者增长速度降低，从而影响企业未来的发展前景。在这种状况下，对原有市场边界进行重新定义，其核心就是要扩展消费群体或者消费需求，使企业置身一个更大的市场边界，并且借助整个市场的快速发展而顺势而为，实现更快的发展。

从这个意义上看，企业要将企业定义到一个更大的市场边界，核心就是要挖掘出现有消费群之外的“非顾客”。**所谓“非顾客”，就是目前不在原有市场边界之内的消费者，他们基本上不会购买现有市场边界的产品。**

每个市场边界由不同的消费群体构成，而每一个市场边界中的消费群对于其他市场边界来说就是“非顾客”（当然存在一定的交集），当一个市场边界通过重新定义形成新的市场边界，对原有的市场边界而言就意味着增加了大量的“非顾客”。

重新定义市场边界之所以对企业来说意义重大，原因就在于通过吸引大量“非顾客”可以使企业迅速地扩大销售规模，吸引一个全新的群体与保持原有的群体相比，可以为企业带来更大的发展空间，一些行业之所以发展缓慢，就是因为无法吸引其他大量的“非顾客”，甚至是市场消费的主流“非顾客”，身处这种市场边界的企业做得再好也无法实现突破。

国内的罐头食品行业就是一个典型的受制于传统市场边界而发展缓慢的例子。罐头食品行业 80% 以上都依赖出口，在国内市场的发展多年来处于缓慢的状态，问题的根源在于罐头食品企业固守传统市场边界，使自己被主流市场边缘化。

罐头食品的传统市场边界是什么呢？罐头食品就是经过热杀菌工艺处理、能在各种密封容器里实现长时间保存的包装食品形态。据此来看，罐头食品的物理市场边界就是不易保存的新鲜食品所构成的市场，人群市场边界则是追求方便食用不易保鲜的食品的消费者。

经济不发达的时候，物资短缺，物流不发达，消费者要想吃到其他地方新鲜的食品很难，于是罐头食品就满足了各地消费者的需求。那个时候，人们看望亲朋好友或者病人，手中都会拎着一些水果罐头以表心意，当时罐头食品的市场边界规模很大，并且成了主流市场。

随着经济的快速发展，物资极大丰富，物流也非常方便，消费者可以便利地食用到各种新鲜的食品，这时罐头食品传统的市场边界受到极大的影响。比如随着液态奶的快速发展，消费者可以方便地饮用新鲜牛奶，那么传统的炼乳就被边缘化，失去了其作为乳制品的市场。

随着物流和连锁商业的快速发展，消费者随时都可以方便地购买到新鲜水果，传统的水果罐头逐渐被边缘化，此时人们看望亲朋好友不再是提水果罐头，而是新鲜的水果。

更关键的是，消费者对罐头食品已经产生了“含有防腐剂”的认知，虽然这并不是事实，但是市场领域的逻辑却是“认知大于事实”，这个认知无论怎么再教育都很难改变。发展到现在，国内大多数消费者都不再食用罐头食品，罐头食品的市场边界已经被其他新兴食品的市场边界代替。如果要使罐头食品行业焕发新生，与其不断告诉消费者罐头食品的品质很好，还不如重新定义罐头食品的市场边界，改变罐头食品的消费属性，以此来挖掘已经不再食用罐头食品的“非顾客”，从而扩展罐头食品的市场边界。

对此，罐头食品就不能再坚持传统以罐头包装形态的物理属性来定义市场边界了。也就是说，不要再将自己当作“罐头食品”了，消费者现在关心的并不是外在的包装形式，而是关注包装物里面的东西到底能够给他们带来什么价值。

因此，罐头食品要吸引其他市场边界的“非顾客”，就要从不同罐头包装内的食品消费属性来重新定义自己的市场边界，而不能再用一个泛泛的“罐头食品”来定义。

比如罐头包装里的是甜汤，就可以将市场边界定义为“甜品”；如果里面装的是肉，就可以定义为方便肉制品；如果里面装的是酱，则可以将其定义为佐餐食品。只有这样，罐头食品才能够突破传统市场边界的瓶颈，进入更大规模的市场边界，从而将大量的“非顾客”变为自己的“现实顾客”，这是罐头食品企业获得新生的必由之路。

厦门银鹭集团是一家优秀的饮料企业，其在花生牛奶饮料市场占据领导者的地位，但是其最早只是一家普通的罐头食品企业，在如今绝大部分罐头食品企业只能以外销市场为主的情况下，银鹭很早就成功拓展了国内市场。

原因在于银鹭集团将市场边界定义在饮料行业，而非传统的“罐头食品”，很早就跳出了“罐头”的包装形式，引导消费者将焦点放在“花生牛奶”这个新饮料品类上，从而实现突破性成长。

## 二、“非顾客”是最大的商机

如果一个产品的市场边界受到局限，就意味着它的顾客群有限，无法持续推动整个市场边界的扩张。那么，要推动市场边界的发展，关键在于如何使那些不接受现有产品或者品类的“非顾客”发生转变。要做到这一点，企业就必须通过对那些“非顾客”的核心需求进行深入洞察，然后对这些需求进行汇总提炼，定义出一个符合“非顾客”需求的全新市场边界，这样就能够使企业挖掘到一片充满商机的蓝海。

让我们想想，凉茶的“非顾客”是谁？加多宝又是怎样挖掘出了“非顾客”这片全新的蓝海市场？对于作为药饮的凉茶来说，“非顾客”就是广大的饮料消费人群，这部分人群是不可能喝“药饮”的，那么凉茶怎样将市场容量做大呢？

加多宝的高明之处就在于瞄准了大众饮料人群这个凉茶的“非顾客”市场，只有将凉茶的市场边界定义为饮料，才能够使凉茶走出广东的一隅之地。结果我们都知道，消费者接受了红罐的“王老吉”和金罐的“加多宝”，整个凉茶饮料的市场容量在高峰时期也扩展到了500亿元。

下面通过茶叶和月饼两个行业的例子说明如何挖掘“非顾客”来破局行业发展。

### 茶叶的“非顾客”是谁？立顿是如何称雄茶饮界的？

据中国茶叶流通协会发布的数据，我国有近10万家茶叶生产及相关产品制造企业，2019年中国茶叶国内销售总额为2739.5亿元，但没有企业有绝对的市场优势，整体产业结构非常零散，茶区分布在浙江、湖南、安徽、福建等21个省，上千个县（市），跨越6个气候带。

在2020年度百强茶企中，排名第二的港股上市公司天福茗茶销售总额为17亿元，其中茶叶销售额仅有12.2亿元，中茶股份销售总额则在16亿元左右，与天福相差无几。绝大多数茶企营收规模都很小，“有品类、无品牌”，尽管中国茶文化历史悠久，但是世界市场上大行其道的却是英国红茶和日本抹茶。

2016年，中国近7万家茶企的出口总额为14.8亿美元，这个数据不及联合利华旗下立顿全球销售总额（近30亿美元）的一半，所以行业中有“中国7万茶企比不过一家立顿”的说法，让人唏嘘。

根源在于中国茶企固有的传统思维，笔者发现绝大多数茶企想当然地延续过去十几年的发展模式，仍然停留在“历史”“文化”“礼品”这些传统的理念，并没有发现企业的问题，或是感觉到有问题也不知从何入手。相比其他行业的高速发展，整个茶叶行业始终处于“自娱自乐”的状态。

（1）只注重“品茶”而忽视消费的日常化。

从明初开始，中国人喝茶几乎只有一种方式——散茶泡饮，现在有一种倾向——茶企几乎在集体推销“工夫茶”这一饮用方式。这源于闽商茶文化的强势传播，这样的饮用方式对于生活在城市的大多数人而言既不经济也不方便。工夫茶需要一整套茶具，对于泡茶的水质、品茶的环境也有要求；同时，工夫茶冲茶和斟茶的过程有讲究，品茶时提倡遵循古礼。

我们不难发现中国茶企推崇工夫茶与前面提及的对于历史和文化的痴迷有直接关系。按照传统文化，品茶是附庸风雅之事，面向的是高端人群，这类人是有条件花费时间、金钱去享受工夫茶的，但如此小众的消费者定位直接导致难以打开市场、提升销量。

立顿的袋泡茶品质无法与传统茶叶相比，许多年轻人明知如此还要买，为什么？因为有着浓厚的官僚文化和贵族文化色彩的中国茶文化，把消费者的需求抛弃了。立顿的袋泡茶方便、时尚，在年轻人看来泡散茶、泡工夫茶是中老年人的爱好。

立顿1992年进入中国市场，正值“80后”价值观、消费观形成之际。尽管中国茶文化有着几千年的历史，但年轻人对茶的认识却源于立顿。他们已经习惯最直接的喝茶方式，不愿意像老一辈一样慢慢品茶，这对他们来说是浪费时间。一种是要在空闲时间、有舒适的环境、有配套的茶具才能享用；一种是只要有水、有水杯随时随地都能喝到，后者消费形式的日常化决定了其所占的市场份额必定是前者很难超越的。

（2）过分注重送礼而忽视消费的大众化。

茶叶的消费目的一般有自用、送礼和投资收藏三种。自用显然是拥有更广阔的市场，但是现在的中国茶企却将重心放在礼品茶叶上，造成过度包装和价格虚高。

茶企并非不能做礼品，可凡事都应该有个度，把握产品的本质才是关键，包装贵过茶叶给人本末倒置之感。而且礼品茶的消费群体比较窄，普通消费者只会在逢年过节购买。

企业资源有限，过多关注高端礼品茶的开发，就会忽略自用茶品的运营，流失一大批日常消费者。过度包装的礼品茶与茶本身清新自然的形象是背离的。

因此，中国茶企要走出困境，就必须认真学习立顿的商业模式，对茶叶传统的市场边界进行重新定义，挖掘出茶叶的“非顾客”，如此才能推动中国茶业的崛起。具体来讲要做到如下两点：

（1）从“礼品化”走向“日常化”。

几乎所有的茶叶都在做礼盒包装，都在诉求送礼，这些礼品茶在华丽的包装下失去了商品本身的属性。一些公司花高价买这些茶，却常常被束之高阁，没有真正地将产品传递到消费者手中，茶叶的品质如何被忽略了。茶叶作为商品，有其特有的消费属性，口味、价格、规格、品质要给消费者带来价值，茶叶的“礼品化”模糊了品牌的核心价值，成了一个礼品符号。

而“日常化”要求企业首先抛开茶叶所有的附加属性，把它只是当作单纯的商品来运营，瞄准消费者想要方便、随意喝好茶的需求，产品层次更丰富、包装设计更便利、定价更合理、渠道更多元，让消费者从产品本身的特质中获得更多的享受和愉悦。

（2）从“边缘化”走向“主流化”。

中国茶企的目标消费者在整个消费群体中只占据金字塔的顶端，即高收入人群和一部分有购买能力的中老年人群，显然这是十分边缘化的定位。要做大企业、做强品牌必须扩大消费群体，让产品成为日常消费的一种习惯。

我们可以参照最成功的例子——立顿，立顿在进入中国市场后，最明显的特点就是扩大消费群体，即从成功人士的定位转向年轻消费群体，年轻人容易接受新鲜事物，也是未来消费的生力军，主流化成为立顿秉承的发展思路。

在立顿的经营下，消费者的观念中喝雀巢咖啡和喝立顿茶是一个道理，这种颇具“方便面”精神的产品，恰恰吸引了年轻白领。反观现在茶业的成功品牌，无论是绿茶、乌龙茶还是普洱茶，这些茶企走的是高档、高端的产品路线，定价普遍偏高，包装考究，渠道也以专卖店为主，缺少简单、适应大众的商业模式。

不可否认，高端路线拥有更多的产品附加值，但消费者更多的是普通大众。现在不少人在慨叹铁观音、大红袍等“喝不起”了，这样原有的消费者也在慢慢流失。

一个成熟的市场需要的是丰富的产品，而不仅仅是高端产品。以安溪为例，黄金桂、本山、毛蟹与铁观音并列为安溪四大名茶，却在铁观音产业的壮大中日渐式微，茶企是否可以用价格相对较低的黄金桂、本山、毛蟹作为铁观音产品线有益的补充呢？在包装和渠道方面，茶企可以考虑同时进入流通渠道、现代渠道和电商渠道，包装更亲民便利，从而真正进入消费者的日常生活。

在转变市场边界之后，国内茶企也要在产品上进行调整，顺应大众市场的消费习惯：

（1）从“零散化”走向“标准化”。

“零散化”指的是中国茶叶除了礼品茶，大多数都是散茶。散茶这种形式短期内不可能消失。但是，由于不透明、不卫生、不安全及档次低，散茶已经遭遇成长的天花板，在未来必将逐步被淘汰。

“零散化”到“标准化”的演变是企业的一个飞跃，立顿最早推出的并不是袋泡茶，而是小包装原茶；在立顿以前茶叶都是称重量售卖，是立顿第一个把它分 1/4 磅、1/2 磅、1 磅等不同重量包装售卖。

但正是采用拼配技术和袋泡茶这样的创新产品，超越了原产地和品种，实现了产品的标准化和工业化大生产，让立顿走向了世界。茶叶的“标准化”还会对渠道拓展产生积极影响。

当前中国茶叶消费的主渠道仍然是茶叶市场和茶叶专卖店，成了阻碍品牌渠道发展的一大问题。“标准化”的茶叶有固定的规格、品质、包装，对产品品质没有影响，一旦成了普通的快速消费品，就可以在任何渠道销售，从而推动整个市场的发展。

(2) 从“艺术化”走向“便利化”。

在生活节奏日益加快的今天，快餐胜过慢餐、快饮胜过慢饮，这是有打造世界级茶叶品牌理想的中国茶企一定要重视的基本规律。

立顿把英国贵族的下午茶平民化、方便化，在中国则成为所谓白领、小资生活方式的一部分；而中国茶企却把饮茶这件事变得充满艺术气息，成了文人雅士的专属。不少茶企大力渲染中国的饮茶文化，讲茶道、比茶艺，慢节奏的“茶道”与现代生活联系较少，远离普通百姓的生活，这对于推广茶产业作用不大。

“柴米油盐酱醋茶”，喝茶应该是普通人的普通事，氛围、程序、水质、温度等都不应该成为影响茶叶品质的要素。“便利化”就是要企业做到无论是保存、携带还是冲泡都能简单和方便，随时随地，只要有水便能泡出一杯标准品质的茶。

(3) 从“半成品”走向“直接品”。

之所以说中国的茶叶产品是半成品，是因为消费者买到的茶叶都需要二次操作才能被饮用。消费者没有被告知一个明确的标准，放置多少茶叶，冲入多少水，会达到什么浓度；而是凭着过去喝茶的经验，预计一个大概的量，然后将茶叶放入杯中。这样冲泡得到的茶很难保证良好的品质。

还有部分茶企采用真空包装，使用起来也很麻烦，而“袋泡茶”“茶叶包”或者“速溶茶”几种形式，可以实现用包装将茶的分量精确地固定了下来，并且建议水量，消费者按照提示进行冲泡可以保证达到应有的口感。

越容易使用的东西，消费者的接受度就越高，中国的茶企可以借鉴立顿的模式，同时根据自身的发展状况，将茶叶设计为一款可以让消费者快速冲泡、快速使用的标准化商品，吸引更多的年轻消费者。

## 月饼的“非顾客”是谁？哈根达斯是如何成功进入月饼行业的？嘉华鲜花饼又是如何崛起的？

作为传统食品的月饼，多年来都处于尴尬境地，那就是偏离了消费的本质，陷入“形式化”和“符号化”的困局，吃的人不买、买的人不吃，只剩下“中秋节”这个空泛的符号。每到中秋时节，商超、专卖店里摆放的月饼礼盒价格都是数百元，甚至上千元，月饼价格一年比一年高，包装也一年比一年精美。铁盒、木盒已经不稀奇，陶瓷、水晶、玻璃等也被用在外包装上。

这种送礼月饼分量过重、体积过大、成本过高、装饰过于华丽、说辞过于溢美，彻底弱化了月饼本身的功能。购买这类月饼的大多是送礼，普通消费者没几个会花冤枉钱，品牌无法树立良好的形象，甚至会让消费者反感。这些豪华礼盒由于制作工艺和运输仓储成本几乎没有加工企业愿意回收，成了一种废物污染，与现在提倡的绿色节能生活方式有冲突。

国内月饼行业的市场容量在200亿元左右，月饼行业要从根本上扭转不利的局面，就必须重新定义原有的市场边界，从礼品市场回归大众消费市场。在这一点上，月饼企业应该借鉴哈根达斯和云南嘉华鲜花饼的商业模式。

哈根达斯是国际知名的冷饮企业，其在进入中国市场之后，创造性地推出“冰淇淋月饼”，成功进入月饼市场。据业内人士介绍，哈根达斯前几年一年的冰淇淋月饼可以销售400万份，如果按平均每份300元计算，就是12亿元的销售额，如果要将其纳入月饼行业，也能进入第一梯队。

哈根达斯的表现令月饼行业惊讶，怎样做到的呢？根源就在于哈根达斯成功挖掘了月饼的“非顾客”，也就是较高收入水平和注重品质的白领消费群体，这些人平常不可能买月饼吃，但是会吃哈根达斯。当哈根达斯推出冰淇淋月饼时，他们在享用美味冰淇淋的同时，又增加了一种消费选择——既可以送礼，也可以自己食用。如此一来，冰淇淋月饼就不会出现买的人不吃、吃的人不买的情况，这就使月饼回归消费的本质。

实际上，月饼只是一种形式，这种形式只有在中秋节的时候才能发挥作用，但问题是平时怎么办，如果只能在节日消费，就必然出现月饼面临的困境。但是冰淇淋月饼不会出现这种局面，因为冰淇淋本来就是一种日常消费产品，爽甜而不腻，摆脱了月饼在产品上的弊病。

美心食品就借鉴哈根达斯推出了“冰皮月饼”，这款产品不同于传统月饼，能够在日常生活中作为点心食用。

云南的嘉华食品推出的嘉华鲜花饼也频频出现在中秋月饼市场，并且获得了消费者的广泛好评。鲜花饼是以“花味、云南味”为特色的云南经典点心代表，是一种以食用玫瑰花入料的酥饼。

其能在月饼市场一显身手，首先是因为消费者在日常生活中可以将鲜花饼当作点心来食用，具有广泛的消费基础；其次鲜花饼的形态与传统的苏式酥皮月饼相同，可以自然嫁接上月饼这种中秋符号，故此可以受到消费者的青睐。

嘉华食品能做到这一点，是因为将鲜花饼的市场边界定义在了广泛的大众消费市场，而不是有局限的中秋礼品市场。为此，嘉华食品不断研发改良鲜花饼的制作工艺和条件，并且开设了大量的品牌专卖店来广泛销售，从而使嘉华鲜花饼超越传统中式糕点和月饼的局限性，成了能够深入消费者日常生活的美味点心。可以说，嘉华鲜花饼的成功就在于挖掘了日常生活中不吃月饼但是会吃点心的月饼“非顾客”，从而实现快速发展。

## 三、挖掘“非顾客”的核心在于核心价值定位

要想让“非顾客”转变成为“顾客”，使品类扩大在消费者中的渗透率，还是要跳出产品的物理属性层面，基于用途精准地提炼出独特的核心价值定位。**笔者对“核心价值定位”的定义就是：“使品牌或产品在消费者心智中建立独特的价值认知。”**这个定义与特劳特的“定位”有所不同，包含两层含义：

其一，一个产品或者品牌必须具有独特的核心价值，能够满足消费者的核心需求；

其二，这个核心价值能够在消费者心智中占据一个独特的位置，能够

与竞争品牌形成明显的差异。

由此一来，“核心价值定位”就在产品或品牌与消费者心智之间找到平衡，避免过分偏向产品自身或者消费者心智，既不是“有产品、无认知”，也不是“有认知、无价值”，这样的定位才具有生命力！

以海天为例，为草菇老抽提炼的核心价值定位就是“几滴就上色、久煮不变黑”，这个定位非常精准，而且完全能够做到，并非是个噱头。所以，海天在将草菇老抽牢牢印入消费者的心智时，也将老抽品类的核心价值明确了，推动其他区域消费者接受老抽品类。

味事达推出了味极鲜酱油，其氨基酸态氮达到了1.2g/100ml，着重强调的是“高鲜”，相较生抽，风味更加突出，甚至在家庭消费中可以替代味精和鸡精，由此受到消费者的青睐。在其带动下，东古一品鲜、欣和六月鲜等高鲜酱油相继诞生，推动了生抽、高鲜酱油在家庭消费市场的渗透率。

厨邦酱油从另一个角度提炼了“晒足180天”，以此与配制酱油划清界限，这个核心价值定位深深地触动了消费者，凸显了广东酱油的工艺特色，也得到了其他区域消费者的认可。在这些领导品牌的成功经营下，珠三角地区的传统老抽、生抽及后来的味极鲜酱油，从广东市场走向全国市场，原来那些广东酱油的“非顾客”，如今都成了老抽、生抽和味极鲜酱油的拥趸，得益于领导品牌对酱油核心价值的独特定位。

企业将焦点放到核心价值定位上，有助于跳出“产品视角”的陷阱。许多企业都将产品当作目的，这完全搞反了，产品绝不是目的，它只是一个手段。这么说，一些产品至上的企业很难接受，但这就是事实，产品只是载体，是消费者满足需求、实现价值的一个载体。

美国广告大师爱玛·赫伊拉曾说：“不要卖牛排，而要卖烤牛排的嗞嗞声。”《营销想象力》的作者莱维特教授也说过：“人们要的不是钉子，而是墙上的孔。”

试看这两个诉求：“这款老抽品质最好，色泽鲜艳、酱香突出、滋味鲜美醇厚、鲜咸甜适口”VS“几滴就上色，久煮不变黑”。请问消费者会如何选择？前者是大多数酱油品牌通用的诉求，后者则是海天草菇老抽的诉求，大家明白差异在哪里了吗？前者只是诉求产品本身的特性，与消费者有什么关系吗？没有，海天草菇老抽则直指消费者使用老抽要实现的最核心价值，那就是使菜肴容易上色、好看、不变黑，着眼点不在于产品，而在于消费者使用后的结果。

所以，创新大师克莱顿·克里斯坦森说：“**消费者购买产品的根本目的就是完成一项任务。**”他在《创新者的解答》中举了奶昔的例子：通常奶昔经营者关注的重点是如何把奶昔做得更香、增加味道、提高品质及降低价格等，但产品的改进并没有显著地增加产品的销量和利润。真实的情况是，这并不是消费者关注的重点，消费者购买奶昔并非是为了使自己健康，而是为了“消磨时光”。原来的做法完全找错了方向，而一个错误的方向无法得出一个正确的答案！

这才是症结所在，“把产品做好比什么都重要”错在没有将焦点放在消费者身上，没有从消费者要利用产品去完成什么样的重要任务上。德鲁克告诉我们，一定要问对正确的问题，问题错了，后面的解答就全错了。

从酱油品类的发展历程来看，就是一个不断扩展消费者任务的过程。早期的酱油并没有这样做，但是后来从沿用粤式酱油对老抽和生抽的叫法就开始界定任务了，老抽用来上色，生抽用来调鲜，再后来更是与烹饪某道菜肴有关，由此出现了李锦记蒸鱼豉油和加加面条鲜。这种关注消费者任务的做法完全是对传统酱油品类的颠覆性革新，由此大大提升了整个行业的市场容量。

食醋品类作为渗透率较高的调味品类，却没有获得更大的市场容量，根源在于整个行业都未能从消费者的任务上进行深度思考。从产品的角度看，现在主流的食醋仅仅是突出产品自身的特点，陈醋、老陈醋、山西老陈醋、香醋、镇江香醋、白醋、米醋等，消费者的任务在哪里呢？当然，现在也有饺子醋、蟹醋、凉拌醋这样能够体现消费者任务的产品，但不是主流，也没有成为醋企的核心产品，自然无法有效影响消费者，最终导致整个食醋行业的市场容量未能迅速提升。

为什么不少企业都接受了“把产品做好比什么都重要”的说法？因为“懒”！它们就是在用战术的勤奋来掩盖战略的懒惰。因为没有意识且缺乏专业去洞察消费者需要完成的抽象任务，所以只能将希望寄托在把产品做好上，相对来说容易，有明确的产品标准、产品工艺和设备，也有别人的产品参考，也可以请专业院校及研究机构提供帮助，这一切都很明确、很具象，容易看懂，也容易接受。但容易的往往是个坑，“好产品”就是这样的坑。

产品本身不会产生机会，顾客任务则能！德鲁克告诉我们，所有的经营成果都在于外部，也就是市场，产生于内部的都是成本。也就是说，产品产生的价值才是成果，而产品本身只是成本。仅仅从产品本身来看，你怎么知道它会得到顾客的认可呢？从这个角度入手，不就是“先战而后求胜”了吗？怪不得成功产品产生的概率那么低！然而，当我们深入思考顾客到底有哪些需要完成的任务时，机会已经蕴含其中。正确的逻辑一定是需求在先，产品在后，这样做才能实现“先胜而后求战”，可惜很多企业都把这个逻辑搞反了。

在产品同质化的环境中，不懂顾客而只知道做好产品，成功的概率就如同让一个文学教授直接做生意。真正的好产品必须给消费者提供一个清晰的理由：到底能够帮助用户完成什么重要任务，而且只能用一句话这个标准去衡量，恐怕绝大多数企业的产品都不合格。很多企业能够说出自己产品的若干优点，原料、配方、工艺、营养、品质、环境、性价比……跟消费者没有关系！

那么多的生抽，为什么一定要买你的？那么多的陈醋，为什么一定要买你的？那么多的辣酱，为什么一定要买你的？那么多的料酒，为什么要买你的？你们说了一大堆，到底能够给我带来什么帮助？从产品的意义看，当前大部分产品都不能吸引消费者，对企业销售做出贡献的更多是渠道，这里只能买到这几个产品，消费者也只能从中选择，用得不错就持续用。在这种状况下，即便产品卖得不错，企业也不知道为什么。

关注顾客任务的意义在于挖掘“非顾客”，也就是现在还没有产生消费的新顾客。以前常说的一个小故事，一个推销员到一个岛上推销鞋子，发现当地居民都光着脚，不穿鞋子，于是回去报告这里没有机会，这种逻辑是完全错误的。如果大家都穿鞋子，增长的机会就不大，只有存在没有消费的“非顾客”，才是一片巨大的蓝海。

这种机会只有从洞察顾客需要完成的任务来提炼。有一个故事能够说明这一点，就是如何将梳子卖给和尚。如果从产品的角度看，根本就不存在这种机会，但是从顾客完成的任务来洞察，至少存在三种机会：疏通头皮血脉、帮助香客梳头、开光之后做纪念，这种思维完全是来自顾客需求而非产品自身。

举一个例子：鸡粉如何提升市场容量？现在鸡味调味料主要有三种品类：鸡精、鸡粉和鸡汁。其中，鸡精和鸡粉的形态差不多，都是固体粉末或晶体状。鸡粉的市场容量远远小于鸡精，如何提升呢？解决这个问题的关键就是想一想顾客用鸡精完成什么任务，鸡粉完成什么任务。实际上，许多顾客根本分不清鸡精和鸡粉的区别，也搞不清什么情况下应该用鸡精，什么情况下应该用鸡粉。

所以，企业应该巧妙地进行引导，上海至汇战略咨询机构在服务广东百味佳味业时就洞察到，消费者使用鸡粉要完成的重要任务就是使菜肴“鸡肉原香更浓更持久且耐蒸煮”，这是鸡精做不到的，因为鸡精中的鸡肉成分很少，其功能主要在于提鲜而非增香，从任务入手才有可能使鸡粉实现增长。

大多数鸡粉企业都是从鸡粉的品质、原料、工艺等方面进行诉求，可消费者仍然不明白为什么要使用鸡粉，这就是整个鸡粉品类市场容量始终做不大的根源！

越是具象的就越有局限，越是抽象的就越是本质。产品是前者，价值是后者，而价值就是要帮助顾客完成重要任务。企业真的需要多做一些抽象思考，让自己的脑子多活动没有坏处，顺便还能够把产品做成功。

## 案例：千禾酱油的独特核心价值定位

选择高端健康调味品是千禾的整体战略，但是要想消费者直接感受到，必须提炼一个独特且具有差异的核心价值定位，这就是千禾于2008年首次推出的“零添加”概念。

据西南证券资料，千禾推出“零添加”酱油，与含有食品添加剂的传统调味品清晰地分割开来，从配方角度细分创新性地开辟了一个调味品新品类。而这一品类恰到好处地“戳中”消费者对食品安全问题担忧的痛点，成为千禾最大的“卖点”，也奠定了其在“零添加”品类中的先发优势。

千禾将“零添加”这一差异化概念传递给消费者，改变了消费者对于基础调味品固有的印象，率先在消费者心智中树立“千禾代表零添加、代表健康”的形象。

如果仅仅停留在诉求零添加、有机等概念，消费者并不能理解。为此，千禾找到了一个非常聪明的做法，那就是提炼出一个接地气的核心诉求：给家人吃不加味精的酱油！这句诉求很容易理解，巧妙之处就在于利用了消费者对于味精的反感（虽然这对于味精来说并不公平，但是精准地击中了消费者的痛点），无形中将酱油品类划分为两类：一类是含有味精的（酱油产品上标注的是味精的学名：谷氨酸钠）；另一类就是不含味精的，而千禾是后者。

这句话消费者听懂了！零添加、有机这些概念尽管“高大上”，但是“不含味精”却是真正具有强大冲击力的，因为消费者对于味精是有认知的。在此基础上，千禾再通过零添加、有机等概念对“不含味精”提供证据支持，从而让消费者更加信服，并且带动这两个新概念的有效传播。

### 案例：通过创新核心价值实现品类占位——厨邦酱油

厨邦品牌的成功，实际上是品类战略的成功，通过对“晒足 180 天”的酱油成功进行了占位，从而体现厨邦品牌的价值感，赢得消费者的认同。企业的品类占位要成功，必须抓住两个关键：

（1）洞察消费态势：品类的成功，本质是满足或者挖掘消费者的核心需求。要做到这一点，就必须对行业和消费态势进行透彻的洞察，抓住行业或消费的转型期，这样才能顺势而为，并在行业中占据领先地位。

厨邦之所以要推出“晒足 180 天”的酱油，其背景就是行业中充斥着配制酱油，给行业带来负面影响，同时消费者日益提升的消费意识和消费能力，使得市场上对高品质酱油产生了能够接受的土壤。两个因素的结合，使得厨邦酱油一经推出即实现迅速成长。如果行业和消费者并没有这样的环境，企业也未必会收获这样的成功。

（2）创新核心价值：我们往往看到的是空洞的概念，其中充斥着企业的自我欣赏，但是这些概念对于消费者并没有实际意义，从而导致那些小品类或新产品始终难以突出重围。笔者强调这个原则，希望企业能够将焦点真正放到对消费者具有价值的因素上，概念确实重要，但要体现在产品的核心价值上。

企业成功打造出一个新品，其核心价值必须得到市场及目标消费者的认可。当产品的核心价值符合目标消费者的需求，再经过营销各环节的运作，就有机会占领消费者的心智。如果消费者不能从产品的消费体验中感受到核心价值，就不会持续购买，也就无法推动产品的持续成长。

厨邦酱油的“晒足 180 天”并非噱头，而是真的不同于其他配制酱油的晒制酱油，“晒足 180 天”则是对晒制的具体支撑，强化其对消费者的信任。厨邦找到了一个明确的、有意义的核心价值，并且在实际运营中做到了，也通过品牌传播令消费者感受到了，从而实现业绩突破。

## 第三节　调整核心价值定位和商业模式

### 一、品牌/品类重新定位

市场边界重构之后，意味着目标消费群体和消费需求发生了变化，那么品牌/品类就必须重新定位。**企业在对品牌/品类进行重新定位时，也要遵循三项原则：洞察核心需求、区隔竞争对手、符合消费本质**，和企业最初进行核心价值定位时的原则相同。

鉴于不少企业对于定位存在认识上的偏差，笔者有必要对核心价值定位三要素进行一定的阐述。

### （一）洞察核心需求

企业如何才能洞察消费者的核心需求呢？必须通过对消费群体和消费需求的细分。如何进行细分呢？真正有效的细分需要通过场景和用途，深入研究消费者在不同的场景下使用产品要达成的目的。

创新大师克里斯滕森强调，颠覆性创新的关键在于研究消费者在不同的场景之下，用这个产品去完成一个什么样的任务。只有细分场景和用途，才有可能深刻洞察消费者的核心需求。

比如酱油为什么能成为调味品行业中的最大品类？因为酱油对于消费者的细分需求挖掘最充分，酱油需求的细分有两个维度：一个方向是口味，另一个方向是颜色。不同的方向对应着不同的烹饪方式，那么酱油企业就在不断地切割这个细分需求，通过满足消费者在不同烹饪方式下对酱油的用途进行定位。

首先看看海天草菇老抽和欣和六月鲜的价值定位，它们正好分别处于消费需求的两端。

海天草菇老抽的核心价值定位是上色，能够让消费者在煮红烧肉时滴几滴上色，而且久煮不黑，所以这个大单品直接推动了海天快速成长。欣和的六月鲜能够在华东市场占有一席之地，就是因为定位调鲜，从而在激烈的酱油竞争中占有一席之地。再来看李锦记的蒸鱼豉油和加加的面条鲜，价值定位都是基于菜式，也就是烹饪方式。李锦记的蒸鱼豉油，是针对消费者蒸鱼的菜式，而加加的面条鲜就是针对吃面条，这是针对用途和场景来定位。

国内西式餐料第一品牌东莞百利，其核心产品沙拉酱，对标的品牌是丘比。上海至汇战略咨询机构为其提炼的核心价值定位是“高性价比”，因为它的对象是厨师，百利沙拉酱的品质接近丘比，但是它的价格比丘比低 15% ~20%，通过这样的定位可以给厨师带来高性价比的沙拉酱，所以百利持续多年增长速度都超过 20%。

另外，制约食醋行业发展的一个重要因素是产品过于单一，同质化严重。一方面产品单一造成消费者无法分清不同产品的好坏，使企业陷入价格战，即便没有配制食醋在其中“捣糨糊”，这些同质化的酿造食醋也难以突围；另一方面产品单一又造成食醋的区域化限制，消费者很难接受其他地域的食醋品种，比如华东区域消费者消费陈醋量少，而北方消费者则消费香醋量少，这对于整个食醋行业的发展极为不利。

未来，向多种功能化用途进行细分化发展，将成为酿造食醋突破区域局限的一个重要方向。目前，市场上已经有了饺子醋、蟹醋等细分用途的食醋产品，但是还缺少整体消费氛围，领军企业还没有对此给予充分的重视。

2018 年，山西紫林醋业推出了一系列全新产品，正式拉开了食醋多用途的细分化拓展序幕，其山西陈醋系列推出了炒、拌、烩、煮四种主要烹饪方式的细分产品，酿造白醋则推出了炖鱼汤、拌凉菜、烧排骨、炒青菜四种主要用途的细分产品，对整个食醋行业的发展起到引领作用。

### （二）区隔竞争对手

一个有效的价值定位不能只考虑自身，还必须与同行业中的竞争对手形成差异化区隔，否则这种定位是无效的。

国内某生产蛋黄派的企业将自己定位于“派的专家”，如此定位的原因在于其产品以蛋黄派为主，并且具有一定的市场基础，但问题在于仅仅基于现有产品就可以做出定位了吗？相信对工业蛋糕市场有一定了解的人应该知道，真正可以算得上是“派的专家”的品牌应该是好丽友，在上市伊始就建立了“好丽友 = 派”的认知，并且牢牢占据派类市场的领导地位，那么这家国内企业还将自己定位在“派的专家”有何意义呢？

或许有人会说，好丽友并没有讲自己是“派的专家”，谁先说谁就能够实现定位。但好丽友早就将“派”与“好丽友”品牌紧密联系在一起，在其广告诉求中，“好丽友派”始终是关联运用的，已经在消费者心智中形成清晰的认知，目前已经在城市市场中市场占有率第一。

在这种背景下，该企业硬要使自己贴上“派的专家”的标签，全然不顾派类市场已经被他人所占的事实，完全是一个失败的定位。

再来看玉米油中的两个品牌，西王和长寿花玉米油。在山东邹平的西王村，同一个村出现了两个玉米油的领导者，西王玉米油的核心价值定位是新鲜，而长寿花的核心价值定位是三低（低饱和脂肪、低热量、零胆固醇）。这两家企业令人佩服，在一个村里都没有互相模仿，而是根据消费者的不同需求进行核心价值定位，实现差异化发展。

反过来看酱油行业，陷入“零添加”之争的困境，一些领导品牌都在诉求“零添加”，如海天、欣和、厨邦、加加等。但是从定位上来说基本上无效，因为谁都在说，都是在模仿，失去了独占性，根本没有办法形成一个独特的定位。

客观来说，真正获得“零添加”定位红利的企业只有千禾，因为其最早提出这个核心价值定位，在一定程度上占据了顾客心智。发展至今，“零添加”酱油及其他调味品已经形成了一个品类，代表一种全新的“零添加”市场边界，但调味品企业要将这个概念用于核心价值定位很难产生效果。

### （三）符合消费本质

不同的行业具有不同的消费本质，比如调味品的消费本质就是味道好，粮油食品的消费本质就是食材好和有营养，休闲食品的消费本质是好吃好玩，而健康食品的消费本质就是健康。所以，品牌的定位必须符合行业本质，一些调味品企业都在利用自身资源拓展关联的饮料市场，比如番茄酱企业推出番茄汁，食醋企业推出醋饮料，可是这些产品的市场表现并不好，原因在于还在用调味品的思维做饮料。

以某企业推出的老菠萝醋饮为例，提出了两个概念：一是“更健康的碳酸饮料”；二是“当菠萝汁遇见纯粮酿造的食醋”，都不符合饮料行业的消费本质。

第一个概念犯了方向上的错误，因为碳酸饮料在七大类的饮料市场中处于持续下滑状态，消费者倾向选择好喝而又健康的饮料；第二个概念是市场边界定义错误，消费者认为还是在喝醋，只不过是添加了菠萝汁，这并不符合消费者对饮料的联想。

那么，消费者非常注重健康因素，企业是否需要强调健康呢？

笔者的观点是，企业可以强调健康，前提是产品首先必须符合消费的本质。比如老抽一定要做到上色好，生抽一定要做到调鲜好，鸡精一定要做到鲜香，辣酱一定要做到香辣可口。否则，无论产品用的原料多么好、多么健康，但是该上色的色不正，该鲜香的不飘香，该香辣的不美味，消费者会毫不留情地弃你而去。

## 二、调整商业模式

每一个市场边界都需要有相应的商业模式来匹配，一旦市场边界发生变化，就意味着商业模式必须跟着变化，否则就会出问题。因此，当企业市场边界进行重构，也要进行商业模式的调整。有的企业拥有多个业务，不同的业务角色是不同的，就需要构建相匹配的商业模式，这样才能有效传递核心价值。

**商业模式创新的关键就在于“价值链组合”**。《蓝海战略》在阐述如何做到差异化的时候，运用的就是价值链分析方法，通过对比相关企业在价值链上每个环节的具体表现，找出可以改善企业经营业绩的价值环节，然后对其进行重组，从而以完全不同的价值链与竞争对手形成差异，借此重新赢得竞争优势。

因此，企业的差异化隐含在价值链中，真正的差异化应该是价值链的差异化！在价值链运行的全过程中，通过环环相扣的差异化，最终形成的整个价值链差异化才是真正意义的差异化经营，这样才能形成独特的商业模式，并真正构筑企业的核心竞争力。

企业一旦在价值链上与竞争对手形成差异化，就意味着真正具备了核心竞争能力。哪怕对手可以在产品、渠道、推广等方面一味模仿，也难以在整条价值链上进行模仿，这需要耗费高昂的学习成本，企业就能够提升自己的竞争优势，抓住更多的市场机会。

桃李食品开创了既不同于传统长保烘焙企业，也不同于短保产品店铺专卖企业的商业模式，分别针对大型连锁商超和中小超市便利店构建了直营与“区域承包制”相结合的短保糕点运营模式，即“中央工厂＋批发配送”，在短短几年实现快速发展，并且打造出“奶棒面包”“醇熟”两大战略单品。

烘焙行业快速增长，尤其是短保面包的渗透率仍在提升，在快速扩容的赛道中，由于短保面包具有代餐属性，若能将短保面包铺设到广泛的终端，一定程度上能够刺激消费者的购买需求。在短保面包的四种商业模式中，连锁门店前端过重，不易扩张；电商模式履约成本较高，适合高客单高毛利的低频产品；传统经销模式过于依赖经销商，难以有效掌控，而且销售费用较高；而桃李食品采用的“中央工厂＋批发配送”模式有助于快速拓展渠道，渗透终端，同时凸显产品“新鲜”的核心价值，其价值链活动与其他几种模式截然不同，是短保面包行业中的最佳商业模式。

桃李食品2020年的营收规模达到59.63亿元，2011—2019年的营收复合增速达到21.40%，净利润复合增速则达到21.27%。2020年受疫情影响，其营收增速放缓至5.66%，但仍然是烘焙食品行业中业绩表现最优异的企业之一，已进入烘焙食品行业第一梯队阵营。

还有不少企业的商业模式创新值得借鉴。

徐福记，一家被雀巢收购的中国台湾休闲食品企业，其在20世纪90年代末进入大陆市场，那个时候已经出现了若干个强大的领导品牌，如上好佳、阿尔卑斯、箭牌、旺旺、喜之郎等，它们无论在品牌知名度还是在渠道覆盖上都远远超过初来乍到的徐福记。

为了从领导品牌手中分一杯羹，徐福记采用了截然不同的做法，并没有和这些领导者拼产品、拼广告，而是在商超终端通过购买货架中间的空间，然后用数十个乃至上百个铁桶陈列散装的产品，让消费者可以在完全承受的范围内用较少的代价享受到不同产品的特色，而这是领导品牌传统袋装产品不能满足的。通过这种破坏性的创新，徐福记在短时间内就实现突破性成长，即便竞争对手纷纷模仿，也难以阻挡徐福记成为国内休闲食品的领导品牌。

无独有偶，几年后又有一家企业采用异曲同工的创新方式，从激烈的竞争环境中脱颖而出，开创了全新的市场局面，这家企业就是上海的来伊份。

来伊份的创新更极致，完全避开了竞争对手林立的市场领域，也避开了盛气凌人的超级零售商，采取了自有品牌连锁专卖的模式，通过自建品牌专卖店，来伊份将整个休闲食品都集成到一个店铺里销售，相当于将休闲食品的货架从大卖场里搬出来，并且也是采用散装售卖的形式。这样一来，消费者可以在一个店铺里方便地品尝到各种休闲食品，却不用付出太大的代价。

这种模式使得来伊份完全可以自主掌控渠道的发展，而不用受制于超级零售商，再强的零售商对其都无可奈何，来伊份还能够从大卖场手中抢夺休闲食品的市场份额。通过这种破坏性创新，来伊份在数年中就开了3000 多家直营门店，实现突破性成长。

还有一个案例很典型，就是来自中国台湾地区的 85 度 C，其在烘焙领域通过创新方式实现突破性成长。在此之前，新鲜蛋糕房市场被好利来、克莉丝汀、元祖等企业主导，它们采用的模式是通过中央厨房加工产品，然后再配送到每个专卖店，而 85 度 C 完全颠覆了这个模式。

85 度 C 采用的是一种全新的复合式业态，即烘焙 + 饮品，同时采取在门店现烤现调的加工方式，让消费者能够在店铺享受到非常丰富和新鲜的产品，这一点是传统企业不能满足的。于是，85 度 C 凭借此创新在市场上快速发展，短短两年就实现了 IPO。

这些案例都清晰地说明了一旦企业有勇气且有实力打破规则的桎梏，基于价值链实现商业模式创新，就有机会在行业中拥有巨大的领先优势。

# 第十三章

# 持久增长：多维度重构市场边界

## 第一节　从一种物理属性跨越到另一种物理属性

基于物理属性变化的市场边界重构是最常见的路径，因为从形式上看很简单，无非是从一种产品载体变化到另一种产品载体，通常是企业在某一类产品上的经营出现瓶颈，或者是另一个品类出现了很好的发展机会，那么企业就会对市场边界进行重构，从原有的品类发展到另一个品类领域。

### 一、阜丰：从味精跨越到复合调味料

阜丰集团是全球味精大王，随着国内味精行业的整合完成，阜丰在味精行业的增长空间有限，于是进入复合调味料市场边界，推出了鸡精、鸡粉、酱油等产品，增加了企业未来的市场增长机会。

### 二、海天：从基础调料跨越到复合调味料

海天是调味品行业的领导者，2020 年的营业额高达 227.9 亿元，其中酱油、蚝油、调味酱三大发酵类产品的销售额高达 196.8 亿元。在“十四五”期间，海天的目标是实现 15% 左右的年复合增长率，但是由于基础调料的增长空间有限，只有进入更广阔的复合调味料市场边界，才能够持续

推动业绩的增长。于是，海天在2020年下半年推出了火锅调料、中式复合调料等复合化产品及粮油类厨房食品，为企业未来的增长提前布局，从而让中国人每天享受丰富美味的调味品，打造受人尊敬的国际化食品集团。

## 三、达利园：从烘焙食品跨越到食品饮料

福建达利食品是国内食品行业的知名企业，早期的市场边界主要是烘焙食品，但当其在饼干、蛋糕两个细分市场做到领先之后，为了实现更大规模的发展，就全力进入饮料行业，一举推出了多个饮料产品，并成功在凉茶饮料、功能饮料等细分市场获得了成功。

达利食品已经成了国内领先的综合食品饮料企业，2020年，达利食品实现了209.62亿元的综合销售收入，其中烘焙休闲食品的销售额为113亿元左右，饮料的销售额为80亿元左右。由此可见，达利食品当初进入饮料市场的战略远见与执行能力。

## 四、今麦郎：从方便食品跨越到食品饮料

河北今麦郎食品是本土方便面行业的领头企业，当其在方便面行业做到全国第三名时，为了实现进一步的发展，与统一企业合资成立公司进入饮料市场，陆续推出了今麦郎冰糖雪梨、瓶装水、茶饮料、乳酸菌饮料、果汁饮料等品类，成为又一个国内领先的综合食品饮料企业；其后与统一集团分手，又持续成功推出“熟水”品类，进一步提升了饮料市场的竞争力。

## 五、可口可乐：从碳酸饮料跨越到整个饮料市场

全球领先的饮料企业可口可乐在中国市场原本只是进入碳酸饮料市场，品牌主要包括可口可乐、雪碧和芬达，但是随着中国市场的不断发展，含糖量高，尤其是含有咖啡因的可乐等碳酸饮料已不符合未来的消费趋势。

为了保持在中国市场的领先地位，可口可乐将市场边界从碳酸饮料扩展到整个饮料市场，陆续推出了果汁饮料、茶饮料、植物蛋白饮料、咖啡饮料等品类，并且还收购了中绿粗粮王，持续强化其在健康饮料品类中的

市场地位。

## 六、黑芝麻食品：从黑芝麻糊跨越到植物蛋白饮料

广西黑芝麻食品多年来始终以赖以成名的黑芝麻糊作为核心品类，但是糊类冲调食品的市场增长空间有限，黑芝麻食品多年来的销售增长并不理想。为了突破这种困局，黑芝麻食品不断谋求市场边界的转型，借助植物蛋白饮料的发展热潮，于2013年成立饮品事业部，正式进军植物蛋白饮料市场，其黑芝麻乳新品在2014年的销售额就达到了2.13亿元，成长速度远远高于传统的糊类冲调食品。

## 七、香飘飘：从冲调奶茶跨越到液体奶茶

当冲调奶茶市场遭遇天花板之后，香飘飘终于向液体奶茶和果汁茶市场迈出了重要一步，推出“兰芳园”和“MECO”两个子品牌，通过杯装液体茶饮料产品突破多年来的业绩停滞，最终实现业绩突破。

## 八、东鹏特饮：从功能饮料跨越到综合饮料

功能饮料市场竞争日益激烈，东鹏特饮核心业务增长面临天花板，相对单一的产品结构使得公司经营业绩对能量饮料的销售依赖程度较高，如果能量饮料行业市场环境恶化，可能对公司经营业绩产生不利影响。2017—2019年，东鹏特饮非能量饮料分别占主营业务收入的3.63%、3.28%、3.53%，包装饮用水占比分别为0.08%、1.21%、0.98%。

为了解决产品单一的问题，东鹏特饮推出了由柑柠檬茶、陈皮特饮、东鹏水等产品，虽然目前仍然计划将主要资源聚焦主导产品东鹏特饮，但未来将加大新品的投入，并持续关注市场动向，以消费者需求为导向，推出具有成长潜力的新品，为企业长久发展持续提供动力。

## 九、三全食品：从速冻食品跨越到餐桌食品

三全食品是国内速冻食品行业的领导品牌，其核心产品速冻水饺、速冻汤圆和速冻面点都处于领先的市场地位。目前，三全食品的产品涵盖速

冻水饺、速冻汤圆、速冻馄饨、速冻粽子、速冻包子、速冻牛排、速冻比萨及常温米饭等400多种主食产品。之所以如此，在于三全食品已经对原有的市场边界进行了重构，将自己的业务定义为“餐桌美食供应商”，这就表明三全食品的全新市场边界已经转变成餐桌食品市场，其市场容量要远远超出速冻食品，有利于三全食品实现更大的增长。

基于这种战略调整，近年来三全食品开创了“鲜食”这一全新的业务板块，通过网站、App和实体售卖机，同时与7－ELEVEN、盒马鲜生等零售领先企业建立了深度合作关系，从而形成O2O运营的全新商业模式。如果这是在业务被定义为“速冻食品”或者“速冻饺子”的情形下，绝不可能出现这样的模式创新。

虽然从形式上看很简单，但是基于物理属性变化进行市场边界重构必须遵循一些关键原则。如果企业没有把握好这些原则，就会出现市场边界重构的问题。

**原则一：不同物理属性的品类之间应存在一定的消费属性关联。**

不同品类之间在消费属性上的关联度越高，企业基于物理属性的市场边界重构就越容易成功，反之就越难。虽然品类物理属性与消费属性是两个不同的维度，但是消费属性往往可以在不同品类之间产生关联，可以将不同物理属性的品类归属于相同的消费属性，对于消费者来说更容易接受，就会提高企业市场边界重构的成功率。

比如糖果和豆干是两个物理属性相差较大的品类，但是金丝猴食品都能将其运作得不错，一个重要原因就是这两个品类的消费属性都是休闲食品，其消费者和需求有一定的重叠，因此相对容易运作。但是对于食品和饮料这两个不同物理属性的品类来说就不一定了，达利和今麦郎的饮料业务能够成功，与其已经积累起来的资源与核心能力密切相关。但是由于这两类产品的消费属性有很大差异，并不是谁想延伸市场边界都能成功的，对此企业必须谨慎对待。

**原则二：基于物理属性的市场边界重构要考虑企业自身核心能力的匹配度。**

在企业进行市场边界重构的时候，最重要的因素是要控制自身的欲望，很多企业在重构市场边界时出现重大问题，经常是自己的扩张欲望过大，远远超过了自身的核心能力，摊子越铺越大，最后因无法收拾而毁于一旦。

以坚果炒货成名的洽洽食品，在其将炒货做到行业第一之后，不断寻求突破原有市场边界，获取更多的增长机会，比如推出早餐派、薯片、果冻等产品，进入更广泛的休闲食品市场。但是，洽洽收购徐州小康食品时出了问题，因为小康食品的主业是牛肉酱，属于调味佐餐食品，这一举动意味着洽洽从休闲食品大步跨越到调味佐餐食品市场。这个变化太大了，导致洽洽食品原有的资源和核心能力难以匹配调味佐餐市场的拓展。

在坚果炒货市场，洽洽是第一品牌，但是在调味佐餐市场并没有影响力，这一点对小康食品（已改为洽康食品）不会带来帮助。同时，洽洽食品在渠道上构建的资源都是以休闲食品为主，与调味佐餐食品需要的完全不同，很难带来实质性的帮助。至今，小康食品的经营业绩并未表现出明显的改善。

## 第二节　从一种地理范围变化到另一种地理范围

基于地理范围变化的市场边界重构很容易理解，但是这种途径并不是市场边界重构的重点。就中国企业而言，地理范围的市场边界大都是阶段性的，能否实现地理市场边界的重构往往与地理范围本身没有太大的关系，而是与消费特性、产品特性、企业资源及核心能力有关，只要这几点没有问题，企业最终都要实现全国范围销售。

因此，有必要进行地理范围市场边界重构的状况主要有四类：

其一，某个产品的地域消费特性很特殊，这个地域之外的消费者不存在这种消费需求。

其二，某个产品因工艺特性导致产品保质期短，只能在一定的地理范围内进行销售。

其三，企业阶段性的战略受限于资源与核心能力，企业在某个阶段只能聚焦某几个地理区域拓展市场。

其四，由于某些政策性因素的限制，导致某些产品只能在特定的地理范围内销售。

## 一、白酒企业从区域走向全国

白酒行业是一个区域消费特性非常明显的市场，不是每一个品牌都能够在广泛的地理范围内进行销售，大部分白酒品牌只能在本地市场进行销售。原因在于白酒不同于其他产品，并非是一个单纯的品类，除了与产品有关的香型、口感、度数、包装、名称等，还融合了当地的历史与文化。因此，一个白酒品牌要跨出本区域到外地拓展市场极其困难。具有名酒基因的白酒企业不同，有了全国评选的名酒称号，等于获得了一张有机会在全国市场进行销售的通行证，但是这样还不够，还需要与企业的经营实力相结合，除非是茅台、五粮液、泸州老窖这样的一线名酒，否则缺乏足够的经营实力。口子窖、西凤这样的名酒也难以拓展全国市场。从未来的趋势看，白酒企业的全国化是一个必由之路，只是时间可能较长，这有赖于白酒企业自身实力的提升，也和行业内外各种资本的并购整合有直接关系。可以肯定的是，只要条件具备，白酒企业一定要从区域走向全国市场，如此方能实现品牌化发展，并且获得持久的核心竞争优势。

## 二、食醋企业从区域走向全国

食醋行业是调味品行业中一个区域特性极强的市场，不同地理区域的消费者对于食醋有不同的需求。比如华东一带的消费者偏好的是香醋，而山西周边一带的消费者偏好的是陈醋，福建地区消费者偏好的是永春老醋，四川地区的消费者偏好的是保宁醋。如此一来，各地的食醋企业以本地市场为主开展经营，限制了醋企的发展。

即便整个醋业中排名第一的恒顺醋业，也没有将市场渗透到全国，其华东市场的销售额占比超过70%，其他地区的醋企更不用说了。但是，恒顺醋业正在努力向全国市场拓展，也收购了山西的陈醋企业以拓展北方市场，如果食醋行业能够像酱油行业那样拓展到全国市场，就会打开整个醋业未来的增长空间，诞生更多有实力的优秀企业。

## 三、乳品企业从区域走向全国

乳品行业与上述两类行业不同，地域消费特性并不强，但是与某些产品的工业有关。比如巴氏杀菌鲜奶，其保质期大多只有 1～15 天，这就意味着其只能在一定配送半径的地理范围内销售。这种工艺的鲜奶要通过消费者每天的订单来安排生产，企业要根据订单将产品直接配送到每家每户，这限制了企业拓展市场的地理范围。

因此，在乳制品行业市场集中度很高的情况下，仍然有不少区域性乳品企业固守在当地市场发展，比如成都华西、重庆天友、济南佳宝、广州燕塘、深圳晨光等。如果这些区域性乳品企业只是这样，将来很难取得更大的发展，对于这些以巴氏杀菌鲜奶为核心产品的乳品企业来说，要拓展全国市场只有通过在各地建厂，或者并购当地乳品企业的方式实现，上海光明就是这样拓展各地市场的。

当然，区域性乳品企业拓展全国的难度相当大，乳品行业的整合已经完成，要走出区域市场就要通过调整产品结构实现。

## 四、六个核桃从华北走向全国

河北养元饮品的市场边界从区域走向全国是其阶段性的战略布局，其主导产品六个核桃在发展初期并没有太大的市场容量和消费氛围。当时的同行企业也都立足于区域发展（如山西大寨核桃乳），而且养元饮品还很弱小，缺乏足够的资源及核心能力来支撑其对更广泛市场的拓展，只能集中资源聚焦河北及附近区域进行拓展。后来六个核桃找到了“经常用脑常喝六个核桃”的核心价值定位，也营造了整箱购买的礼品销售氛围，从而在区域市场引爆了核桃乳的消费热潮，实现了销售额的爆发性增长。

随着其他对手的纷纷跟进，国内植物蛋白饮料市场的热度不断上升，再加上此时养元饮品的销售规模已经增长到数十亿元，为了维持其在行业中的领先地位，养元饮品向全国市场进行拓展，进一步推动其销售规模的持续增长，高峰期 2015 年的销售额高达 91 亿元。

### 五、盐业企业从区域走向全国

作为国家专管的行业，盐业向来就是一个封闭性市场，甚至一个地市的盐厂只能在本地销售，一旦跨区销售就要被查没。2017 年中国盐业进行改革，取消了专管政策，意味着盐厂可以在全国范围内进行销售（当然这项政策目前的执行还不到位，各地政府仍然在执行保护政策），这对于具有实力和先进理念的盐企绝对是一个利好。只要这些企业能够引入现代化的营销体系，就能迅速从传统保守封闭的盐业市场脱颖而出，成长为真正意义上的全国盐业巨头。

## 第三节　从一种人群跨越到另一种人群

基于人群特征变化来重构市场边界很好理解，但不是一件容易的事情。对于企业的战略决策来说，是一个极大的考验。其中的关键之处在于“取舍”，实际上是考验企业的“人性”，因为人类习惯得到而不是舍去，能学会“舍”绝对是一种大智慧！老子在《道德经》中有这样一句话：“夫唯不争，故天下莫能与之争！”你能舍弃掉许多东西，还有谁会跟你争夺呢？

不少企业老板都有“雄图大志”，将产品销售给所有的消费者，他们往往举出可口可乐、宝洁之类的跨国企业作为例证，但这个世界又有几个可口可乐和宝洁呢？更何况可口可乐和宝洁在战略上绝对是做出了取舍的，也不是将产品销售给所有人，只是这些企业看不到而已。

基于人群特征变化来重构市场边界对于企业也是非常重要的，因为消费人群改变了，需求同时改变了，意味着从产品到渠道、从战略到商业模式都要进行一系列的调整，否则这种重构是无法成功的。

基于人群特征变化来重构市场边界对企业非常有意义，这样可以促使企业将眼光从产品本身转向消费者，通过关注消费者来洞察市场需求的变化。现在有很多企业无法适应市场竞争，因为他们还在用十年前的思维行事，但是现在国内市场的主流消费群体发生了根本变化。十年以前是“60

后”“70后”作为消费主流，现在则是“80后”“90后”主宰市场，未来则是“00后”“10后”的天下，全新的消费人群和快速发展的社会环境，自然会形成全新的消费理念和消费格局。如果企业不关注主流消费人群的变化，最终只能被市场抛弃。

## 一、阜丰U鲜：从家庭用户跨越到餐饮用户

为了进一步实现业绩的持续增长，阜丰集团推出了U鲜品牌，以小包装味精作为核心品类，重点拓展家庭消费市场。由于味精销量在家庭市场逐年下滑，媒体上对味精的不利传播，阜丰U鲜以家庭消费市场为边界存在战略偏差。

因此，阜丰U鲜重新定义市场边界，跳出家庭用户，将市场边界转向餐饮用户。一方面餐饮市场是味精的主战场，对于其他复合调味料，如鸡精、鸡粉、鸡汁等也有大量的需求；另一方面餐饮市场在整个调味品的渠道中占据超过50%的比重，而且选择餐饮市场也和阜丰集团现有的商业模式与资源配置相适应，其核心能力主要基于成本优势的B2B运作，这可以通过在性价比上建立优势来拓展餐饮渠道，从而很好地利用阜丰集团具备的核心能力。

## 二、娃哈哈：从儿童群体跨越到成人群体

娃哈哈最初的市场边界是儿童群体，其核心产品就是针对儿童的营养液，但是当时这个市场品牌众多、鱼龙混杂，宗庆后认为未来的增长空间不大，故此将市场边界从营养品转变到饮料市场，推出了后来大受欢迎的娃哈哈果奶乳酸饮料。

后来，宗庆后意识到儿童并不是饮料市场的主流消费群体，于是又开始推出纯净水、非常可乐等成人饮料产品，从此全面进入成人饮料的市场边界，最终取得了在整个饮料市场的王者地位。

从娃哈哈几十年始终领先的发展历程，我们可以了解到一个成功的企业大都要经历数次市场边界的重构，才能不断顺应市场消费的主流趋势，从而推动企业的持续发展。

## 三、特仑苏：从大众消费人群跨越到高端消费人群

作为一种民生产品，牛奶一直以来都是以大众人群作为核心市场边界，但是由于大众工薪人群收入有限，对价格的敏感度高，所以十几年前牛奶行业的价格战异常激烈，一度在业内有“奶价低过水”的说法，这对整个行业的发展极其不利。

打开这个局面的就是蒙牛推出的特仑苏，以中国核心乳都区作为背书，赋予特仑苏高品质内涵，从而成功将市场边界从大众消费人群重构为高端消费人群，既实现了销售额的突破性增长，又带动整个乳业实现了产品升级。伊利跟进推出金典、光明推出优 +，最终形成了高价值牛奶的主流消费格局，顺应了国内消费升级的发展趋势。

## 四、洋河蓝色经典：从大众消费人群跨越到精英人群

洋河蓝色经典之所以能够成为传奇，就在于其采取了截然不同的战略与商业模式，跳出了传统酒业模式的局限。包括洋河大曲在内的传统地域白酒品牌，基本上都是针对普通大众消费者的产品，虽然具有广泛的消费基础，但是缺乏价值感，无法给企业创造更多的利润。

为了提升品牌价值，洋河酒厂于 2002 年推出了中高端品牌蓝色经典，从此遥遥领先。洋河蓝色经典的成功，使洋河酒厂从大众消费人群的市场边界跨入精英人群，蓝色经典为中高收入的精英阶层顾客服务，满足精英阶层对品质、品味与精英身份认同的需求，提供了海之蓝、天之蓝、梦之蓝三大系列产品，开创了“绵柔”品类吸引消费者，并且提炼了“男人的情怀”作为品牌内涵来与消费者沟通。这一系列整体性的战略行为，成了整个白酒行业的经典之作，值得白酒企业借鉴。

## 五、华龙面业：从中低收入人群跨越到中高收入人群

河北华龙面业是国内领先的方便面企业，早期主要针对中低收入人群推出低价方便面产品，虽然具有一定的销售规模，但是企业的盈利水平并不高，品牌价值也没有建立起来。为了解决企业未来长远发展的问题，华

龙面业决心重构市场边界，转向拓展中高收入人群，为此推出了中高端品牌今麦郎，并研发出高品质的“弹面”品类来区隔其他低端的产品。

由此，华龙面业通过今麦郎品牌成功实现了品牌价值的提升，从根本上扭转了企业盈利水平低的局面，并成功打入方便面行业第一集团，成为中国大陆方便面行业的领导品牌。其后华龙面业将今麦郎品牌升级为独立的公司，并以今麦郎品牌作为发展主体持续扩张市场边界，成功进入饮料市场领域。今麦郎公司已经成为一家领先的综合性食品饮料企业，2020 年营业额超过 218 亿元。

## 六、克明面业：从中低收入人群跨越到中高收入人群

为什么克明面业要比同行企业更早地意识到品牌的重要性呢？这就要从克明面业和挂面企业整体的产品结构说起。作为民生产品之一的挂面，主要是以主食的形态存在，消费者群体以中老年人、城市外来打工者为主，主要关注能迅速食用、饱腹、提供一日劳作必需的能量，对于营养、保健的功能性花色面需求不大，该目标人群的价格敏感度高，挂面产品价格的提升空间有一定的局限性。

因此，挂面行业中大部分企业的产品价格都倾向中低档，产品毛利率并不高。由此，挂面企业大多以流通渠道为主，主要通过产品的价格优势来实现广泛销售，如此一来，企业就没有足够的费用空间来对品牌进行推广，始终处于靠低价格竞争的局面。

然而，克明面业没有像大多数企业那样以中低收入群体为主，而是选择了中高收入消费市场，坚持以高品质的中高档产品为主。为了确保产品的高品质，克明面业在生产工艺上采用独到的“三醒三蒸”工艺，使挂面具有面体细润、面筋劲道、面质均匀的特质，食用起来麦香自溢、面汤清亮、嚼劲十足。克明面业很早就开始使用纯净水和面，既提高了挂面品质，又避免了不可直接饮用的自来水带来的食品安全风险。

为了接触到这部分中高收入的消费者，克明面业在渠道上也是商超与流通并重，除了通过经销商覆盖广大的流通渠道，还直接与大型零售商合作，通过知名的商超系统向消费者展示产品和品牌，与消费者进行沟通。

由于选择了这个战略方向，为了说服消费者花费较高的价格来购买克明的产品，必须对克明这个品牌进行宣传推广，使消费者了解克明产品的独特之处，比其他品牌贵的理由到底是什么。

如此一来，克明面业顺应中高档产品的发展态势走上了品牌化之路，这就是克明面业比其他企业更具有品牌意识的原因。最终，克明面业构建了一个经营逻辑：中高收入群体—商超渠道—中高价格—品牌宣传，使克明面业形成良性循环，通过对品牌力的打造建立了行业的领导地位，在商超渠道占据19.36%的市场份额。

### 七、茶叶企业：从中老年群体跨越到年轻群体

中国茶企多年来始终面临窘境：大部分茶企的市场边界都是高端人群和中老年人，这类人群的消费习惯比较固定，难以接受新产品，无法为身处转型期的茶企打开广阔的天地。而真正拥有旺盛购买力和消费潜力的年轻人群，茶企对他们的消费需求、行为习惯、购买因素、认知途径等缺乏了解。

在未来“90后”“00后”“10后”作为主流消费群体的市场中，如果年轻人不喝茶，中国茶业还有未来吗？随着生活质量不断提高，年轻白领人群的新消费需求不断出现，茶企如果能前瞻性地发现这些大众消费者的潜在需求与未来的需求，及时发现消费者的制高点，抢占消费者的心智空间，便能把握住成功的脉搏。

## 第四节　从一种消费属性跨越到另一种消费属性

基于消费属性变化来重构市场边界是一件有难度的事情，非常考验企业的战略洞察力和决断力，但对企业战略发展的影响极大。消费属性是产品物理属性背后的本质，隐藏在消费者的行为模式中，能否精准洞察出消费者深层的消费属性，关系到企业能否有效突破原有市场边界的局限，挖掘出具有良好发展前景的蓝海市场。

基于消费属性来重构市场边界的关键在于准确把握未来的消费趋势，要做到这一点，企业必须进行系统深入的消费需求和行为研究，从消费行

为的趋势变化来预判未来的市场走向和商业机会，然后通过重构市场边界进行提前布局，等到市场趋势已经成为现实的时候，企业便可以收获整个行业爆发的红利，也就是能够让猪飞起来的“风口”！

## 一、今世缘白酒：从大众消费跨越到喜庆市场

在白酒行业中，普遍的做法都是针对整个市场进行拓展，同一个品牌，可以同时满足个人自饮、朋友聚会、家庭宴请、外出宴请及应酬招待等需求。今世缘则做出了重大取舍，对原有传统的大众消费市场进行了重构，将重心放在对喜宴市场的拓展上，强化了这种针对性，削弱了对于其他市场的广泛涉猎。

为了最大化满足市场的需求，大部分酒企给品牌名称赋予的内涵非常宽泛，诸如“十八酒坊”“口子窖”“古井贡”“孔府家”等，都避免品牌名过于具体狭窄。今世缘偏偏在品牌名称上一目了然，一看就是针对喜庆市场，无形之中使得其与消费者的其他需求不太匹配，但今世缘似乎就是要与传统酒企的做法形成差异。

今世缘的这种做法与其他酒企的差别在于，不是将喜宴市场当作诸多销售渠道中的一个，而是将其上升为一个完整的市场领域，然后围绕这个市场从品牌、产品、渠道、客户、推广等方面进行系统运营。从这个意义上讲，喜宴市场对于今世缘已经成了一种战略，而非传统意义上的战术操作！

## 二、双汇：从方便代餐消费跨越到家庭厨房消费

双汇集团是中国和世界领先的肉制品企业，其市场边界也经历了重大重构。双汇早期的主业是火腿肠产品，恰好赶上当时的火腿肠第一品牌春都出现了战略错误，过度追求多元化而导致火腿肠主业衰落，由此顺势取代了春都第一品牌的市场地位。

那个时期，双汇火腿肠针对的是方便代餐消费市场，尽管双汇通过数年努力已经取得了火腿肠行业的领导地位，市场份额达到60%，但从整个肉制品行业的发展趋势来看，其主流的市场边界并非在方便代餐消费市

场，而是在更广阔的家庭厨房消费市场。

当时，江苏雨润和山东金锣都通过冷冻肉和冷鲜肉产品对家庭厨房市场进行拓展，尤其是雨润已经取得了在冷鲜肉市场的领导地位，金锣、众品等企业也在步步紧逼，这对双汇未来的发展都是很大的威胁。

除此之外，社会上针对火腿肠淀粉含量过多的舆论不断发酵，对于整个火腿肠行业都产生了不利影响，双汇要在火腿肠行业取得更大的发展，难度极大。为此，双汇便对市场边界进行了重构，瞄准了高达上万亿元市场容量的肉制品市场，从方便代餐消费转向家庭厨房消费，大力拓展生鲜冻品和低温肉制品业务，自此选择成为世界肉制品巨头的方向。

2013 年，双汇成功收购美国领先的猪肉企业史密斯菲尔德，从而一举成为全球最大的猪肉制品企业。2020 年，双汇在中国市场的销售收入达到 738.62 亿元，其中以火腿肠为代表的包装肉制品为 281 亿元，而生鲜产品的销售收入达到 482.67 亿元，远远高于包装肉制品，这完全印证了双汇重构市场边界战略的正确性。

## 三、泡吧蛋糕：从便利消费跨越到新鲜消费

福建泡吧是国内领先的烘焙食品企业，推出的散装蛋糕产品都居于国内市场的前列，其中“金牌蛋糕”最突出。随着广东港荣蒸蛋糕的异军突起，开启了以 35 天保质期为代表的短保烘焙产品消费时代，由于短保产品的水分含量较大，口感比长保质期产品更为松软润滑，更能得到消费者的青睐。港荣蒸蛋糕一炮而红，带动了短保烘焙产品的消费热潮，这给长保质期产品带来了很大的冲击。

为了持续保持领先的市场地位，泡吧开始了对市场边界的重构，从原先偏重便利消费的长保质期产品转向偏重新鲜消费的短保质期产品，其后推出的金牌蛋糕、冰淇淋蛋糕、三明治蛋糕、果仁蛋糕、肉松蛋糕、花式蛋糕、摩卡蛋糕等产品的保质期都在 1 ~ 3 个月，而保质期较长的熊仔蛋糕、提子蛋糕、果仁蛋糕等产品的保质期在 6 个月，短于原来 9 ~ 12 个月的长保质期产品。泡吧顺应市场消费趋势及时重构市场边界，将进一步巩固其在散装烘焙市场的领导地位。

### 四、达利园烘焙业务：从休闲消费跨越到早餐消费

作为国内领先的烘焙食品企业，达利食品多年来始终在休闲消费市场耕耘，但从2017年开始，达利食品开始了对烘焙业务原有市场边界的重大重构，那就是全力进入早餐消费市场。

2017年6月21日，达利食品召开了主题为“品质好早餐，国民好选择”的达利园品质早餐面包新品发布盛典，一举推出两大系列、10大产品、33款规格的早餐面包。

达利食品的新闻发布资料中这样写道：随着社会经济发展、生活节奏的加快、健康意识的提升，现有早餐产业已无法满足当前消费者追求“营养、品质、便利、平价、美味、丰富”的需求，巨大的市场空间亟待强势品牌抢占。

达利园作为中国休闲糕点的领先品牌，深刻洞察早餐市场及家庭消费需求，进军早餐消费市场，全力打造百亿早餐面包产业，持续放大达利园在面包糕点市场的竞争优势。

为了做到这一点，达利园品质早餐面包选用优质原料，采用国外先进生产设备与近30年的烘焙工艺沉淀，匠心打造口感细腻、美味多样、品质高端的早餐好面包，实现90天保鲜、180天保质，达到与面包房一样的口感。

上述内容充分表现了达利食品的此次重大市场边界重构，必然会对整个烘焙食品行业带来重大的影响。2020年，达利食品家庭业务销售额达到29.63亿元，同比增长11.5%，成功实现了战略转型。

## 第五节　从一种消费态度跨越到另一种消费态度

**基于消费心理变化重构市场边界是难度最大的一种途径，同时又是最能突破市场局限和构建竞争优势的最佳途径。**

这样说是因为基于消费心理变化重构市场边界，可以跨消费人群在年龄、性别和收入上的限制，就像iPhone，代表的时尚、科技生活方式，引发了消费者的共同追求。最容易做到的事情带来的回报往往最小，最难做

到的事情带来的回报非常大，关键要看人们如何选择。

说基于消费心理变化来重构市场边界最难，是因为要了解消费者的心理极其困难，往往需要通过较长时间深入的调研分析，并且运用专业的方法才能洞察。对于消费心理的研究，需要通过定性座谈会或者入户深度访谈的形式进行，通过研究目标消费者对于产品的消费偏好，以及生活方式、价值观，从中挖掘消费者内心深处最真实的消费态度。

正因为这种途径具有难度，在现实中能够成功基于消费心理变化来重构市场边界的企业非常少，如果企业真的有决心突破原有市场边界的局限，采取这种途径具有相当大的价值。也许有人会说，消费心理是很难了解的，用消费者调研的方式也没用，只有依靠商业直觉才可以。

实际上，具有天才商业直觉的企业家是极其稀少的，更何况这些商业天才的直觉也只能在一段时间内管用，随着市场的不断变化，他们也无法始终做出正确的预判。所以，我们绝不能寄希望于“天上掉馅饼”这样概率极小的“直觉”，运气是可遇不可求的，洞察消费者心理是个专业活，其科学性要远远高于艺术性。

如果真的有“直觉”，专业的消费者研究也可以为企业家提供非常有价值的依据来触发灵感。无论如何，基于消费心理变化来重构市场边界将是企业面临的极有挑战、极有价值的战略行为。

## 一、千禾酱油：从普通消费跨越到高品质消费

在调味品行业，酱油是一个容量巨大但又充满挑战的市场，如何从竞争激烈的酱油市场脱颖而出，千禾酱油做出了成功而有价值的尝试。究竟从什么市场边界来切入酱油市场呢？面对酱油行业细分化比较充分的现状，千禾酱油选择了从追求高品质生活方式的市场边界切入，在产品上的表现就是重点推出高价位的“零添加”酱油。

“零添加”实质上是一种生活态度，是一种生活方式，反映了人们对品质、自然、纯粹生活方式的追求。酱醋行业自2011年起，收入增速超过产量增速，这就是从规模向价值增长转型的拐点。近两年酱油品类向高端化发展就反映了这个趋势，诸多领先品牌都在诉求“零添加”和有机，如

海天、欣和、厨邦、李锦记等。

据广发证券研究数据显示，在酱油行业整体下行背景下，中高端酱油却逆势上行，以千禾为代表的品牌通过推出“零添加”和有机酱油带动了整个酱油品类价格中枢的上移。由此可见，千禾酱油成功把握了消费升级的趋势，迎合了高收入群体追求高品质生活方式的需求。

## 二、水井坊：从实惠型跨越到高端型

白酒消费者喝酒的目的，包括寻求刺激、消磨时光、舒缓压力、追求美味、配合就餐、表达情绪等消费态度，但是从整个行业来看，又有几家酒企能够精准地满足这些消费需求呢？不过都集中在口味口感的舒适罢了，关注的只是让消费者能够把酒容易喝得下去、不上头，但是究竟帮助消费者达成什么目的，其实并不清楚。

这就是白酒行业难有真正创新的根源，也是阻碍白酒行业发展的瓶颈。白酒行业回归消费本质，酒企未来的持续发展必须有赖于对消费者进行深入的了解，这不仅仅体现在价格的高低上，还体现在对消费需求的把握上。

水井坊是国内酒企中最早基于消费态度实施价值创新的品牌，其核心价值诉求“高尚生活元素”，即从目标消费群的生活方式出发来定义市场边界，重点聚焦追求高品位生活、活力时尚的消费群。从全兴大曲到水井坊，水井坊成功地从追求实惠的生活方式跨越到追求高尚品质的生活方式，短期内迅速成为国内高端白酒的知名品牌。

## 三、江小白：从传统保守跨越到青春时尚

江小白是专门针对泛“90后”的时尚白酒，其诉求的核心价值是青春，以青春的名义创新，以青春的名义创意，以青春的名义颠覆。尽管脱胎于传统的白酒“江津老白干”，其产品的香型、口感、度数都与传统的江津老白干无异，但是江小白选择的市场边界却迥异传统的白酒品牌。

江小白既没有从消费群体和消费属性切入来定义市场边界，也没有像传统白酒品牌那样从产品物理属性和地理区域范围来定义，而是创造性地

从消费心理来重构白酒行业的市场边界。

这种创新战略在白酒行业掀起了一股风暴，传统酒企纷纷推出相似的品牌来跟进，诸如“×小乐”“×小二”等。但这些传统酒企根本学不会，因为原创的是“道”，跟随的是“术”。对于江小白而言，进入青春时尚生活方式的市场边界是一种战略；对于传统酒企来说，只是跟风式的战术，整体上并没有脱离原有的战略及商业模式，根本无法获得成功，只是图一时热闹而已。

## 第六节　将多维度融合为全新市场边界

上述五种市场边界重构的途径，都是基于某个维度来实施的，最后一种重构途径，则是从多个维度的融合来进行重构。这种情形比前五种途径复杂，变化也更多，可以为企业开创出更有潜力的市场边界，从而实现战略转型。

实际上，在上述五种重构路径的案例中，都不完全是单个维度，那样描述只是为了使大家容易理解，所以就从这些案例中专门突出某个单一的维度。从企业实际经营的过程来看，市场边界重构一般不会是单一维度，因为那样做往往无法同时满足定义市场边界的几项重要因素：顺应产业趋势、遵循消费本质、构建竞争差异、超越区域局限、包容现有市场等，也就无法帮助企业创造一个最有利的市场地位，并获得领先的核心竞争优势。

因此，**要体现出差异化的制胜之道，企业一定要从多个维度进行融合，才能真正实现创新和战略突破！**从实践来看，大多数企业实施的维度组合是：品类边界重构 + 人群边界重构 + 消费属性边界重构 + 消费心理边界重构。地理市场边界相对而言较为简单清晰，在重构中的影响程度不大，一般不强调。鉴于此类案例数量众多，故此不专门举例，大家可以对上述五种途径的案例进行分析解读，必能有所体悟！

# 后记

笔者深深地感受到，中国企业对如何掌握自身命运的思考还很浅薄，大家普遍习惯通过个别企业成功的特殊性来寻求自身的成功，但却很少思考企业经营成功的普遍法则！

曾经的“IT劳模”雷军进行的反思对笔者深有触动：“找对趋势，找到风口，比单纯的努力重要100倍！”雷军还认为：“所有成功的企业，其实都是机遇造成的！”这句话的意思是将成功寄希望于运气好吗？看起来是，其实不然！所谓“机遇”，本质上是“趋势”，也就是雷军所说的“一头猪都能飞得起来”的“台风口”！但这只是一个结果，关键在于为什么会有这个结果？为什么能够碰上“台风口”的是你而不是他？其中隐含的就是企业对趋势的研判！

机遇，许多人的理解就是运气，而运气靠的都是天意，这不就成了“宿命论”了吗？如果真是这样，情况就简单了，大家都躺在家里等着运气来撞门吧？但机遇并非“宿命”，企业的命运也是可以设计出来的，关键看能不能找到那个隐藏的神奇密码！可以说，**企业真正的核心能力并不是那些具体的经营生产活动，而是对“趋势”或“机遇”准确预判的能力！**

这个核心能力从何而来？来源于对外部产业格局的深刻洞察！这个思维的核心逻辑是“以终为始”，你想知道一棵树的命运怎样，就要先看这片森林的命运怎样！与之相对的思维是“以始为终”，也是大众习以为常的思维模式。“以始为终”是一种短线思维，看见的是眼前，是从现在看未来。

结果呢?

往往看不清未来，看来看去都是跟在别人后面走，看着风口飘来飘去，却总是抓不住，疲惫不堪，迷茫不已。

而“以终为始”是一种长线思维，看见的是未来，是从未来看现在。因为能够看见未来，所以能够提前谋划、提前布局，看好了方向，然后从现在开始着手，踏踏实实奋战几年，正好能够赶上风口爆发。

“以始为终”所做的基本上是战术层面的事，并无战略可言，无法为未来而布局，只能人云亦云，别人做什么就跟着做什么，但不知道这样做的逻辑是什么，其结果恰似东施效颦，淮南为桔而淮北为枳。“以终为始”体现的是一种战略观，战略并非虚无，并非无用，只是你不会用而已。战略是获得竞争优势的底层逻辑，如果不是为了获得持续的竞争优势，企业经营也就无法带来更多的核心价值，最多是做生意而已！要让企业创造更大的价值，就必须进行战略谋划，必须“以终为始”，通过提前布局锁定胜局。

战略就是企业对未来的判断能力，对全局的把握能力。“以终为始”需要企业从更高的格局来进行整体谋划，关键在于把握产业发展格局，了解产业所处的发展阶段，呈现何种竞争格局，洞察未来的趋势走向，然后按照产业所处阶段的规律做事，这就让企业的行为脱离了个体层面，嫁接在整个产业之上谋求发展，这种营造“台风口”的力量绝非企业一己之力能比!

笔者始终坚信，对战略的深度思考和精准把握，是企业获得成功的基本法则，无论怎样努力，企业也绝不能“以战术的勤奋来掩盖对战略的懒惰”!

通过产业的结构化思维，结合企业的业务领域选择，笔者提炼并构建出“市场边界战略”这一理论体系，意图使之成为企业获取竞争优势的普遍法则，只要企业掌握了这一理论体系，便有提升获得行业领先地位的概率的机会，让企业通过努力发展壮大。

非常感谢中国调味品协会秘书长白燕女士、《销售与市场》社长张树军先生及龙品锡展览总经理王海宁先生的倾情作序，感谢你们的支持与鼓励!

本书得以成功出版，要感谢博瑞森的慧眼，同时感谢编辑马优女士提出的专业意见，使本书的核心观点能更顺畅地被读者理解！

最后，希望本书能够帮助更多的中国企业，通过掌握市场边界战略的理论和方法体系，提升企业的成功概率，打造更优秀的品牌和企业！

2022 年 4 月于上海 

| 老板·创业 | | | |
|---|---|---|---|
| **一、经理人** | | | |
| 书名 | 内容 | 书名 | 内容 |
| **老总有想法，高层有干法**<br>王清华　著 | 企业将、帅之间的定位问题、角色问题、方法问题、思维问题、管理问题等 | **历史深处的管理智慧1：组织建设与用人之道**<br>刘文瑞　著 | 通过历史鉴照当今企业选人用人、二代接班人、创业团队管理等问题 |
| **历史深处的管理智慧2：战略决策与经营运作**<br>刘文瑞　著 | 通过历史鉴照当今企业决策、战略规划、战略冒进、决策监督等问题 | **历史深处的管理智慧3：领导修炼与文化素养**<br>刘文瑞　著 | 通过历史鉴照当今企业的领导修养、用权、管理风格等问题 |
| **老板经理人双赢之道**<br>陈明　著 | 经理人怎么选平台、怎么开局，老板怎样选/育/用/留 | | |
| **二、用人** | | | |
| **用好骨干员工**<br>王敏　著 | 系统化分享关键人才打造与激励方法 | **领导这样点燃你的下属**<br>孟广桥　著 | 领导者如何才能让员工积极主动地工作 |
| **让用人回归简单**<br>宋新宇　著 | 帮助管理者抓住用人的要害，让用人变得简单 | **激活新生代员工**<br>史量　孙斌　著 | 走进新生代的世界，一套行之有效的管理、激活90后、95后、00后的方法 |
| **三、转型·创业** | | | |
| **创业要过哪些坎**<br>董坤　著 | 15年创业咨询经验总结的创业遇到的问题及办法 | **高潜牛人**<br>董坤　著 | 创业和事业发展中如何找到牛人 |
| **成为下一个SaaS独角兽**<br>崔牛会　主编 | 19位SaaS领专家，7个不同的视角总结SaaS行业实践 | **创模式：23个行业创新案例**<br>段传敏　著 | CEO社群23位企业家的思考与实践分享 |
| **重生——中国企业的战略转型**<br>施炜　著 | 本书对中国企业战略转型的方向、路径及策略性举措提出了建议和意见 | **7个转变，让公司3年胜出**<br>李蓓　著 | 企业估值、业务模式、营销、生产制造、客户服务、用户黏性、组织管理7个转变 |
| **企业二次创业成功路线图**<br>夏惊鸣　著 | 五步骤给出了一幅企业二次创业经营突破、管理提升的成功路线图 | **跟老板“偷师”学创业**<br>吴江萍　余晓雷　著 | 如何通过“偷师”学习与积累当老板的阅历 |
| **公司由小到大要过哪些坎**<br>卢强　著 | 企业成长路线图，现在我在哪儿、未来还要走哪些路都清楚了 | **跳出同质思维，从跟随到领先**<br>郭剑　著 | 66个精彩案例剖析，帮助老板突破行业长期思维惯性 |
| **极速增长：企业扩张策略**<br>董坤　著 | 以“8shoes扩张法则”为思考框架，帮助处于这个阶段的创业公司及以创业公司形式孵化的变革型项目做出清晰的战略选择 | | |
| 企业经营 | | | |
| **经营打造你的盈利系统**<br>高可为　著 | 选择最有效的经营策略，打造属于自己的商业模式 | **中国企业的觉醒**<br>王涛　著 | 企业告别自私、野蛮，转向善良、爱，才会赢得消费者 |
| **成为敏感而体贴的公司**<br>王涛　著 | 未来有竞争力的企业，一定是那些敏感而体贴的公司 | **有意识的思考**<br>王涛　著 | 对头脑中固有观念保持觉察，从而超越它们的局限 |
| **简单思考**<br>孔祥云　著 | 著名咨询公司（AMT）CEO创业历程中的经验与思考 | **写给企业家的公司与家庭财务规划**<br>周荣辉　著 | 以企业的发展周期为主线，介绍各阶段企业与企业主家庭的财务规划 |

续表

| 书名 | 内容 | 书名 | 内容 |
| --- | --- | --- | --- |
| **从10亿到100亿的企业顶层设计**<br>刘建兆　著 | 重新定义企业成长方式，有效益、有效率、有效能、有效果、有品质的良性成长 | **企业融资：投资人没告诉你的那些事**<br>杨军　著 | 资深投资人揭示融资“潜规则”，让企业有的放矢 |
| **宗：一位制造业企业家的思考**<br>杨涛　著 | 发展20年营业额近亿元制造业企业家的思考与心得 | **使命：驱动企业成长**<br>高可为　著 | 用大企业发展轨迹及企业家的心路历程，揭示企业成长的基因、做事的逻辑 |
| **让经营回归简单**<br>宋新宇　著 | 战略、客户、产品、员工、成长、经营者的经营法则 | **边干边学做老板**<br>黄中强　著 | 86个案例讲述中小公司成长过程中遇到的问题和方法 |
| **盈利原本就这么简单**<br>高可为　著 | 跨越业务与财务边界，为企业提高盈利水平提供方法 | **战略参谋：写出管用的战略报告**<br>蔡春华　著 | 企业对自己、市场、行业其实了解更深，助你高质量完成战略规划 |
| **不战全胜：给企业家读的孙子兵法**<br>王吉坤　杨伟霞　著 | 从《孙子兵法》提炼和总结了帮助企业打造行业龙头品牌的体系 | **公司离不开的全栈运营高手：产品运营与推广获客**<br>王虎　著 | 涉及运营案例、思维理论、实操复盘、管理方式、推广策略等，是作者八年运营推广经验的浓缩 |
| **公域引流　私域经营：这样经营用户关系**<br>王庆云　汪洋　著 | 为大中型企业提供私域建设的顶层和全景式框架，探索不同业务特性可能适配的不同私域模式 | **平台生态：价值创造与价值获取**<br>彭毫　罗珉　著 | 厂商之间的竞争已经从产品转到平台，如何创造新的价值创造和获取模式，是企业最想得到的答案 |
| **合伙制经营：有效激励，而不丧失控制权**<br>胡八一　著 | 重点阐述实施合伙制的流程，通过四步为企业家提供一种有效激励而不丧失控制权的工具和方法 | **机制创造人才**<br>彭剑锋　尚艳玲　著 | 华夏基石专家团著作，为个体赋能，经营人成就人，进行机制创新和价值管理 |
| **企业高管经营课：觉察认知盲点，突破增长瓶颈**<br>范桃根　著 | 65个问与答，全面认知企业问题在哪里，避免盲人摸象；打破认知障碍，拥有解决问题的能力。附赠一套方法工具 | | |
| **管理·管理学** | | | |
| **一、企业管理** | | | |
| **让管理回归简单**<br>宋新宇　著 | 从目标、组织、决策、授权、人才、老板自己等提供方案 | **管理的尺度**<br>刘文瑞　著 | 西医式的体检化验，又要施加中医式的望闻问切 |
| **管理：以规则驾驭人性**<br>王春强　著 | 人性驾驭角度权度运筹安排的可兑现性，管理有效性 | **看电影，学管理**<br>刘文瑞　著 | 十六部电影的解读，揭示电影内含的管理之道 |
| **好管理　靠修行**<br>曾伟　著 | 从佛法、道法思想中寻找管理智慧 | **公司大了，怎么管**<br>金国华　著 | 成长型企业发展中的共性问题，通过案例实录解开 |
| **低效会议怎么改**<br>王玉荣　葛新红　著 | 从梳理公司会议体系的层面改变低效会议的现状 | **年初订计划年尾有结果**<br>郭晓　著 | 总结七步落地方案让战略计划切实落地实现 |
| **分股合心**<br>段磊　周剑　著 | 围绕股权激励，详细介绍相关知识和实行方法 | **员工心理学超级漫画版**<br>邢雷　著 | 以漫画形式对组织中个体心理的全面介绍和深入探讨 |
| **让投诉客户满意离开**<br>孟广桥　著 | 投诉法律法规，应对各种投诉技巧等提升客诉能力 | **管理就是定计划，抓落实**<br>张国祥　著 | 员工“看了就会、拿来就用”的计划制订操作指南 |
| **不读韩非子，怎么当老板**<br>王春强　著 | 通过集中分析有关人性的内容，引导现代管理者更深理解人性是如何影响企业运行，以及管理者应如何因人性而实施管理 | **重新想象组织**<br>彭剑锋　尚艳玲　著 | 华夏基石专家团著作，通过组织变革逐步进化，找到成长之道，让企业可持续发展 |

续表

| 书名 | 内容 | 书名 | 内容 |
|---|---|---|---|
| **战略管理有方法**<br>和恒咨询　著 | 结合中国企业实践总结的一套独创性、实操性的战略方法，100+工具轻松做战略 | **高管如何为公司创造高增长**<br>彭剑锋　尚艳玲　主编 | 战略驱动着企业成长，企业又该如何突破增长的瓶颈 |
| **供应链管理改善咨询：案例·方法·工具**<br>于晓光　许忠宁　赵玭　著 | 掌握供应链改善结构化方法，实现准时交付和低运营成本 | **重塑竞争的市场边界战略**<br>张戟　著 | 选择与竞争对手不同的消费需求集合，通过独特的价值链活动，创造一个最有利的市场地位，让企业获得领先的核心竞争优势 |
| **二、管理思想** | | | |
| **管理学的奠基者**<br>刘文瑞　著 | 近代以来的管理思想发展揭示管理思想的演化奥秘 | **巴纳德组织理论研读**<br>郭威　著 | 深度研读巴纳德《经理人员的职能》，帮你理解和看懂 |
| **管理学在中国**<br>刘文瑞　著 | 科学看待管理学流入中国，对继承发展进行深入的阐述 | **德鲁克管理学**<br>张远凤　著 | 以德鲁克管理思想发展为线展示20世纪管理学的发展 |
| **德鲁克与他的论敌们**<br>罗珉　著 | 德鲁克与马斯洛、戴明等诸多管理大师论战的故事 | **德鲁克管理思想解读**<br>罗珉　著 | 全面解构德鲁克思想的精髓与实践价值 |
| **治论：中国古代管理思想**<br>张再林　著 | 深入分析中国古代哲学基本精神的基础上，梳理分析了儒法墨三家的管理思想 | **流程经理10年案例笔记**<br>王焕东　著 | 用自身工作和生活中的鲜活案例及思考后的心得呈现不一样的流程管理思想 |
| **透过决策看组织**<br>李慧才　著 | 对西蒙管理行为进行贴近企业的通俗化解析和阐释 | **为什么高管爱读德鲁克**<br>王鹏　著 | 辅助深读德鲁克、提升管理认知 |
| **营销·销售** | | | |
| **一、企业销售** | | | |
| **大客户销售这样说这样做**<br>陆和平　著 | 大客户销售活动的十大模块，68个典型销售场景 | **向高层销售**<br>贺兵一　著 | 销售人员与客户高层打交道需要重点掌握的知识、技巧 |
| **资深大客户经理**<br>叶敦明　著 | 将大客户经理必须具备的规划、策略、执行三种能力运用自如 | **成为资深的销售经理**<br>陆和平　著 | 让销售经理成功把握销售管理的6个关键点，并提供工具 |
| **销售是个专业活**<br>陆和平　著 | 据客户采购流程拆分销售过程十阶段，讲解方法技巧 | **学话术　卖产品**<br>张小虎　著 | 手机、电动车、家电、食品等消费品的一线销售话术 |
| **工程项目大客户销售攻略**<br>陆和平　著 | 三十八讲循序渐进，全方位透视工程大项目拿单的奥秘，通俗易懂，看了就能用 | **大客户销售谈判：获得利润的最快途径**<br>陆和平　著 | 从不会谈判到成为谈判专家，帮助你在与大客户的谈判中轻松说服对方，实现从一次成交、成本价成交到高价成交、持续成交的转变 |
| **二、企业营销** | | | |
| **新营销组织力**<br>迪智成　著 | 适应最新数字化外部环境，系统化协同组织能力建设 | **营销按钮**<br>老苗　著 | 讲述存在于人性及各个营销环节中的“按钮” |
| **精品营销战略**<br>杜建君　著 | “精品营销战略”核心逻辑与营销组合策略 | **360°谈营销**<br>王清华　古怀亮　著 | 营销是立体的，从不同角度观察不同企业的营销精髓 |
| **互联网精准营销**<br>蒋军　著 | 互联网时代整体策划、包装品牌和产品 | **招招见销量的营销常识**<br>刘文新　著 | 做好基本的营销动作都可以提高销量、降低成本 |

续表

| 书名 | 内容 | 书名 | 内容 |
|---|---|---|---|
| **用数字解放营销人**<br>黄润霖　著 | 用数字说话覆盖营销工作的方方面面 | **用营销计划锁定胜局**<br>黄润霖　著 | 让营销计划落地，营销人员只需解决两个问题：基数与概率 |
| **新营销 2.0：从深度分销到立体连接**<br>刘春雄　公方刚<br>牛恩坤　等著 | 立体连接打通三度空间，在互联网时代诞生快消品领域的超级巨头 | **中国营销战实录**<br>联纵智达研究院　著 | 51 个案例，46 家企业，46 万字，18 年积淀 |
| **弱势品牌如何做营销**<br>李政权　著 | 产品与物流通道、服务通道、促销互动通路，提供方法 | **解决方案营销实战案例**<br>刘祖轲　著 | 十大工业品作者实操案例解码解决方案营销 |
| **升级你的营销组织**<br>程绍珊　吴越舟　著 | 根据企业的实际情况建立有机性营销组织 | **孙子兵法营销战**<br>刘文新　著 | 理解《孙子兵法》原意的同时，还可体悟到营销之用 |
| **老板如何管营销**<br>史贤龙　著 | 十六个招式，理论与案例相结合，高段位营销方法 | **渠道管理就这样做**<br>陆和平　著 | 渠道规划和设计、渠道成员选择和寻找、渠道谈判和签约、管理渠道日常活动、设计渠道激励政策、解决渠道冲突、渠道的评估和调整 |
| **三、品牌** | | | |
| **中国品牌营销十三战法**<br>朱玉童　著 | 深度演绎最符合企业品牌营销策划的十三套实战战法 | **中小企业如何打造区域强势品牌**<br>吴之　著 | 从如何建立强势品牌的角度解析扩张难题 |
| **小众战略：小资源打造强势品牌**<br>吴修利　著 | 从品牌观念、市场调研、竞争机会、内部调整等角度，对产品、渠道、传播等核心原则进行了系统梳理 | **把品牌建在顾客心里：4 步实现品牌 IP 化**<br>张学军　著 | 让品牌自带话题，自主传播 |
| **四、营销策划** | | | |
| **这样写文案，就没有卖不动的产品**<br>秦剑　刘安丽　著 | 术、法、道三个层面由浅至深培养商业文案创作能力 | **洞察人性的营销战术**<br>沈坤　著 | 介绍了 28 个匪夷所思的营销怪招，大部分可以直接运用 |
| **双剑破局：沈坤营销策划案例集**<br>沈坤　著 | 双剑公司 8 年来的实操案例，每个项目诞生过程、策划角度和方法 | **社区团购就这么干：供应商•平台•团长•用户**<br>陈海超　杨项刚　著 | 分享最新实践经验，一看就懂，照着就能做 |
| **企业案例** | | | |
| **鲁花：一粒花生撬动的粮油帝国**<br>余盛　著 | 鲁花如何成长为优秀的带动农业产业发展的品牌，鲁花你一定学得会 | **金龙鱼背后的粮油帝国**<br>余盛　著 | 以金龙鱼为脉的一部中国粮油行业的史诗 |
| **你不知道的加多宝**<br>曲宗恺　牛玮娜　著 | 以时间为轴线，详细叙述了加多宝品牌的发展历程 | **静水流深**<br>黄治国　著 | 作者在美的十五年对何享健内部讲话资料的整理 |
| **娃哈哈区域标杆**<br>罗宏文　快车君<br>赵晓萌　寇尚伟　著 | 讲娃哈哈豫北市场如何成为娃哈哈全国第一大市场、全国增量第一的市场 | **借力咨询：德邦成长背后的秘密**<br>官同良　王祥伍　著 | 德邦将自己积累的与咨询公司发展共赢的合作逻辑和盘托出 |
| **六个核桃凭什么从 0 过 100 亿**<br>张学军　著 | 全视角深度解读养元企业的裂变成长，复盘十年蜕变轨迹 | **像六个核桃一样**<br>王超　著 | 六个核桃为什么卖得这么好，产品畅销的 6 大要义 36 条简明法则 |

续表

| 书名 | 内容 | 书名 | 内容 |
|---|---|---|---|
| **中国首家未来超市**<br>IBMG 集团　著 | 对乐城超市的掌门人及内部员工的采访详细阐释了乐城的经验 | **三四线城市超市如何快速成长：解密甘雨亭**<br>IBMG 集团　著 | 甘雨亭的许多关键经营指标均高于行业标准，学习其成功的方法 |
| **集团化企业阿米巴实战案例**<br>初勇钢　著 | 作者在某酒厂推行阿米巴经营模式的心得 | | |
| | | **经销商** | |
| **新经销：新零售时代教你做大商**<br>黄润霖　著 | 探访近 100 位经销商在传统营销手法上的创新，传统营销微创新和新营销本地化 | **商用车经销商运营实战**<br>杜建君　王朝阳<br>章晓青　著 | 对商用车经销商的经营与管理、4S 店运营做了全方面的总结 |
| **跟行业老手学经销商开发与管理**<br>黄润霖　著 | 从管理耐用消费品经销商角度提炼了 48 个代表性问题并给出解决办法 | **快消品经销商如何快速做大**<br>黄润霖　著 | 经销商如何通过经营实现规模，通过管理实现规模效益 |
| **建材家居经销商实战 42 章经**<br>王庆云　著 | 经营管理的心法和战法，帮助经销商成为“业务妙手”和“管理能手” | **成为最赚钱的家具建材经销商**<br>李治江　著 | 针对建材家居行业的经销商，从销售模式、产品、门店、市场等方面给出方法 |
| **白酒经销商的第一本书**<br>唐江华　著 | 对经销商如何选择厂家、合作、运营品牌等问题给出建议 | **快消品招商的第一本书**<br>刘雷　著 | 从招商理论到招商动作进行系列化分解，化繁为简 |
| **大商方法：榜样经销商与厂家的合作之道**<br>唐道明　著 | 洞察厂商合作的核心，为经销商提供可行的方法，手把手教你做大商 | **快消品经销商成功密码**<br>舟谱商学院　著 | 通过 8 个真实经销商案例，分享快消品经销商成功经验与方法 |
| | | **中小企业** | |
| **中小企业如何打造区域强势品牌**<br>吴之　著 | 从如何建立强势品牌的角度解析扩张难题 | **用流程解放管理者**<br>张国祥　著 | 8 个板块构成，共 66 篇文章，14 幅流程管理图 |
| **用流程解放管理者 2**<br>张国祥　著 | 对中小企业规范化流程管理进行系统的阐述 | **弱势品牌如何做营销**<br>李政权　著 | 产品与物流通道、服务通道、促销互动通路提供方法 |
| **本土化人力资源管理 8 大思维**<br>周剑　著 | 用最贴近中国中小企业现实管理情境的案例讲述周围人的“家事” | **中小农业企业品牌战法**<br>韩旭　著 | 农业企业需要全产业链视野，更需要品牌实战方法 |
| | | **门店管理** | |
| **门店销售冠军复制系统**<br>王吉坤　著 | 门店型企业如何打造可复制的销售冠军系统 | **新零售动作分解与实操：建材·家居·家具**<br>盛斌子　著 | 对泛家居行业趋势、店面管理、团队管理、促销推广、五感营销等提供策略 |
| **家具建材促销与引流**<br>薛亮　李永锋　著 | 对泛家居营销执行模式和工具、关键环节等进行汇总 | **建材家居门店 6 力爆破**<br>贾同领　著 | 产品力、导购力、形象力、推广力、服务力、组织力 |
| **家具行业操盘手**<br>王献永　著 | 总结家具终端门店发展的现状及问题并给出策略 | **手把手教你做专业督导**<br>熊亚柱　著 | 系统梳理督导的核心技能，岗位职责、工作流程及技能 |

续表

| 书名 | 内容 | 书名 | 内容 |
|---|---|---|---|
| **手把手帮建材家居导购业绩倍增**<br>熊亚柱　著 | 针对建材家居门店的业务人员，用案例故事还原场景教你成为好导购 | **10 步成为最棒的建材家居门店店长**<br>徐伟泽　著 | 梳理店长管理的核心工作职责、店面管理规范，帮助销售人员成长 |
| **建材家居门店销量提升**<br>贾同领　著 | 9 个板块讲述建材门店一个单店如何做到经营的良性循环 | **总部有多强大，门店就能走多远**<br>IBMG 集团　著 | 五大方向综合阐述连锁零售企业总部如何提升管理能力 |
| **赚不赚钱靠店长，从懂管理到会经营**<br>孙彩军　著 | 注重专卖店的经营思路拓展、门店管理细节方面能力的提升 | **新医改了，药店就要这样开**<br>尚锋　著 | 从药店定位的思考，内部和会员管理等方面探讨中小型药店发展方向 |
| **电商来了，实体药店如何突围**<br>尚锋　著 | 新时代药店经营的三驾马车：药学专业服务、会员贴心服务和精准定向促销 | **引爆药店成交率 1：店员导购实战**<br>范月明　著 | 药店人的零售工作，怎样接待顾客，完善销售技巧 |
| **引爆药店成交率 2：药店经营实战**<br>范月明　著 | 从药店经营角度建立改善门店现状的实用标准 | **引爆药店成交率：专业化销售解决方案**<br>范月明　著 | 从简单的拿药服务到提供多角度的专业解决方案 |
| **口腔门诊盈利倍增：精益口腔**<br>杨伟霞　王吉坤　著 | 为口腔门诊定制业绩提升管理系统并落地实施 | **门店店长业绩增长 100%**<br>熊亚柱　著 | 将店长遇到的障碍一扫而空，通过一个个生动的案例故事解析，帮你成为管理型店长，不再东奔西跑地瞎忙，让业绩成倍增长 |
| **互联网** | | | |
| **一、互联网转型** | | | |
| **画出公司的互联网进化路线图**<br>李蓓　著 | 18 个“可以……吗”的问题作为产品、客户和价值方面的指引牌 | **7 个转变，让公司 3 年胜出**<br>李蓓　著 | 企业估值、业务模式、营销、生产制造、客户服务、用户黏性、组织管理 7 个转变 |
| **重生战略移动互联网和大数据时代的转型法则**<br>沈拓　著 | 四个重生战略对应四个法则，告知传统企业的转型重生之路 | **创造增量市场：传统企业互联网转型之道**<br>刘红明　著 | 为读者提供了寻找这些互联网的切入点和接触点的具体方法，带来增量市场 |
| **互联网 + 变与不变**<br>本土管理实践与创新论坛　著 | 61 篇精华文章，聚焦传统行业如何互联网 + 时代转型 | **今后这样做品牌**<br>蒋军　著 | 顶层设计、营销创新、产品战略、渠道变革、品牌策略 |
| **移动互联新玩法**<br>史贤龙　著 | 立足现实，剖析新时代背景下的移动互联趋势与热点 | **互联网时代的成本观**<br>程翔　著 | 多维组合成本的互联网精神和大数据特征及应用 |
| **正在发生的转型升级实践**<br>本土管理实践与创新论坛　著 | 100 多位本土管理专家当年对最新一年的思考和实践 | **1000 铁杆女粉丝**<br>张兵武　著 | 如何让普通女性成为忠实追随的铁杆粉丝，磁力点、情感结、甜蜜区、信任圈 |
| **混沌与秩序 Ⅰ：变革时代企业领先之道**<br>彭剑锋　施炜　苗兆光<br>王祥伍　孙波　夏惊鸣 | 新环境下企业面临变革应如何应对，企业家如何坚守并与企业共同成长 | **混沌与秩序 Ⅱ：变革时代管理新思维**<br>彭剑锋　施炜　苗兆光<br>王祥伍　孙波　夏惊鸣 | 对处于时代变革下的企业管理新机制、人力资源管理新思维，组织与人的新型关系，结合案例提出优化建议 |
| **消费升级：实践·研究**<br>本土管理实践与创新论坛　著 | 从经营、管理、行业三个方面记录消费升级下的实践 | **互联网精准营销**<br>蒋军　著 | 互联网时代整体策划、包装品牌和产品 |
| **智能推荐：让你的业务千人千面**<br>刘国昊　周波　著 | 从资讯、电商、文娱行业来详细讲解智能推荐的应用，用户时间的争夺战 | **制造业外贸营销网站建设**<br>宋金亮　著 | 介绍整个网站从无到有的实现过程，从分析思路、撰写内容到规划页面，列举了大量正反面实例，帮助读者理解和投入实践 |

续表

| 书名 | 内容 | 书名 | 内容 |
|---|---|---|---|
| 零售巨头数字化转型操盘笔记<br>江楠　著 | 一线操盘运营经理分享传统零售巨头的新零售到家业务全盘操作细节 | | |
| 二、抖音、微信微商、电商 | | | |
| 书名 | 内容 | 书名 | 内容 |
| 抖音营销系统<br>刘大贺　著 | 抖音系统的实战营销知识，上百个从0做大的案例 | 金牌微商团队长<br>罗晓慧　著 | 微商团队长创业实操的指导工具书 |
| 微商生意经：真实再现33个成功案例操作全程<br>伏泓霖　罗晓慧　著 | 精心挑选的33个微商成功案例，阐述具体操作过程 | 快速见效的企业微信营销方法<br>孙巍　著 | 站在微信生态的立体高度系统讲述企业微信快营销方法论 |
| 阿里巴巴实战运营：14招玩转诚信通<br>聂志新　著 | 产品定位、阿里巴巴排名因素、数据分析、标题优化等 | 阿里巴巴实战运营2：诚信通热卖技巧<br>聂志新　著 | 打开诚信通运营的金钥匙，十大具体运营技巧 |
| 电商高管私房课<br>子道　著 | 深刻剖析“结硬寨，打呆仗”的经营理念和操作方法，是电商零售管理者和执行团队的好参谋 | | |
| 三、行业新营销 | | | |
| 餐饮新营销<br>杨勇　程绍珊　著 | 聚焦餐饮企业转型，系统的餐饮企业营销管理体系 | 新零售进化路径<br>李政权　著 | 预先复盘新零售及商业的未来，找到方向 |
| 珠宝黄金新营销<br>崔德乾　著 | 珠宝业新营销/新品牌/新产品/新零售/新连接/新场景/新服务/新传播/新管理 | 黄金珠宝就这样卖：导购员月销百万的秘籍<br>崔德乾　著 | 让顾客留下试戴、买单的80个技巧，让高级客户感动、一般客户依赖的6大行动秘籍。上午学下午用，让你成为月销百万的销售明星 |
| 新零售动作分解与实操：建材·家居·家具<br>盛斌子　著 | 对泛家居行业趋势、店面管理、团队管理、促销推广、五感营销等提供策略 | 新营销<br>刘春雄　著 | 让品牌商和渠道商掌握获得独立流量的能力，能够与平台商博弈 |
| 快速见效的企业网络营销方法 B2B　大宗 B2C<br>张进　著 | 数据和案例90%来自作者服务的中小企业，快速全面地学习企业网络营销方法 | 移动互联下的超市升级<br>联商网专栏　著 | 超市未来的发展趋势，对社区超市、生鲜、全渠道建设、O2O等提出观点 |
| 百货零售全渠道营销策略<br>陈继展　著 | 零售行业的竞争重点、行业本质、战略转型、未来趋势、经验和案例 | 互联网时代的银行转型<br>韩友诚　著 | 银行业在互联网金融变革浪潮中所做的积极应对和转型布局 |
| 触发需求：互联网新营销样本·水产<br>何足奇　著 | 通过鲜誉案例解读阐述水产行业如何进行互联网转型 | 新农资如何弯道超车<br>刘祖轲　著 | 从农业产业化、互联网转型、行业营销与经营突破四个方面阐述农资企业转型 |
| 新零售　新终端<br>迪智成　著 | 将新零售系统打法做梳理并落地在新终端建设上 | 新经销：新零售时代教你做大商<br>黄润霖　著 | 探访近100位经销商在传统营销手法上的创新，传统营销微创新和新营销本地化 |
| 医药医疗 | | | |
| 一、药店 | | | |
| 新医改了，药店就要这样开<br>尚锋　著 | 从药店定位的思考、内部和会员管理等方面探讨中小型药店发展方向 | 电商来了，实体药店如何突围<br>尚锋　著 | 新时代药店经营的三驾马车：药学专业服务、会员贴心服务和精准定向促销 |
| 引爆药店成交率1：店员导购实战<br>范月明　著 | 药店人的零售工作，怎样接待顾客，完善销售技巧 | 引爆药店成交率2：药店经营实战<br>范月明　著 | 从药店经营角度建立改善门店现状的实用标准 |
| 引爆药店成交率：专业化销售解决方案<br>范月明　著 | 从简单的拿药服务到提供多角度的专业解决方案 | 连锁药店新风口：资本　智能　大数据<br>动脉网　著 | 对我国连锁药店的市场环境、行业现状等进行分析，给出对连锁药店未来发展趋势的预判 |

续表

| 书名 | 内容 | 书名 | 内容 |
| --- | --- | --- | --- |
| 药店导购关联销售技巧与成交话术<br>范月明　著 | 以药店情景案例导入，介绍常见疾病的导购销售话术与顾客心理分析，进而提供关联销售解决方案 | | |
| 二、药品销售 | | | |
| 医药第三终端：从控销到动销　诊所　基层医疗<br>王祥君　张芳文　著 | 用大量案例来梳理药企落地动销的策略、方法和技战术 | 医药营销：诊所开发维护与动销<br>张江民　著 | 从六个方面系统阐述基层诊所市场营销攻略 |
| 处方药合规推广实战宝典<br>赵佳震　著 | 对处方药推广体系搭建、推广人员岗位内容等六个方面进行阐述 | 医药代理商经营全指导<br>戴文杰　著 | 从产品选择、价格体系设计、路径管理等维度描述代理商产品操作的基本策略 |
| 处方药零售这样做<br>田军　著 | 处方药零售的重要性及做市场的具体措施和方法 | OTC 医药代表药店开发与维护<br>鄢圣安　著 | 一位从初级 OTC 医药销售代表成长起来的销售经理的经验分享 |
| OTC 医药代表药店销售 36 计<br>鄢圣安　著 | 以《三十六计》为线，阐述 OTC 医药代表向药店销售的技巧与策略 | 做医生信赖的医药代表<br>邹晓徽　宁剑锋<br>朱文虎　著 | 医药代表如何在合规要求下做好药品推广工作的操作工具书 |
| 三、药企转型 | | | |
| 药企战略·运营与医药产业重构<br>杜臣　著 | 医药产业的深度认知与发展趋势结合，战略思考与经营操作相统一 | 医药行业大洗牌与药企创新<br>林延君　沈斌　著 | 围绕创新介绍医药行业，介绍近百家医药企业创新实践案例 |
| 医药新营销<br>史立臣　著 | 从药企最关心的八个方面阐述制药企业、医药商业企业营销模式转型 | 医药企业转型升级战略<br>史立臣　著 | 从商业模式转型、管理转型、定位转型、运营模式转型和跨界转型五方面阐述转型 |
| 新医改下的医药营销与团队管理<br>史立臣　著 | 立足新医改相关政策的解读，为中小医药企业出谋划策 | 在中国，医药营销这样做<br>段继东　著 | 时代方略在医药营销领域思想、方法文章的精选合集 |
| 四、新医疗 | | | |
| 成为医疗器械领军者<br>王强　著 | 中小医疗器械生产企业和代理商怎样转型 | 新型诊所经营与创新<br>动脉网　著 | 对新型诊所从标准化管理、经营方式、团队建设、连锁模式四个方面进行解读 |
| 医美新风口：颜值经济下的亿万市场<br>动脉网　著 | 详细介绍中国医疗美容行业的发展趋势、现状及医美产业链等 | 互联网医院：正在发生的医疗新变革<br>动脉网　著 | 介绍互联网医院的建设与运营、管理，发展模式和市场布局，以及发展规律 |
| 快消品 | | | |
| 一、快消案例 | | | |
| 中国快消品营销这些年<br>史贤龙　著 | 一本书浓缩快消品营销 15 年的实战历程与前沿思考 | 这样打造大单品<br>迪智成　著 | 通过 13 个大案例帮助企业梳理打造大单品的路径 |
| 你不知道的加多宝<br>曲宗恺　牛玮娜　著 | 以时间为轴线，详细叙述了加多宝品牌的发展历程 | 娃哈哈区域标杆<br>罗宏文　快车君　赵晓萌<br>寇尚伟　著 | 娃哈哈豫北市场如何成为娃哈哈全国第一大市场、全国增量第一的市场 |
| 六个核桃凭什么从 0 过 100 亿<br>张学军　著 | 全视角深度解读养元企业的裂变成长，复盘十年蜕变轨迹 | 像六个核桃一样<br>王超　著 | 六个核桃为什么卖得这么好，产品畅销的 6 大要义 36 条简明法则 |

续表

| 书名 | 内容 | 书名 | 内容 |
|---|---|---|---|
| **5 小时读懂快消品营销**<br>陈海超　著 | 20 年快消品市场风云洞察解码，丰富的案例解析 | | |
| **二、快消品区域经理** | | | |
| **快消品营销团队管理**<br>刘雷　伯建新　著 | 快消品团队管理相关的 20 余个工具 +20 余个案例 | **这样打造快消品区域标杆**<br>罗宏文　牛玉龙　著 | 分两篇解决如何成功打造标杆市场和进行持续增量管理两大问题 |
| **成为优秀的快消品区域经理（升级版）**<br>伯建新　著 | 作为区域经理的“速成催化器”，升级版增加 11 篇内容 | **快消老手都在这样做：区域经理操盘锦囊**<br>方刚　著 | 一线成长起来的资深快消品营销人“压箱底”绝活 |
| **快消品营销人的第一本书**<br>刘雷　伯建新　著 | 针对一线厂家业务员工作中常遇到的问题给予建议 | **销售轨迹：一位快消品营销总监的拼搏之路**<br>秦国伟　著 | 一个普通营销人的故事，16 年背井离乡的职场拼搏之路 |
| **快消品营销：一位销售经理的工作心得 2**<br>蒋军　著 | 从市场操作、团队管理、传播推广、营销的具体策略和战略等方面提供方法 | **快消品区域/城市经理全渠道管理**<br>许翔　著 | 一位在日化巨头一线打拼多年的城市经理操作经验分享 |
| **三、快消品动销** | | | |
| **动销：产品是如何畅销起来的**<br>余晓雷　著 | 从怎么被消费者买走和竞争对手是谁这两个原点解决动销问题 | **动销操盘：节奏掌控与社群时代新战法**<br>朱志明　著 | 用七个章节阐述关于动销操盘的要诀，节点、节奏、主次、条件匹配性等问题 |
| **动销四维：全程辅导与新品上市**<br>高继中　著 | 从产品、渠道、促销和新品上市四个方面详细讲解提高动销的具体方法 | **快消品经销商这样做才赚钱**<br>张宇　著 | 从全新的角度，解读经销商的经营困境，并提供可实操的解决方法 |
| **快消新产品成功上市**<br>伯建新　著 | 新产品是什么？新产品该如何去做？新产品要如何销起来，长销而不是昙花一现？本书给你答案 | | |
| **四、快消品渠道** | | | |
| **深度分销**<br>施炜　著 | 渠道价值链、模式选择、渠道策略与管理、零售经销商管理、最佳实践、团队建设 | **通路精耕操作全解**<br>周俊　陈小龙　著 | 对康师傅的制胜法宝通路精耕进行系统的介绍与说明，图表和完善入微的操作方法 |
| **酒水饮料快消品餐饮渠道营销手册**<br>朱伟杰　著 | 对餐饮渠道深入挖掘，建立适合餐饮渠道发展的服务模式和组织保障措施 | **快消品经销商如何快速做大**<br>杨永华　著 | 经销商如何通过经营实现规模，通过管理实现规模效益 |
| **快消品营销与渠道管理**<br>谭长春　著 | 解决日常涉及的渠道管理、市场、产品等营销事务 | **快消品招商的第一本书**<br>刘雷　著 | 从招商理论到招商动作进行系列化分解，化繁为简 |
| **采纳方法：化解渠道冲突**<br>朱玉童　著 | 21 个最新的渠道冲突案例立体地介绍渠道冲突的现象和方法 | **快消品促销管理与方案：规划 技能 工具**<br>张荣举　著 | 涵盖促销规划、打法、具体落地执行的细节和终端人员技能及训练，结合线上线下运作，提供全套方法 |
| **五、快消品企业战略** | | | |
| **重构：升级你的竞争优势**<br>杨永华　著 | 用 7 大思维，帮你的企业提升档位 | **变局下的快消品实战策略**<br>杨永华　著 | 从 5 个角度针对快消品企业如何应对行业变局给出答案 |
| **新营销**<br>刘春雄　著 | 让品牌商和渠道商掌握获得独立流量的能力，能够与平台商博弈 | **采纳方法：破解本土营销 8 大难题**<br>朱玉童　著 | 破解困扰营销人的八大难题，给出解决方法 |
| **白酒营销培训宝典：复制高业绩**<br>刘孝鞅　著 | 总结白酒营销人员系统运作市场的要点，转化为易学可复制的动作和工具表单 | **酒水饮料快消品餐饮渠道营销手册**<br>朱伟杰　著 | 对餐饮渠道深入挖掘，建立适合餐饮渠道发展的服务模式和组织保障措施 |

续表

| 书名 | 内容 | 书名 | 内容 |
|---|---|---|---|
| **白酒** | | | |
| 白酒营销的第一本书<br>唐江华　著 | 多角度阐释白酒一线市场操作的最新模式和方法 | 白酒经销商的第一本书<br>唐江华　著 | 对经销商如何选择厂家、合作、运营品牌等问题给出建议 |
| 白酒到底如何卖<br>赵海永　著 | 多角度阐释白酒一线市场操作的最新模式和方法 | 白酒到底如何卖2：从市场培育到动销<br>赵海永　著 | 系统化、标准化、模式化的促成动销的实战操作方式和方法 |
| 变局下的白酒企业重构<br>杨永华　著 | 白酒企业重构期的营销战略与实操策略6大方法 | 酒业转型大时代<br>微酒　著 | 酒水营销、新闻资讯及行业分析、预测的知识宝典 |
| 区域型白酒企业营销必胜法则<br>朱志明　著 | 以36条法则从战略、营销、推广、产品线、品牌、市场、战术等方面提供方法 | 10步成功运作白酒区域市场<br>朱志明　著 | 从市场攻守、产品攻略、新品上市、占领渠道、促销等十个层面阐述 |
| 白酒营销1：中小酒企操盘与崛起<br>徐伟　徐涛　著 | 深入分析品牌与行业、操作方法，提供营销实操宝典 | 白酒营销2：品类创新策略升级<br>黑格咨询　著 | 立足行业现状，建立品类创新、营销模式创新路径，提供市场建设方法、营销策略与工具案例 |
| **茶·调味品·油·乳业** | | | |
| 营销中国茶：2小时读懂茶叶营销<br>史贤龙　著 | 中国茶营销的“困局”“破局”和“创举” | 中国茶叶营销第一书<br>柏龑　著 | 纵览中国茶叶市场的全局，并且有针对性地提出问题并阐述解决方法 |
| 调味品营销第一书<br>陈小龙　著 | 15年监控中国市场50个中外著名调味品品牌市场运作、管理等的经验总结 | 调味品企业八大必胜法则<br>张戟　著 | 提炼了调味品企业八大规律性的关键成功要素 |
| 食用油营销的第一本书<br>余盛　著 | 从小包装油行业概述到产品的基本知识，从基本执行动作到品牌整体策划等 | 鲁花：一粒花生撬动的粮油帝国<br>余盛　著 | 鲁花如何成长为优秀的带动农业产业发展的品牌 |
| 金龙鱼背后的粮油帝国<br>余盛　著 | 以金龙鱼为脉的一部中国粮油行业的史诗 | 乳业营销的第一本书<br>侯军伟　著 | 区域型乳品企业如何才能稳健发展 |
| 调味品经销商公司化运营<br>张戟　著 | 调味品和快消品经销商如何从“个体户”到“公司化”，一步步推进的具体方法 | | |
| **工业品** | | | |
| 一、工业品销售 | | | |
| 大客户销售这样说这样做<br>陆和平　著 | 大客户销售活动的十大模块，68个典型销售场景 | 销售是个专业活<br>陆和平　著 | 据客户采购流程拆分销售过程十阶段、讲解方法技巧 |
| 成为资深的销售经理：B2B工业品<br>陆和平　著 | 让销售经理成功把握销售管理6个关键点，并提供工具 | 一切为了订单：订单驱动下的工业品营销实践<br>唐道明　著 | 以订单流程的三个环节为主线讲述工业品营销管理新思路 |
| 订单是这样拿到的<br>郑文洲　著 | 作者近10年销售生涯的回顾，真实销售故事和成功经验分享 | | |
| 二、工业品营销 | | | |
| 工业品营销管理实务（第4版）<br>李洪道　著 | 是信任导向工业品营销体系的深化版、工业品营销管理体系优化咨询的升级版 | 工业品企业如何做品牌<br>张东利　著 | 为当下中国制造的品牌化转型提供经过实践证明的理念、方法和体系 |

续表

| 书名 | 内容 | 书名 | 内容 |
|---|---|---|---|
| **工业品市场部实战全指导**<br>杜忠　著 | 解决职能不清、市场部五大职能如何运作、职业发展路径等具体问题 | **解决方案营销实战案例**<br>刘祖轲　著 | 十大工业品作者实操案例解码解决方案营销 |
| **资深大客户经理：策略准　执行狠**<br>叶敦明　著 | 将大客户经理必须具备的规划、策略、执行三种能力运用自如 | **渠道管理就这样做**<br>陆和平　著 | 渠道规划和设计、渠道成员选择和寻找、渠道谈判和签约、管理渠道日常活动、设计渠道激励政策、解决渠道冲突、渠道的评估和调整 |
| 三、工业品企业 | | | |
| **变局下的工业品企业7大机遇**<br>叶敦明　著 | 探索工业品企业成长的新机会，7大战略与战术性机会 | **两化融合管理体系贯标流程与方法**<br>戴勇　著 | 融合五十多家企业在两化融合贯标过程的经验，总结重点与举措 |
| **丁兴良讲工业4.0**<br>丁兴良　著 | 多角度阐述中国在工业4.0的机遇和挑战 | | |
| 建材家居 | | | |
| 一、建材家居门店 | | | |
| **家居建材促销与引流**<br>薛亮　李永锋　著 | 对泛家居营销执行模式和工具、关键环节等进行汇总 | **新零售动作分解与实操：建材·家居·家具**<br>盛斌子　著 | 对泛家居行业趋势、店面管理、团队管理、促销推广、五感营销等提供策略 |
| **家具行业操盘手**<br>王献永　著 | 总结家具终端门店发展的现状及问题并给出策略 | **手把手教你做专业督导**<br>熊亚柱　著 | 系统梳理督导的核心技能、岗位职责、工作流程及技能 |
| **手把手帮建材家居导购业绩倍增**<br>熊亚柱　著 | 针对建材家居门店的业务人员、案例故事还原场景，教你成为好导购 | **10步成为最棒的建材家居门店店长**<br>徐伟泽　著 | 梳理店长管理的核心工作职责、店面管理规范和帮助销售人员成长 |
| **建材家居门店销量提升**<br>贾同领　著 | 9个板块讲述建材一个单店如何做到经营的良性循环 | **建材家居门店6力爆破**<br>贾同领　著 | 产品力、导购力、形象力、推广力、服务力、组织力 |
| 二、建材家居经销商 | | | |
| **新经销：新零售时代教你做大商**<br>黄润霖　著 | 探访近100位经销商在传统营销手法上的创新，传统营销微创新和新营销本地化 | **建材家居经销商42章经**<br>王庆云　著 | 经营管理的心法和战法，帮助经销商成为“业务妙手”和“管理能手” |
| **成为最赚钱的家具建材经销商**<br>李治江　著 | 针对建材家居行业的经销商，从销售模式、产品、门店、市场等方面给出方法 | | |
| 三、建材家居企业 | | | |
| **定制家居黄金十年**<br>韩锋　翁长华　著 | 对中国定制家居行业20年发展历程进行深度、系统、专业的解读 | **建材家居营销：除了促销还能做什么**<br>孙嘉晖　著 | 探索家居建材行业营销的革命，发现行业“营销天花板”的突破口 |
| **建材家居营销实务：新环境、新战法**<br>程绍珊　杨鸿贵　著 | 针对建材家居市场特点提出以客户价值为基础的整体营销价值链 | **全屋整装　高利润运营手册**<br>翁长华　陈平　著 | 十大维度解决实际问题，是0到1极具操作性的整装指南 |
| 零售·餐饮·服装·影院·美容院 | | | |
| **新零售进化路径**<br>李政权　著 | 预先复盘新零售及商业的未来，找到方向 | **新零售　新终端**<br>迪智成　著 | 梳理新零售系统打法并落地在新终端建设上 |

续表

| 书名 | 内容 | 书名 | 内容 |
| --- | --- | --- | --- |
| 移动互联下的超市升级<br>联商网　著 | 超市未来的发展趋势，对社区超市、生鲜、全渠道建设、O2O 等提出观点 | 百货零售全渠道营销策略<br>陈继展　著 | 零售行业的竞争重点、行业本质、战略转型、未来趋势、经验和案例 |
| 超市卖场定价策略与品类管理<br>IBMG 集团　著 | 零售企业的市场拓展与商品定位、商品结构与商品陈列、毛利分析与库存分析 | 连锁零售企业招聘与培训破解之道<br>IBMG 集团　著 | 围绕零售企业组织架构、培训体系建设等内容进行探讨 |
| 总部有多强大，门店就能走多元<br>IBMG 集团　著 | 五大方向综合阐述连锁零售企业总部如何提升管理能力 | 三四线城市超市如何快速成长：解密甘雨亭<br>IBMG 集团　著 | 甘雨亭的许多关键经营指标均高于行业标准，学习其成功的方法 |
| 中国首家未来超市：解密安徽乐城<br>IBMG 集团　著 | 对乐城超市的掌门人及内部员工的采访详细阐释了乐城的经验 | 零售：把客流变成购买力<br>丁昀　著 | 通过大量的实际案例对中国零售业态的升级转型之路提出思考 |
| 餐饮新营销<br>杨勇　程绍珊　著 | 聚焦餐饮企业转型，系统的餐饮企业营销管理体系 | 电影院的下一个黄金十年<br>李保煜　著 | 介绍了中国电影产业的运作模式及电影院的开发、设计思路 |
| 餐饮企业经营策略第一书<br>吴坚　著 | 阐述餐饮企业产品之道、市场之道、顾客之道及盈利之道 | 赚不赚钱靠店长，从懂管理到会经营<br>孙彩军　著 | 注重专卖店的经营思路拓展，门店管理细节方面能力提升 |
| 时装买手自学通<br>范敏娜　编著 | 从流行趋势调研、商品企划、采购渠道、数据管理到店铺销售等时装买手需要具备的能力与操盘技巧 | 美容院/养生馆高盈利经营模式<br>陈鹏飞　著 | 5 步实现店铺高盈利方法与策略 |
| 零售巨头数字化转型操盘笔记<br>江楠　著 | 一线操盘运营经理分享传统零售巨头的新零售到家业务全盘操作细节 | | |
| **农牧业** | | | |
| **一、农资** | | | |
| 饲料营销有方法<br>陈石平　著 | 饲料营销的 7 大核心命题 | 农资营销实战全指导<br>张博　著 | 在农资市场行之有效的营销策略和工具 |
| 新农资如何弯道超车<br>刘祖轲　著 | 农业产业化、互联网转型、行业营销与经营突破 | | |
| **二、农牧企业** | | | |
| 中国牧场管理实战<br>黄剑黎　著 | 对牧场管理标准、管理制度、操作规程做出剖析和指引 | 中小农业企业品牌战法<br>韩旭　著 | 农业企业需要全产业链视野，更需要品牌实战方法 |
| 变局下的农牧企业 9 大成长策略<br>彭志雄　著 | 为农牧企业量身打造了 9 个立足现在、展望未来的成长策略 | 农产品营销实战第一书<br>胡浪球　著 | 针对 33 个农产品营销的核心问题提供具体招数 |
| 农产品全网营销<br>吴之　著 | 帮助全国农业合作社、家庭农场打造农产品品牌 | | |
| **地产·汽车** | | | |
| **一、地产** | | | |
| 中国城市群房地产投资策略<br>吕俊博　刘宏　著 | 挖掘主要城市群的现状特征、发展因子、演化趋势、竞争关系等，给出分析建议 | 产业园区/产业地产：规划、招商、实战运营<br>阎立忠　著 | 从认知、规划、招商、运营四方面系统解读产业园区的建设精要和运营技巧 |
| 人文商业地产策划<br>戴欣明　著 | “全球化视野（创意）”+“人文+”思维 | 产业园区/产业地产 2：系统化经营与操盘攻略<br>阎立忠　著 | 全方位系统解析产业园区运营策略 |

续表

| 书名 | 内容 | 书名 | 内容 |
|---|---|---|---|
| **从零开始打造产业园区**<br>刘晓君　著 | 全流程，系统化，注重细节，多角度教你打造产业园区 | | |
| **二、汽车** | | | |
| **商用车经销商运营实战**<br>杜建君　著 | 对商用车经销商的经营与管理、4S店运营做了全方面的系统总结 | **汽车配件这样卖**<br>俞士耀　著 | 适合轮胎、机油、维修、快保、美容、洗车等汽车服务业态销售实操办法 |
| **润滑油销售：这样说，这样做更有效**<br>张金荣　著 | 总结润滑油销售面对三大客户常遇到的200余个营销问题解决方法 | **润滑油品牌营销**<br>张金荣　著 | 没有说教，只有方法，适合小微企业、代工品牌、经销商、营销人阅读 |
| **投资理财·收购资本** | | | |
| **交易心理分析**<br>马克·道格拉斯<br>【美】　著 | 一语道破赢家的思考方式，并提供了具体的训练方法 | **财报背后的投资机会**<br>蒋豹　著 | 零基础轻松掌握财务报表的相关知识，快速入门 |
| **写给企业家的公司与家庭财务规划**<br>周荣辉　著 | 以企业的发展周期为主线，介绍各阶段企业与企业主家庭的财务规划 | **分股合心**<br>段磊　周剑　著 | 围绕股权激励，详细介绍相关知识和实行方法 |
| **成功并购300问**<br>浩德并购军师联盟　著 | 系统学习资本运作和企业并购知识的金融工具书 | **并购名著阅读指南**<br>叶兴平　著 | 从全球5000多本并购图书中精选200本并进行评价 |
| **避开股权合伙这些坑**<br>苏雯静　著 | 根据创始合伙人、外部合伙人、内部合伙人等方面的实际案例做归纳和梳理 | **产业并购操盘手**<br>张军杰　著 | 15个案例，11个范本，38个图表，拿来即用 |
| **科创板IPO上市全流程指导**<br>丁先云　刘海旭　著 | 不仅有各项制度的深入剖析，更有各种问题和解决方案的详细论述，配合案例，轻松操作 | **市值战略：上市公司市值管理有方法**<br>和恒咨询　著 | 正确理解，系统规划、全面执行市值战略。从“势道法术力”五个维度思考和设计市值战略 |
| **阿米巴** | | | |
| **阿米巴经营的中国模式**<br>李志华　著 | 基于阿米巴经典理念提出了适合中国本土的员工自主经营的“1532”模型 | **集团化企业阿米巴实战案例**<br>初勇钢　著 | 作者在某酒厂推行阿米巴经营模式的心得 |
| **中国式阿米巴落地实践之激活组织**<br>胡八一　著 | 划分原则、裂变与整合、组织管控、重新定位、巴长竞聘和组阁 | **中国式阿米巴落地实践之从交付到交易**<br>胡八一　著 | 从6个方面阐述经营会计，从交付到交易是成功实施阿米巴的标志 |
| **中国式阿米巴落地实践之持续盈利**<br>胡八一　著 | 企业做成平台、平台做成阿米巴、阿米巴做成合伙制 | | |
| **人力资源管理** | | | |
| **一、绩效·薪酬** | | | |
| **回归本源看绩效**<br>孙波　著 | 从目的和概念帮助企业梳理绩效管理与经营的关系 | **走出薪酬管理误区**<br>全怀周　著 | 从7个常见的薪酬误区入手为企业提供一套系统解决方法 |
| **曹子祥教你做绩效管理**<br>曹子祥　著 | 作者核心授课课程的还原，掌握绩效管理的核心内容 | **曹子祥教你做激励性薪酬设计**<br>曹子祥　著 | 作者28年咨询经验总结，如何进行科学的薪酬体系设计 |
| **把招聘做到极致**<br>远鸣　著 | 资深招聘经理多年工作心得的提炼 | **把招聘做到极致2：灰度招聘全攻略**<br>黄渊明　李佳倩　著 | 从实战需求出发，兼容并包各种优秀的招聘理论、方法、经验与工具，并进行创新性的应用 |

续表

| 二、招聘·面试·培训 | | | |
|---|---|---|---|
| 书名 | 内容 | 书名 | 内容 |
| **把面试做到极致**<br>孟广桥　著 | 一套实用的确定岗位招聘标准，提升面试官技能方法 | **世界500强资深培训经理人教你做培训管理**<br>陈锐　著 | 构建培训体系、培训组织、培训文化、开发培训资源，教你做培训管理 |
| **把猎头做到极致**<br>李佳倩　黄渊明　著 | 帮助猎头顾问从平庸走向优秀 | **招聘面试：用提问得到真相**<br>陈硕　著 | 十二年资深HR招聘面试经验分享，教你学会如何提问 |
| **人才评价中心漫画版**<br>邢雷　著 | 用漫画形式写成的人才测评专业书籍 | **上市公司培训体系搭建**<br>初忠宝　著 | 上市公司培训经理分享体系搭建的框架和案例 |
| **三、HR高管·劳动法** | | | |
| **经营型HRD**<br>黄渊明　著 | 总结企业HRD如何支撑企业经营，抓好七件关键事情 | **人才供应链：实现高绩效均衡的人才管理模式**<br>许锋　著 | 打造人才供应链的四大支柱、十项修炼的完整体系 |
| **新任HR高管如何从0到1**<br>新海　著 | 到互联网创业型企业担任HRVP，从0到1建立较完善的HR体系 | **人力资源体系与e-HR信息化建设**<br>刘书生　陈莹　王美佳　著 | 6大框架、28个关注点、5大目标、6大优势、166个交付物咨询体系和盘托出 |
| **集团化人力资源管理实践**<br>李小勇　著 | 针对集团型企业人力资源管理的问题提出科学建议 | **我的人力资源管理笔记**<br>张伟　著 | 第三方咨询视角跳出"技术方法"看人力资源管理 |
| **人力资源的5分钟劳动法**<br>李皓楠　著 | 入职管理、在职管理、离职管理中遇到的劳动法问题及应对 | **海外人力资源管理：帮企业成功"走出去"**<br>黄渊明　著 | 弥补了中国企业海外人力资源管理实践体系建设的空白，具有开创性意义 |
| **从零开始学：胜任力模型建模与应用**<br>林丽萍　著 | 手把手教你做胜任力建模，并通过大量的企业案例拆解介绍模型在各个方面的落地应用 | **上市公司总经理助理工作笔记**<br>黄娜　著 | 40个案例，教你从小白助理到资深总助 |
| **用好任职资格体系**<br>杨序国　著 | 以某企业为案例，系统地介绍了企业HR如何通过任职资格体系帮助员工成长 | **胜任力模型咨询笔记**<br>韩文卿　著 | 吸取和总结了世界500强企业的胜任力模型搭建体系和方法 |
| **三支柱与业务型人力资源部建设**<br>段凤鸣　著 | 从专业型HR走向业务型HR，有效提高HR在企业绩效中的贡献值 | | |
| **四、HRBP** | | | |
| **HRBP是这样炼成的之菜鸟起飞**<br>黄渊明　著 | 作者在初步转型HRBP两年时间里摸索实践的亲身经历与总结 | **HRBP是这样炼成的之中级修炼**<br>黄渊明　著 | 结合作者亲身从事HRBP的工作经历，总结HRBP的作战故事 |
| **HRBP高级修炼**<br>黄渊明　著 | 故事方式，HRD角度深度呈现运用HRBP的思维、方法 | | |
| **企业文化** | | | |
| **企业文化落地本土实践**<br>王祥伍　著 | 华夏基石"知信行"模型描绘企业文化落地路线图 | **企业文化的逻辑**<br>王祥伍　著 | 从文化起源深刻剖析文化、效率、企业、企业文化联系 |
| **企业文化定位·落地一本通**<br>王明胤　著 | 企业文化理念传播和落地聚焦的17种方法，解读了近100个实战案例 | **36个拿来就用的企业文化建设工具**<br>海融心胜　著 | 汇集整理了36个通用的企业文化实践工具 |
| **企业文化激活沟通**<br>宋杼宸　安琪　著 | 系统阐述沟通与企业文化的关系，给予企业提升沟通效能的企业文化解决方案 | **企业文化建设超级漫画版**<br>邢雷　著 | 用漫画形式写成的企业文化建设专业书籍，理论体系和29个具体的操作方法 |
| **在组织中绽放自我**<br>朱仁建　著 | 个人与组织之间的关系，文化对组织化形成的影响 | **用企业文化提升经营绩效**<br>彭剑锋　尚艳玲　主编 | 企业要想在竞争中利于不败之地，就不能没有能打胜仗的企业文化与领导力 |
| **企业文化建设与咨询工具　案例**<br>尹宏亮　著 | 着眼难题，为企业"把脉"做诊断 | | |
| **流程管理** | | | |
| **营销·研发·供应链业务架构与流程管理**<br>谭勋晖　著 | 营销、研发、供应链三大业务流程变革实践经验总结 | **打造集成供应链**<br>王春强　著 | 第一用力在"集成"上，梳理内外部相关模块及其依赖关系 |

续表

| 人人都要懂流程<br>金国华　余雅丽　著 | 50幅流程管理漫画，内部对流程价值理念的高度共识 | 用流程解放管理者<br>张国祥　著 | 8个板块构成，共66篇文章，14幅流程管理图 |
|---|---|---|---|
| 用流程解放管理者2<br>张国祥　著 | 对中小企业规范化流程管理进行系统的阐述 | 跟我们学建流程体系<br>陈立云　罗均丽　著 | 在《跟我们做流程管理》的基础上丰富了标杆实践案例 |
| 质量管理 | | | |
| 书名 | 内容 | 书名 | 内容 |
| 16949质量管理体系落地与全套文件汇编<br>谭洪华　著 | 对IATF16949每个条款讲解采用理解、作用、落地、模板、成功案例模块解析 | ISO9001：2015制造业文件模板全集<br>贺红喜　著 | 五篇内容组成的完整的质量管理体系工具文件 |
| 精益质量管理实战工具<br>贺小林　著 | 四个方面对精益质量管理进行了全方位介绍和解读，并提供大量的方法工具 | 五大质量工具详解及运用案例<br>谭洪华　著 | APQP、FMEA、MSA、SPC、PPAP五大质量工具的具体运用 |
| IATF16949质量管理体系详解与案例文件汇编<br>谭洪华　著 | 针对IATF16949的标准原文做详细解说，同时提供大量的表单案例 | SA8000：2014社会责任体系认证实战<br>吕林　著 | 将SA8000多版本及10多年的体系实战经验汇编成书 |
| ISO9001：2015新版质量管理体系解读与案例文件汇编<br>谭洪华　著 | 对ISO9001：2015新版标准理解和运用操作进行详细解读 | ISO14001：2015新版环境管理体系解读与案例文件汇编<br>谭洪华　著 | ISO14001：2015改版后的差别和操作运用进行详细讲解 |
| 我在世界500强做供应商质量管理<br>宋华　著 | 分享汽车行业成熟的供应商质量管理体系和方法，都是作者的亲身经历 | ISO45001职业健康安全管理体系落地+全套案例文件<br>谭洪华　著 | 每个条款清晰讲解，内容完全落地，轻松运用 |
| 五大质量工具之FMEA（2019第五版）详解及运用落地<br>谭洪华　著 | 对2019年6月修订的第五版FMEA标准进行详解，提供落地操作方法和全部案例文件，可直接套用 | | |
| 精益生产 | | | |
| 一、精益·JIT·IE | | | |
| 精益思维：超越对手的力量<br>刘承元　著 | 以尊重人性的精益思想为切入点，分别从管理者的精益理念、精益思维、精益实践、精益中国制造等方面进行独到的分析 | 比日本工厂更高效<br>刘承元　著 | 管理提升无极限+超强经营力+精益改善里的成功实践 |
| 计划与物流精益改善之道<br>于晓光　著 | 围绕“计划与物流战略咨询的方法论”进行解析，提供方法论和案例 | 300张现场图看懂精益5S<br>乐涛　著 | 通过日本丰田、上市企业案例，用300张现场图系统讲解5S管理 |
| 3A顾问精益实践1：IE与效率提升<br>党新民　苏迎斌　蓝旭日　著 | 系统、全面地介绍IE工厂管理技术，提高效率创造价值 | 3A顾问精益实践2：JIT与精益改善<br>肖智军　党新民　著 | 系统、全面地介绍JIT生产方式，并加入实践案例 |
| 高员工流失率下的精益生产<br>余伟辉　著 | 从三方面论述推行精益管理时如何应对员工流失 | 让员工爱上6S管理<br>肖智军　著 | 提供了众多企业的原版资料、案例，还汇集了一些企业骨干的推行感想、感悟及反思 |
| 200张图表学精益管理：IE工厂效率提升方法<br>刘秀堂　著 | IE工程师视角，全是一线经验。精益落地的实操方法，大量图表工具让你上手就能做 | | |

续表

| 书名 | 内容 | 书名 | 内容 |
|---|---|---|---|
| 二、生产管理 | | | |
| 化工企业工艺安全管理实操<br>黄娜　著 | 围绕化工工艺安全14要素来展开分析 | 手把手教你做专业生产经理<br>黄娜　著 | 生产经理如何在信息流、物流、资金流三大流中开展工作 |
| 欧博心法：好工厂　靠管理<br>曾伟　著 | 从管人篇和管事篇帮助读者解决人难管、事难控 | 欧博工厂案例1：生产计划管控对话录<br>曾伟　曾子豪　著 | 工厂管理生产计划管控模块的8个全景细节大案例 |
| 欧博工厂案例2：品质技术改善对话录<br>曾伟　曾子豪　著 | 工厂管理品质、技术、效率管理模块的10个全景细节大案例 | 欧博工厂案例3：员工执行力提升对话录<br>曾伟　曾子豪　著 | 工厂管理人员管控模块的5个全景细节大案例 |
| 工厂管理实战工具<br>曾伟　著 | 中国传统文化指导下的工厂管理工具 | 制造业成本倍减42法<br>王天江　著 | 42种经过实际验证有效的成本降低方法，用61个真实案例说明 |
| 制造企业上10亿其实并不难<br>杨小林　著 | 年产值1亿～10亿元中小制造企业在工厂经营和管理上的业务指导 | | |
| 三、班组长 | | | |
| 全能型班组：城市能源互联网与电力班组升级<br>国网天津电力公司　著 | 从互联网时期的班组转型升级出发，对新型班组组织模式和运行机制进行设想 | 国网天津电力全能型班组建设实务<br>国网天津电力公司　著 | 聚焦天津电力公司在探索全能型班组转型升级时的优秀实践 |
| 咨询·培训师 | | | |
| 培训师事业长青之道<br>廖信琳　著 | 培训师自我管理的“洋葱模型”、十项内容与五个层级 | 管理咨询师的第一本书<br>熊亚柱　著 | 深度剖析初级入行咨询师在工作中遇到的问题 |
| 资深管理咨询顾问工作心得<br>张国祥　著 | 使用手册讲述咨询师如何操作项目、老板如何选择咨询师、企业如何自主落地 | 手把手教你做顶尖企业内训师<br>熊亚柱　著 | 从开、控、收、编、制、用的角度去履行培训师的职责 |
| TTT培训师精进三部曲上<br>廖信林　著 | 手把手教你“深度改善现场培训效果”的一招一式 | TTT培训师精进三部曲中<br>廖信林　著 | 建构一整套培训课程设计与开发的认知架构和方法体系 |
| TTT培训师精进三部曲下<br>廖信林　著 | 通过“沉淀职业功力的六度模型”，帮助培训师在职业技能上持续精进 | 轻咨询：老板问诊管理咨询专家实录20例<br>董坤　著 | 从1000+案例中精选的24个咨询案例笔记整理而成 |
| 产品·研发 | | | |
| 研发体系改进之道<br>靖爽　陈年根<br>马鸣明　著 | 取材数十家企业研发改进的咨询实践，提炼一套实操的改进步骤与工具 | 新产品开发管理，就用IPD（升级版）<br>郭富才　著 | 把产品经营的思想凝结在新产品开发管理机制中，升级版更丰富 |
| 产品开发管理：方法·流程·工具<br>任彭枞　著 | 结合超过300家企业的实际研发管理方法，总结问题和方法，大量表格 | 资深项目经理这样做新产品开发管理<br>秦海林　著 | 采用过程管理方法，对新产品开发的四大过程进行分析，主要针对小电器产品 |
| 产品炼金术Ⅰ：如何打造畅销产品<br>史贤龙　著 | 打造畅销产品的四个方法 | 产品炼金术Ⅱ：如何用产品驱动企业成长<br>史贤龙　著 | 从经营者视角重新认识产品，快速诊断产品现状 |
| 快消品产品开发方法：打造快消爆品<br>张荣举　著 | 提供整套实战性的思维、方法、技能和工具，直接带有表格及公式，一看就能上手 | | |